数量经济学系列丛书

应用空间计量经济学

软件操作和建模实例

叶阿忠 张锡书 朱松平 梁文明 王宣惠 编著

清华大学出版社
北京

内 容 简 介

本书分为截面数据空间计量经济学模型、面板数据空间计量经济学模型、扩展空间计量经济学模型、半参数空间滞后模型四部分。截面数据空间计量经济学模型包括广义空间自回归模型、空间误差模型、空间杜宾模型、广义嵌套空间模型、空间滞后模型、空间杜宾误差模型和矩阵指数空间模型等。面板数据空间计量经济学模型包括面板数据空间滞后模型、面板数据空间误差模型、面板数据空间杜宾模型、空间变系数回归模型、面板数据空间杜宾误差模型和动态空间回归模型等。扩展空间计量经济学模型包含空间杜宾面板异方差模型、空间离散选择模型、空间分位数回归模型、空间联立方程模型、空间向量自回归模型和全局向量自回归模型等。半参数空间滞后模型包括半参数横截面空间滞后模型、半参数面板空间滞后模型和半参数动态面板空间滞后模型。本书突出各类模型的适用对象、建模思路和应用中常见问题的诠释。本书既是经济学、管理学本科生和研究生学习空间计量经济学的适用教材，也是进行现代空间计量经济学应用研究的基础参考书。

图书在版编目(CIP)数据

应用空间计量经济学：软件操作和建模实例/叶阿忠等编著.—北京：清华大学出版社，2020.6(2024.10 重印)
(数量经济学系列丛书)
ISBN 978-7-302-55314-4

Ⅰ.①应… Ⅱ.①叶… Ⅲ.①区位经济学－计量经济学－高等学校－教材 Ⅳ.①F224.0

中国版本图书馆 CIP 数据核字(2020)第 058391 号

责任编辑：张 伟
封面设计：常雪影
责任校对：宋玉莲
责任印制：沈 露

出版发行：清华大学出版社
网 址：https://www.tup.com.cn，https://www.wqxuetang.com
地 址：北京清华大学学研大厦 A 座 **邮 编**：100084
社 总 机：010-83470000 **邮 购**：010-62786544
投稿与读者服务：010-62776969，c-service@tup.tsinghua.edu.cn
质量反馈：010-62772015，zhiliang@tup.tsinghua.edu.cn
课件下载：https://www.tup.com.cn，010-83470332
印 装 者：三河市龙大印装有限公司
经 销：全国新华书店
开 本：185mm×260mm **印 张**：9.5 **字 数**：221 千字
版 次：2020 年 8 月第 1 版 **印 次**：2024 年 10 月第 4 次印刷
定 价：49.00 元

产品编号：078617-01

前 言

本书是涉及空间计量经济学模型较多的前沿研究成果。该类模型的应用极其广泛，但目前国内还较少出版这方面的可以软件实现的书籍，特别是较系统梳理空间计量经济学相关模型的书籍。我们尝试较系统地梳理空间计量经济学的相关模型及其软件实现，而形成本书。

本书分 6 章。第 1 章是导论。第 2 章是空间计量经济学基础。第 3 章是截面数据空间计量经济学模型，包括广义空间自回归模型、空间误差模型、空间杜宾模型、广义嵌套空间模型、空间滞后模型、空间杜宾误差模型和矩阵指数空间模型等。第 4 章是面板数据空间计量经济学模型，包括面板数据空间滞后模型、面板数据空间误差模型、面板数据空间杜宾模型、空间变系数回归模型、面板数据空间杜宾误差模型和动态空间回归模型等。第 5 章是扩展空间计量经济学模型，包括空间杜宾面板异方差模型、空间离散选择模型、空间分位数回归模型、空间联立方程模型、空间向量自回归模型和全局向量自回归模型。第 6 章是半参数空间滞后模型，包括半参数横截面空间滞后模型、半参数面板空间滞后模型和半参数动态面板空间滞后模型。

本书初稿的第 1 章由朱松平编写，第 2 章由吴相波和丁梦璐编写，第 3 章由李磊、陈国炜、沈惟和梁文明编写，第 4 章由郑淦文、曾岚婷、陈志勇、陈芳倩和邱丽萍编写，第 5 章由吴先亚、陈志勇、陈依凡、林韦佳和张锡书编写，第 6 章由李磊、陈国炜、沈惟和王宣惠编写。实例的软件操作由张锡书和梁文明负责检查。全书最终由叶阿忠、张锡书、朱松平、梁文明和王宣惠统稿完成。

感谢国家自然科学基金委管理科学部两个面上项目“半参数空间向量自回归模型的理论研究及其应用”(71171057)和“半参数全局向量自回归模型的理论研究及其应用”(71571046)的资助，使得我们这个团队才可以持续在该领域进行研究并整理出版本书！特别感谢清华大学博士生导师李子奈教授在我读博士期间对我的培养和博士毕业后对我科研工作的关心，使我持续关注计量经济学理论和应用研究领域。同时，感谢我的妻子陈明英女士和女儿叶宇欣一如既往的支持！也感谢所有参编者家属的支持！还要特别感谢清华大学出版社张伟女士邀请我们编著并出版这本国内紧缺的图书！由于我们的学术水平有限，加之时间仓促，书中的疏漏之处在所难免，恳请读者批评指正！

本书所用数据和软件请扫描二维码下载。本书有关中国实例的研究都不包含港、澳、台的数据。

叶阿忠

福州大学计量经济研究所

2020 年 2 月

目　　录

第1章　导　　论

1.1　引　　言

Paelinck 和 Klaassen(1979)的《空间计量经济学》全面阐述了空间计量经济学的研究对象和内容，说明空间计量经济学已成为计量经济学的一个重要分支，标志着它作为一门学科的诞生。空间计量经济学将研究主体的地理单元空间关系引入计量经济学之中，把空间效应分为空间依赖性和空间异质性，能够为区域和城市计量模型的构建提供方法论基础。空间计量经济学近40年的发展历程，从一个较为冷门的学科发展成为较热的研究学科，显示出其强大的生命力。近年来，关于空间计量经济学应用的文章如雨后春笋般涌现。孙酒文和姚鹏(2014)将计量经济学的研究领域概括为模型识别、模型估计、模型检验以及空间预测。

当前，国内学者编著出版了不少关于空间计量经济学方面的教材，如《空间计量经济学：现代模型与方法》《空间计量经济学的前沿理论及应用》《空间计量经济学理论及其方法应用——基于R&D溢出效应测度的视角》《空间计量经济学的理论与实践》《空间计量经济学理论及其在中国的实践应用》《空间计量经济学》等。同时也出现了一些国外空间计量经济学译本，如《空间计量经济学：从横截面数据到空间面板》《空间计量经济学：空间数据的分位数回归》《空间计量经济学导论》。这些教材或专业书籍极大地丰富了国内空间计量经济学理论研究及应用的开展，本书作者将以上书籍大致分为两类：一类是侧重系统介绍空间计量经济学理论、估计方法及推断等问题，同时也不乏提及一些前沿的空间计量方法；另一类是在梳理相关计量经济学理论方法的同时，侧重空间计量经济学模型的应用。例如用于研究FDI(外商直接投资)对区域空间知识溢出、持续性创新、经济增长等；用于研究区域层面上的R&D(研究与开发)溢出效应测度；用于研究产业集中对区域协同发展的影响；用于研究空间视角下区域产业之间的耦合关系。大量的应用研究都有一个共同的特性，即整体研究的内部变量之间会通过某种空间关系联结在一起，使研究变得更加复杂化，但这也是计量模型发展从特殊到一般的体现。当然，为了学者进行应用和理论研究，上述书籍也给出了大部分模型在不同软件下的实现方法，但正如我们所知，空间计量经济学是当前计量经济学研究中的一个热门领域，近年来快速发展，在已有研究的基础上，空间计量经济学的方法理论得到了较大的改进和延伸，如加入了非线性变量的半参数空间计量经济学模型以及多国空间计量经济模型发展——GVAR(全局向量自回归)模型等。这些模型在以往的书本中较少涉及，更多的是出现在相关的学术论文之中。因此，我们希望对近年来出现的一些新的空间计量经济学模型进行整理，更有助于学习者进行理论研究及应用。

虽然本书作者在2015年编著的《空间计量经济学》仍然具有一定的适用性，但也存在以下几方面的问题：一是一部分重要的空间计量经济学模型方法没有纳入其中，近年来出现的新方法也无法在其中体现；二是相对侧重空间计量经济学方法及理论描述，虽然附有相对丰富的案例，但对于模型的软件实现缺乏足够的说明，许多人往往因未能熟练掌握软件对空间计量经济学的应用望而却步；三是"重建模思想而不是数学推导"的原则没能贯穿全书，因此，对于本科生和研究生来说，理解起来难度偏大。鉴于此，我们决定重新编著一本适合经济学、管理学本科生和研究生学习的空间计量经济学教材，同时，这也可以作为学习者进行现代空间计量经济学应用研究的基础参考书，并将它命名为《应用空间计量经济学：软件操作和建模实例》。

1.2 本书框架介绍

我们将本书定位为经济学、管理学本科生和研究生学习空间计量经济学的适用教材，也作为进行现代空间计量经济学应用研究的基础参考书。本书的前半部分仍是一些相对基础的空间计量模型，包括空间相关性及其检验、空间权重、三代空间计量经济学模型（横截面数据模型、静态面板数据模型、动态面板数据模型）的设定、参数估计及统计检验等，同时，也附有大量详尽的操作案例。我们对这部分内容进行了系统性整合，详细解释了不同模型的设定及其相关估计方法，说明了不同模型的适用性及如何对估计结果进行解释，有助于经济学、管理学专业的本科生和研究生对空间计量经济学由浅入深地进行理解与学习，掌握并应用空间计量经济学的基本研究方法。本书的后半部分包括扩展空间计量经济学模型和半参数空间计量经济学，适合高等院校和科研机构中从事空间计量经济学研究的学者与部分硕士和博士研究生进行深入学习。

本书共有6章内容，遵循由浅入深的撰写原则，方便读者理解并掌握。同时，为了便于读者进行针对性或目的性的研究，我们接下来将介绍本书的基本框架及各章对应的主要内容，具体如下。

第1章为导论部分，分为三节。1.1节主要介绍空间计量经济学研究的基本内容，对现有空间计量经济学相关参考书的简要介绍并分类，言明撰写本书的目的。1.2节为本书基本框架的介绍，方便读者对具体模型的查阅与深入研究。1.3节介绍空间计量经济学的相关软件基础。

第2章主要介绍空间计量经济学的经济理论基础。空间计量经济学从某种程度上来说是地理学、经济学和空间统计学的有机结合，因此本章首先引出了空间效应的概念及来源，度量空间相关性，并对空间相关性进行统计检验，使读者能够深入理解经济社会中普遍存在的空间相关性；然后，说明空间权重设定的基本原则及设定方法。

第3章主要介绍了第一代空间计量经济学模型（截面数据空间计量经济学模型），相比于以截面数据为样本构建的经典计量经济学模型，空间计量经济学认为样本的空间相关性客观存在，故有必要在经典模型中正确引入空间相关性、发展空间计量经济学模型理论与方法。本章内容包括广义空间自回归模型、空间误差模型、空间杜宾模型、广义嵌套空间模型、空间滞后模型、空间杜宾误差模型和矩阵指数空间模型。对于上述模型，我们先给出了具体模型的数学表达并整合了现有对该模型的估计方法，同时对不同模型进行了案例分析，并交代了相关的软件操作。由于模型种类众多，错误的模型选取会导致估计结果出现严重的偏误，因此，在本章的最后，我们针对不同的模型，给出了具体模型的选取标准。

第 4 章主要介绍了第二、三代空间计量经济学模型(面板和动态面板数据空间计量经济学模型)。截面数据空间计量经济学，只考虑了空间单元之间的相关性，而忽略了具有时空演变特征的时间尺度之间的相关性，而本章介绍的面板数据空间计量经济学不仅能克服这方面的不足，而且可以有效地解决时间序列分析受多重共线性的困扰。本章内容具体包括面板数据空间滞后模型、面板数据空间误差模型、面板数据空间杜宾模型、空间变系数回归模型、面板数据空间杜宾误差模型及动态空间回归模型等。本章是以往的横截面类空间模型的进一步推广，需要注意的是在模型构建过程中，我们不仅要关注固定效应和随机效应的选取，同时也要注意区分不同种类的固定效应。

第 5 章主要讲述扩展空间计量经济学模型。较以往的空间计量经济学有所不同，本章所讲部分内容是经典空间计量经济学横向延伸，如空间离散选择模型、空间分位数回归模型、空间联立方程模型不仅能够保留离散选择模型、分位数回归模型、联立方程模型所研究问题的特性，同时还能在此基础上考察其空间效应，其估计结果将更加真实有效。此外，本章的空间向量自回归模型以及全局向量自回归模型均可以看作空间模型和向量自回归模型的结合，但两者间又存在较大的区别，全局向量自回归模型不仅考虑了全局变量对各个地区内生变量的影响，而且其在进行系数估计时是从单个地区的模型开始的。该章的学习能够增强读者对空间计量经济学模型的广度认识，为空间计量经济学的进一步扩展打下一定的理论基础。

第 6 章的模型专门讲述了三类空间滞后模型同非参数模型结合后所形成的半参数模型，在模型估计过程中需要用到局部线性估计法和广义矩估计法，因此，要求读者较为熟练地掌握这两种估计方法。在模型的解释上，对于模型的线性项之间的关系，其解释方式同原有线性模型一致，对于模型中的非线性项，则通过偏导数图来解释。

1.3　相关软件基础

对于同一个空间计量经济学模型，往往可以有不同的软件实现方式。本书为方便读者在学习过程中重现相关的操作过程，我们会采用 Matlab 软件、Stata 软件、GeoDa 软件和 R 软件等计量工具来实现本书各种模型的估计、检验和预测。下面将对本书用到的主要软件进行简单的介绍。

1. Matlab 软件

Matlab 是 matrix laboratory 的缩写，俗称矩阵实验室。最早的 Matlab 程序是 1967 年由 Clere Maler 用 Fortran 编写的，之后逐步变成由 Mathworks 用 C 语言完成。经过多次版本的升级，Matlab 已经具有强大的数值计算能力，可以高效地完成各种矩阵的运算。同时,Matlab 已经从一个简单的矩阵分析软件发展成为具有高性能的运算工作平台,所附带的工具箱涉及 30 多个领域,包含数百个内部函数。例如,图像处理、金融建模与分析、信号处理与通信、工程计算、控制设计、管理和调度优化计算等。

正是因为 Matlab 具有强大的功能,所以其深受国内外大学的欢迎,尤其是在美国大学中,受到了广大师生的好评。为使用者省去了烦琐的计算过程,可以让广大学生把关注点集中到数学含义的基本理解上,这就使它成为许多大学生和研究生课程中的有效运算工具。此外,所有 Matlab 主包文件和各种工具包都是可读可修改的文件,用户通过对源程序的修改或加入自己编写的程序构造新的程序包。

2. Stata 软件

Stata 是用于 Windows、Macintosh 以及 Unix 电脑系统下的一种功能完备的统计软件包。其作为一款数据分析、数据管理、绘制专业图表、计量分析的完整及整合性统计软件,具有快捷、灵活且易用的特点,现在已越来越受人们的重视和欢迎。它和 SAS(统计分析系统)、SPSS(统计产品与服务解决方案)一起被称为三大权威统计软件,已经被广泛应用于金融、经济、生物医疗、心理学等众多学科领域,亦可供高等院校相关专业的本科生、研究生及从事统计分析的学者使用。

当然,该软件也允许用户根据需要来创建自己的程序,添加更多的功能。大部分的操作可以通过下拉菜单来完成,也可以直接通过调用命令来实现,初学者还可以通过阅读菜单中的帮助选项来进行相关学习。随着该软件的普及,越来越多的计量经济学模型也开始用该软件来实现,如 Cox 比例风险回归、指数与 Weibull 回归、多类结果与有序结果的 logistic 回归、poisson 回归、负二项回归及广义负二项回归、随机效应模型以及本书所讲的空间计量经济学模型等。

3. GeoDa 软件

GeoDa 是一个设计实现栅格数据探求性空间数据分析(ESDA)的软件工具集合体的最新成果。它向用户提供一个友好的和图示的界面用以描述空间数据分析,如自相关性统计和异常值指示等。

GeoDa 的设计包含一个由地图和统计图表相联合的相互作用的环境,使用强大的连接窗口技术。GeoDa 能在任何风格的微软公司的操作系统下运行,适用于区域经济学、法学、政治学等社会学科,以及医学、地理学、植物学、土壤学、地质学、水文学和气候学等领域。

4. R 软件

R 具有一套完整的数据处理、计算和制图软件系统。其功能包括：数据存储和处理系统；数组运算工具(其向量、矩阵运算方面功能尤其强大)；完整连贯的统计分析工具；优秀的统计制图功能；简便而强大的编程语言：可操纵数据的输入和输出,可实现分支、循环,用户可自定义功能。它还提供了一些集成的统计工具,但更重要的是它提供各种数学计算、统计计算的函数,从而使使用者能灵活机动地进行数据分析,甚至创造出符合需要的新的统计计算方法。该语言的语法表面上类似 C,但在语义上是函数设计语言(functional programming language)的变种。

第2章　空间计量经济学基础

空间计量经济学起源于区域科学和计量经济学的共同发展，研究的是如何在横截面数据和面板数据中处理空间相互作用和空间结构问题，是计量经济学的一个分支。Anselin(1988)将空间计量经济学定义为："在区域科学模型的统计分析中，研究由空间引起的各种特性的一系列方法。"本章主要介绍数据中的空间效应及其常见检验方法，以及用于表达空间关系的空间权重矩阵的性质和常用设定。

2.1　空间效应

空间计量经济学与传统计量经济学的最大区别就是引入了空间效应，空间效应是空间计量经济学的基本特征，它反映着空间因素的影响，是空间计量经济学从传统计量经济领域独立出来的根本原因。空间效应可分为空间相关性(spatial dependence，即空间依赖性)和空间异质性(spatial heterogeneity)(Anselin，1988a)。空间依赖性是指主体行为间的空间交互作用而产生的一种截面依赖性，这意味着不同区位随机变量之间的相关性或者协方差结构主要来自空间组织形式，这些空间组织形式是由地理空间中主体之间空间相对位置(距离、空间排序)决定的。空间异质性是指空间结构的非均衡性，表现为主体行为之间存在明显的空间结构性差异。

与时间序列模型引入时间滞后反映序列相关一样，在空间计量模型中，空间相关和空间异质是通过引入空间滞后来实现的。空间滞后是相应变量在邻近区域的加权平均值，它可以是因变量的滞后、自变量的滞后、误差项的滞后，还可以是三者的不同组合，属于空间平滑的一种方式。因为空间异质性很多时候可以用传统的计量经济学方法进行处理，如处理异方差性的方法，所以在本章中只关注空间相关性。

2.1.1　空间相关性

空间相关性是指空间中各变量之间存在相互影响。Goodchild(1992)指出，几乎所有的空间数据都具有空间依赖(空间自相关)特征，也就是说一个地区空间单元的某种经济地理现象或者某一属性值与邻近地区空间单元上同一现象或属性值是相关的。空间依赖是事物和现象在空间上的相互依赖、相互制约、相互影响和相互作用，是事物和现象本身所固有的属性，是地理空间现象和空间过程的本质特征。它是指不同位置的观测值在空间上非独立，呈现出某种非随机的空间模式(Lesage，1999)。一般来说，空间相关性主要表现在两个方面。

空间实质相关性：空间外部性、邻近效应等因素造成的计量模型中解释变量的空间相关性。

空间扰动相关性：忽视了一定的空间影响，如存在空间影响的因素没有被考虑在模型中，造成的模型残差存在空间相关性。

空间依赖性打破了大多数传统经典统计学和计量经济学中相互独立的基本假设，是对传统方法的继承和发展。由于空间相关性违反了经典计量模型假设中有关观测值不相关的假定前提，传统方法对独立样本的统计推断将不再有效。粗略来说，与相同大小的独立样本相比，存在空间相关性的样本将导致较大的方差估计、假设检验的低显著水平，以及估计模型较低的拟合度。简言之，空间相关性会导致数据信息失真和传统计量经济分析有偏。

2.1.2　空间相关性的检验

在处理空间数据过程中，空间相关性检验是一步非常重要的工作。如果不存在空间相关，则使用标准的计量方法即可；如果存在空间相关，则要使用空间计量方法。空间相关性检验大概分成两类：第一类，包括空间误差自相关或空间误差移动平均的误差相关检验，如 LMERR，R-LMERR；第二类，空间滞后相关检验，如 LMLAG，R-LMLAG。此外，部分统计量既可以检验对象间的空间误差相关关系，又可以检验空间滞后相关关系。例如，空间相关性 Moran's I 检验和 Geary 检验。迄今为止，Moran's I 检验是最常见的空间相关性检验方法，本节将重点介绍 Moran's I 检验和 Geary 检验。

1. 全局空间自相关指标

Moran 指数和 Geary 指数是两个用来度量空间自相关的全局指标。

1）Moran 指数

Moran 指数反映的是空间邻接或空间邻近的区域单元属性值的相似程度。如果 Y 是位置（区域）的观察值，则该变量的全局 Moran'I 值用如下公式计算：

$$\text{Moran'I}=\frac{\sum_{i=1}^{n}\sum_{j=1}^{n}w_{ij}(Y_i-\bar{Y})(Y_j-\bar{Y})}{S^2\sum_{i=1}^{n}\sum_{j=1}^{n}w_{ij}} \tag{2.1.1}$$

其中，$S^2=\frac{1}{n}\sum_{i=1}^{n}(Y_i-\bar{Y})^2$；$\bar{Y}=\frac{1}{n}\sum_{i=1}^{n}Y_i$；$Y_i$ 表示第 i 地区的观测值；n 为地区总数；w_{ij} 为空间权值矩阵第 i 行第 j 列元素。标准化的 Moran'I 统计量为

$$Z=\frac{\text{Moran's I}-E(I)}{\sqrt{\text{Var}(I)}} \tag{2.1.2}$$

其中，$E(I)=-\frac{1}{n-1}$，$\text{Var}(I)=\frac{n^2w_1+nw_2+3w_0^2}{w_0^2(n^2-1)}-E^2(I)$，$w_0=\sum_{i=1}^{n}\sum_{j=1}^{n}w_{ij}$，$w_1=\frac{1}{2}\sum_{i=1}^{n}\sum_{j=1}^{n}(w_{ij}+w_{ji})^2$，$w_2=\sum_{i=1}^{n}\sum_{j=1}^{n}(w_{i\cdot}+w_{\cdot j})$，$w_{i\cdot}$ 和 $w_{\cdot j}$ 分别为空间权值矩阵中 i 行和 j 列之和。在不存在空间相关性的原假设下，Z 服从标准正态分布。

Moran 指数 I 的取值一般在[-1,1]，小于 0 表示负相关，等于 0 表示不相关，大于 0 表示正相关。越接近 -1 表示单元间的差异越大或分布越不集中；越接近 1，则代表单元

间的关系越密切，性质越相似（高值集聚或者低值集聚）；接近 0，则表示单元间不相关。

2）Geary 指数

由于 Moran 指数不能判断空间数据是高值集聚还是低值集聚，Getis 和 Ord 于 1992 年提出了全局 Geary 指数。Geary 指数与 Moran 指数存在负相关关系。Geary 指数 C 计算公式如下：

$$C=\frac{(n-1)\sum_{i=1}^{n}\sum_{j=1}^{n}w_{ij}(x_i-x_j)^2}{2\sum_{i=1}^{n}\sum_{j=1}^{n}w_{ij}\sum_{k=1}^{n}(x_k-\bar{x})^2} \tag{2.1.3}$$

式中，C 为 Geary 指数；其他变量同上式。Geary 指数 C 的取值一般在[0,2]，大于 1 表示负相关，等于 1 表示不相关，而小于 1 表示正相关。也可以对 Geary 指数进行标准化：

$$Z(C)=[C-E(C)]/\sqrt{\mathrm{Var}(C)} \tag{2.1.4}$$

式中，$E(C)$为数学期望，$\mathrm{Var}(C)$为方差。正的 $Z(C)$表示存在高值集聚，负的 $Z(C)$表示低值集聚。

2. 局部空间自相关指标

局部空间自相关指标包括空间联系的局部指标（LISA 集聚图）和 Moran 散点图。

1）空间联系的局部指标

LISA 包括局部 Moran 指数（local Moran）和局部 Geary 指数（local Geary）。

局部 Moran 指数被定义为

$$I_i=\frac{(x_i-\bar{x})}{S^2}\sum_j w_{ij}(x_j-\bar{x}) \tag{2.1.5}$$

正的 I_i 表示该空间单元与邻近单元的属性相似（"高—高"或"低—低"），负的 I_i 表示该空间单元与邻近单元的属性不相似（"高—低"或"低—高"）。

局部 Geary 指数由 Getis 和 Ord（1992）提出，是一种基于距离权重矩阵的局部空间自相关指标，能探测出高值集聚和低值集聚，计算公式为

$$G_i^*=\frac{\sum_j w_{ij}x_j}{\sum_k x_k} \tag{2.1.6}$$

在各区域不存在空间相关下，Getis 和 Ord 简化了 G_i^* 的数学期望和方差的表达式：

$$E(G_i^*)=\frac{\sum_j w_{ij}}{n-1}=\frac{W_i}{n-1},\quad \mathrm{Var}(G_i^*)=\frac{W_i(n-1-W_i)}{(n-1)^2(n-2)}\frac{Y_{i2}}{Y_{i1}^2}$$

式中，$Y_{i1}=\frac{\sum_j w_j}{n-1}$，$Y_{i2}=\frac{\sum_j x_j^2}{n-1}-Y_{i1}^2$。

将 G_i^* 标准化，得到

$$Z_i=\frac{G_i^*-E(G_i^*)}{\sqrt{\mathrm{Var}(G_i^*)}} \tag{2.1.7}$$

此时，显著的正 Z_i 表示邻近单元的观测值高，显著的负 Z_i 则表示邻近单元的观测值低。

2）Moran 散点图

以(Wz，z)为坐标点的 Moran 散点图，常用来研究局部的空间特征。它对空间滞后因子 $\boldsymbol{W}z$ 和 z 数据进行了可视化的二维图示。Mroan's I 指数可看作各地区观测值的乘积和，其取值范围在−1 到 1 之间，若各地区间经济行为为空间正相关，其数值应当较大；负相关则较小。当目标区域数据在空间区位上相似的同时也有相似的属性值时，空间模式整体上就显示出正的空间自相关性；而当在空间上邻接的目标区域数据不同寻常地具有不相似的属性值时，就呈现为负的空间自相关性；零空间自相关性出现在当属性值的分布与区位数据的分布相互独立时。Moran 散点图中的第 1、3 象限代表观测值的正空间相关性，第 2、4 象限代表观测值的负空间相关性，并且第 1 象限代表了观测值高的区域单元被高值区域所包围(HH)；第 2 象限代表了观测值低的区域单元被高值区域所包围(LH)；第 3 象限代表了观测值低的区域单元被低值区域所包围(LL)；第 4 象限代表了观测值高的区域单元被低值区域所包围(HL)。

2.2 空间权重

2.2.1 空间权重及其设定方法

将空间效应纳入计量模型，是通过引入权重矩阵来实现的。建立空间计量模型进行空间统计分析时，一般要用空间权重矩阵 $\boldsymbol{W}$ 来表达 n 个位置的空间区域的邻近关系，其形式如下：

$$\boldsymbol{W}=\begin{bmatrix} w_{11} & w_{12} & \cdots & w_{1n} \\ w_{21} & w_{22} & \cdots & w_{2n} \\ \vdots & \vdots & \ddots & \vdots \\ w_{n1} & w_{n2} & \cdots & w_{nn} \end{bmatrix} \tag{2.2.1}$$

式中第 i 行第 j 列元素 w_{ij} 表示区域 i 与 j 的邻近关系。对于空间矩阵的构造，一直是一个有争议的问题。因为无法找到一个完全描述空间相关结构的空间矩阵，也就是说，理论上讲，不存在最优的空间矩阵。

Tobler 地理学第一定律指出：任何事物与别的事物之间都是相关的，但近处的事物比远处的事物的相关性更强。这是权重矩阵设置的一个基本依据。一般来讲，空间矩阵的构造必须满足“空间相关性随着‘距离’的增加而减少”的原则。这里的“距离”是广义的，可以是地理上的距离，也可以是经济意义上合作关系的远近，甚至可以是社会学意义上的人际关系的亲疏。

空间权重矩阵 $\boldsymbol{W}=(w_{ij})_{n\times n}$ 主要用于表达空间的相互依赖性，它是外生信息。$\boldsymbol{W}$ 中对角线上的元素被设定为 0，而 $w_{ij}(i\neq j)$表示区域 i 和区域 j 空间上的紧密程度，为了减少或者消除区域间的外生影响，权重矩阵在进行其他运算前通常被标准化，矩阵 $\boldsymbol{W}$ 的行和为 1，标准化意味着每一个矩阵元素仅仅表示邻接空间的加权平均数。

2.2.2　常用的空间权重矩阵

空间矩阵的常规设定有两种：一种是简单的二进制邻接矩阵，另一种是基于距离的二进制空间权重矩阵。简单的二进制邻接矩阵的第 i 行第 j 列元素为

$$w_{ij}=\begin{cases}1, & \text{当区域 } i \text{ 和区域 } j \text{ 相邻接} \\ 0, & \text{其他}\end{cases} \tag{2.2.2}$$

邻接性空间依赖关系相对应空间权重矩阵元素值的定义是：邻接为 1，不邻接为 0。参照国际象棋中棋子的行子规则，相邻关系可以分为以下三种。

"车式"邻接(rook contiguity)：两个相邻区域有共同的边。

"象式"邻接(bishop contiguity)：两个相邻区域有共同的顶点，但没有共同的边。

"后式"邻接(queen contiguity)：两个相邻区域有共同的边或顶点。

常用相邻关系如图 2.2.1 所示。

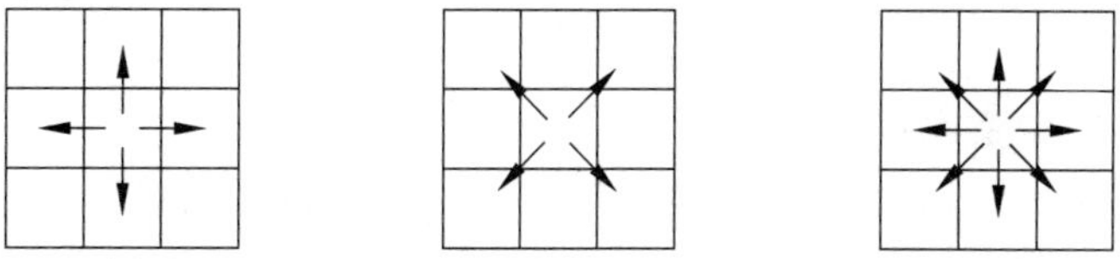

(a) 车相邻　(b) 象相邻　(c) 后相邻

图 2.2.1　常用相邻关系

在实践中，为了区分边与点，可以设定一个最小距离，在此距离以下为点，而在此距离以上为边。另外究竟使用车、象还是后相邻，取决于具体情况。例如，区域 i 与区域 j 仅在一点相交(象相邻)，但有一条主要高速公路通过此点连接两区域，则不宜使用车相邻。

与邻接性相比，距离性空间依赖关系的空间权重矩阵元素值定义要复杂得多。从距离变量属性来看，可将空间分为非几何距离和几何距离两种。

基于距离的二进制邻接矩阵的第 i 行第 j 列元素为

$$w_{ij}=\begin{cases}1, & \text{当区域 } i \text{ 和区域 } j \text{ 的距离小于 } d \text{ 时} \\ 0, & \text{其他}\end{cases} \tag{2.2.3}$$

在实际的区域分析中，空间权重矩阵的选择设定是外生的，原因是$(n\times n)$阶矩阵 $\boldsymbol{W}$ 包含了关于区域 i 和区域 j 之间相关的空间邻接的外生信息，不需要通过模型来估计得到它。权重矩阵中对角线上的元素 w_{ii} 被设定为 0。为了减少或消除区域间的外在影响，权重矩阵被标准化$\left(w_{ij}^{*}=w_{ij}/\sum_{k=1}^{n}w_{ik}\right)$，使得行元素之和为 1。

1. 基于邻近概念的空间权重矩阵

基于邻近概念的空间权重矩阵(contiguity based spatial weights)有一阶邻近矩阵(the first order contiguity matrix)和高阶邻近矩阵两种。

(1) 一阶邻近矩阵。一阶邻近矩阵是假定两个地区有共同边界时空间关联才会发生，即当相邻地区 i 和 j 有共同边界时用 1 表示，否则以 0 表示。一般有 Rook 邻近和

Queen 邻近两种计算方法(Anselin,2003)。Rook 邻近用仅有共同边界来定义邻居，而 Queen 邻近则除了共有边界邻居外还包括共同顶点的邻居。由此可见，基于 Queen 邻近的空间矩阵常常与周围地区具有更加紧密的关联结构(拥有更多的邻居)。当然，如果假定区域间公共边界的长度不同(如 10km 和 100km)，其空间作用的强度也不一样，则还可以通过将公用边界的长度纳入权重计算过程中，使这种邻近指标更加准确一些。

(2) 高阶邻近矩阵。空间权重矩阵不仅仅局限于第一阶邻近矩阵，也可以计算和使用更高阶的邻近矩阵。Anselin 和 Smirnov(1996)提出了高阶邻近矩阵的算法。二阶邻近矩阵(the second order contiguity matrix)表示了一种空间滞后的邻近矩阵。也就是说，该矩阵表达了邻近的相邻地区的空间信息。当使用时空数据并假设随着时间推移产生空间溢出效应时，这种类型的空间权重矩阵将非常有用，在这种情况下，特定地区的初始效应或随机冲击不仅会影响其邻近地区，而且随着时间的推移会影响其邻近地区的相邻地区。当然，这种影响是呈几何递减的。

可以看出，邻近空间权重矩阵因其对称和计算简单而较为常用，适合于测算地理空间效应的影响。

2. 其他经济社会空间权重矩阵

除了使用真实的地理坐标计算地理距离外，还有包括经济和社会因素的更加复杂的权重矩阵设定方法。例如，根据区域间交通运输流、通信量、GDP(国内生产总值)总额、贸易流动、资本流动、人口迁移、劳动力流动等确定空间权值，计算各个地区任何两个变量之间的距离。例如以下几种。

1) 基于万有引力定律的空间邻接矩阵

近年来，一些学者采用诺贝尔经济学奖获得者 Tingbergen(1962)提出的引力模型研究区域贸易问题，该模型直接把地区间的距离作为解释变量引入模型中。其思想源自物理学中的万有引力定律，即两个物体之间的引力与它们的质量乘积成正比，与它们之间的距离平方成反比。尽管引力模型已经得到了广泛应用，但是基于万有引力定律构造空间邻接矩阵并不多见。我们认为，技术溢出效应是广泛存在的，而不仅仅局限于有共同边界的地区之间，并且两个地区之间的经济实力越强，技术交流与合作的吸引力往往越大，相应的技术溢出效应也越大。为此，基于万有引力定律构建如下空间邻接矩阵 $\mathbf{W}=(w_{ij})$：

$$w_{ij}=\begin{cases}\dfrac{m_i m_j}{r_{ij}^2}, & i\neq j\\ 0, & i=j\end{cases} \tag{2.2.4}$$

其中，r_{ij} 为地区 i 与地区 j 的地理距离，可由两个地区的经纬度计算；m_i 为地区 i 的经济实力，以样本期内的人均实际 GDP 衡量。为了消除单位选取的影响，邻接矩阵需要标准化使行元素之和为 1。

2) 基于地理距离标准构造空间权重矩阵

空间邻接标准认为空间单元之间的联系仅仅取决于二者相邻与否，即只要不同空间单元相邻，则认为它们之间具有相同的影响强度，这在区域创新经济研究中是不符合客观事实的。例如，用空间邻接标准衡量的区域的地理位置，与北京邻接的只有天津、河北两省市，但我们不能认为北京只与津、冀地区发生联系而与其他省区市均没有联系，也不能认为北京和在地理区位上与之相近的山东之间的相互影响和北京与新疆、西藏等相对较远的省份之间的相互影响是等同的（而在邻接权重矩阵中北京、山东和北京、新疆之间的权重都为 0）。基于这样的事实，我们通过地理距离标准构造空间权重矩阵，其实，这也符合地理学第一定律（Tobler W R，1970）任何事物与其他周围事物之间均存在联系，而距离较近的事物总比距离较远的事物联系更为紧密。选用一种常用的空间距离权重矩阵 $\boldsymbol{W}_d$（Tiiu Paas and Friso Schlitte，2006）为

$$w_{ij}=\begin{cases}\dfrac{1}{d^2}, & i\neq j\\ 0, & i=j\end{cases} \tag{2.2.5}$$

其中，d 为两地区地理中心位置之间的距离。

3）社会经济特征空间权重矩阵

以地理区位差异反映出的区域创新的空间联系及其强度仅仅表征了地理邻近特征的影响，是相对粗糙的，区域创新作为一项系统活动，必然受到其他多种非地理邻近因素的综合影响，因此需要从不同角度建构其他类型的空间权重矩阵，以全面客观地揭示区域创新生产的空间影响因素。将区域间的社会经济特征分为经济基础和人力资本两类，分别建立空间权重矩阵。

鉴于不同省区经济水平存在空间相关性的客观现实，许多学者通过建立经济距离空间权重矩阵来对这种关系予以描述，比较有代表性的如林光平等（2006）基于相邻地区间经济发展水平的差异程度越小，其经济上的相互联系强度就越大的假设，建立了基于地区差异的经济距离空间权重矩阵。然而，这一形式的矩阵存在明显不足。该矩阵中各元素所表征的两个空间单元之间的相互影响强度是相同的（$w_{ij}=w_{ji}$），而现实情况是经济发展水平较高的地区对经济水平较低的地区产生更强的空间影响与辐射作用，如北京对河北的影响强度显然大于河北对北京的影响强度。由此，我们建立新的经济距离空间权重矩阵，具体为

$$\boldsymbol{W}=\boldsymbol{W}_d\,\mathrm{diag}(\bar{Y}_1/\bar{Y},\bar{Y}_2/\bar{Y},\cdots,\bar{Y}_n/\bar{Y}) \tag{2.2.6}$$

其中，$\boldsymbol{W}_d$ 为地理距离空间权重矩阵，$\bar{Y}_i=\dfrac{1}{t_1-t_0+1}\sum\limits_{t=t_0}^{t_1}Y_{it}$ 为考察期内第 i 省物质资本存量平均值，$\bar{Y}=\dfrac{1}{n(t_1-t_0+1)}\sum\limits_{i=1}^{n}\sum\limits_{t=t_0}^{t_1}Y_{it}$ 为考察期内总物质资本存量均值。通过上述矩阵可以发现，当一个地区的物质资本存量占总量比重越大（$\bar{Y}_i/\bar{Y}>\bar{Y}_j/\bar{Y}$）时，其对周边地区的影响也越大（$w_{ij}>w_{ji}$）。可用省会城市间的地理距离建立 $\boldsymbol{W}_d$，用地区物质资本存量表征地区经济发展水平。

人力资本对区域创新活动具有重要的影响。人力资本水平的提高可以增强对知识、技术以及其他信息的获取与运用能力，进而转化为创新产出，促进区域社会经济发展。以卢卡斯为代表的新增长理论学者认为，地区人力资本对经济发展具有决定性作用（Lucas，

1988）。特别是对于中国这样的发展中大国来讲，区域经济水平普遍较低且发展不均衡，区域人力资本存量及其变化将会带来规模经济收益，在此过程中，创新作为经济收益的副产品随之产生。对发达地区而言，较高的人力资本与技术水平能够促使其经济不断发展，同时，由于“干中学”效应，经济水平不断提高，也产生了更多的内生性技术进步，促进了区域创新能力；而落后地区大多通过对先进技术的吸收与模仿，实现其经济发展与技术飞跃。然而，地区间人力资本水平差异会在很大程度上影响知识溢出与技术扩散。当两地区人力资本存量水平差距较大时，落后地区由于其较低的人力资本水平，对先进技术的引进、消化、吸收与创新扩散过程受到一定程度的制约，也就是说，落后地区并不能够充分、有效地吸收先进技术，其对先进技术的引进并不能对当地经济发展与创新活动起到应有的作用。相反，人力资本水平相近的地区间技术引进地区由于具备了一定的人力资本存量水平，可以有效地模仿、吸收引进技术，直至实现自主创新。因此，人力资本存量水平的地区间差异是影响区域技术创新的重要因素。另外，由于技术创新活动的地方化（Caniels，2001），建立人力资本权重时，我们仍然考虑地理区位因素的影响。

为了表征区域人力资本对创新活动的影响，参照经济距离空间权重矩阵，建立人力资本空间权重矩阵，表示为

$$\boldsymbol{W}=\boldsymbol{W}_d\,\mathrm{diag}\left(\frac{\overline{H}_1}{\overline{H}},\frac{\overline{H}_2}{\overline{H}},\cdots,\frac{\overline{H}_n}{\overline{H}}\cdots\right) \tag{2.2.7}$$

其中，$\overline{H}_i=\frac{1}{t_1-t_0+1}\sum_{t=t_0}^{t_1}H_{it}$，$\overline{H}=\frac{1}{n(t_1-t_0+1)}\sum_{i=1}^{n}\sum_{t=t_0}^{t_1}H_{it}$，$\overline{H}_i$ 为第i省人力资本存量平均值，$\overline{H}$ 为总人力资本存量均值，t 为不同时期。这样设置权重矩阵的好处在于，可以更为深刻地揭示出区域人力资本水平差异对创新活动产生的动态影响。通过上述矩阵可以发现，当一个地区的人力资本存量占总量的比重越大（$\overline{H}_1/\overline{H}>\overline{H}_j/\overline{H}$）时，其对周边地区的影响也越大（$w_{ij}>w_{ji}$）。

4）竞争矩阵

构造竞争矩阵（competition matrix）体现基础设施可能存在的正负溢出效应；基于地区间或行业间的投入产出联系和旅客量等流量数据分析溢出效应的来源。若 $i\neq j$，则 $w_{ij}=a_{ij}/\sum_k a_{ik}$，若 $i=j$，则 $w_{ij}=0$。其中 a_{ij} 代表“从区域 i 运往区域 j 的货物”（Cohen and Paul，2001）或“行业的单位产出对中间品投入行业的需求量”（Moreno et al.，2004）。

一方面，基础设施的网络结构导致其溢出效应超出所在地区或部门范围，而且相邻地区的资本和技术溢出效应更显著（Moreno et al.，2004；Cantos et al.，2005），因此，可通过地理邻近方法构建空间权重衡量基础设施空间溢出效应；另一方面，具有类似经济社会特征的地区之间即使不相邻，基础设施网络也会导致地区之间要素流动和厂商选址的竞争产生负溢出效应，且地区间相似度越高则替代性越大（Boarnet，1998；Delgado and Alvarez，2007）。因此需要结合地理邻近和竞争矩阵两种方法构建空间权重。考虑到中国地区之间普遍存在的产业竞争，采用标准化的“两地区制造业结构相似度”作为产业竞

争指标构建竞争矩阵空间权重：$d_{ij}=\sqrt{\sum_{m}(a_{im}-a_{jm})^2}$，其中 a_{im} 和 a_{jm} 分别为省份 i 和 j 的产业 m 占制造业产值比重，d_{ij} 越小则制造业结构越相似，赋予的竞争权重越大。制造业规模越大省份的产业竞争力越高，故竞争权重为 $w_{ij}=\dfrac{X_j}{d_{ij}}$，其中 X_j 为省份 j 的制造业产值占全国制造业总值的比重，标准化处理得：若 $i\neq j$，则 $w_{ij}^{*}=\dfrac{w_{ij}}{\sum_{j}w_{im}}$；若 $i=j$，则 $w_{ij}^{*}=0$。

3. 实例及操作

【例 2.2.1】 对于二维的截面数据或者面板数据，在进行数据模型的构建时，常常需要对数据的相关性进行检验；同样，对于空间的数据也是一样，在进行空间模型的建立之前，需要对数据进行空间的相关性检验，一般检验的方法如前述理论部分所介绍，本例主要是选取较为常用的莫纳指数进行空间相关性检验。以数据集 0201. dta 和 0201wm. dta 为例。前者包含美国哥伦布市 49 个社区的社区编号、犯罪率、房价和家庭收入的数据，后者为 49 个社区基于相邻关系的空间权重矩阵，空间相关性的检验具体操作步骤如下。

先定义空间向量矩阵，将数据集置于默认的路径 D 盘 spat 文件夹中。

```
cd D:\spat                                          /* 指定默认路径 */
spatwmat using D:\spat\0201wm.dta, name(W)          /* 定义空间权重矩阵 */
matrix list W                                       /* 列示空间权重矩阵 */
```

空间矩阵生成如图 2.2.2 所示。

图 2.2.2 显示，已经生成 49×49 的标准化的空间权重矩阵 $\boldsymbol{W}$，其中元素均为 0 或者 1。

```
The following matrix has been created:

1. Imported binary weights matrix W
   Dimension: 49x49
```

图 2.2.2　空间矩阵生成

下面计算被解释变量的空间全局自相关指标及相关性检验，具体的操作命令如下：

```
use 0201.dta, clear
spatgsa crime, weights(W) moran twotail
/* twotail : 双边检验,默认为单边检验 */
```

全局空间自相关检验如图 2.2.3 所示。

Weights matrix

Name: W
Type: Imported (binary)
Row-standardized: No

Moran's I

Variables	I	E(I)	sd(I)	z	p-value*
crime	0.521	-0.021	0.087	6.212	0.000

*2-tail test

图 2.2.3　全局空间自相关检验

从图 2.2.3 可以看出，三个全局空间自相关指标显著地拒绝无空间自相关的原假设，即空间存在着自相关。考察属于某区域 i 附近的空间集聚情况，故可以计算局部空间自相关指标，受篇幅所限，下面仅仅计算局部莫纳指数。具体操作命令如下。

```
spatlsa crime, weights(W) moran twotail
```

局部莫纳指数空间自相关检验如图 2.2.4 所示。

Weights matrix

Name: W
Type: Imported (binary)
Row-standardized: No

Moran's Ii (Residential burglaries & vehicle thefts pe)

Location	Ii	E(Ii)	sd(Ii)	z	p-value*
1	1.586	-0.063	1.674	0.985	0.325
2	0.019	-0.083	1.912	0.054	0.957
3	0.460	-0.125	2.289	0.255	0.798
4	-7.442	-0.083	1.912	-3.850	0.000
5	1.474	-0.042	1.381	1.097	0.273
6	0.375	-0.083	1.912	0.240	0.810
7	2.429	-0.167	2.581	1.006	0.315
8	-0.363	-0.042	1.381	-0.233	0.816
9	4.409	-0.125	2.289	1.981	0.048
10	0.161	-0.083	1.912	0.128	0.898
11	-0.324	-0.063	1.674	-0.156	0.876
12	2.703	-0.063	1.674	1.652	0.099
13	4.959	-0.083	1.912	2.638	0.008
14	2.495	-0.063	1.674	1.528	0.126
15	0.935	-0.042	1.381	0.707	0.479
16	4.846	-0.104	2.113	2.342	0.019
17	3.414	-0.208	2.815	1.287	0.198
18	0.195	-0.146	2.443	0.140	0.889
19	-0.024	-0.125	2.289	0.044	0.965
20	1.180	-0.104	2.113	0.607	0.544
21	-0.496	-0.083	1.912	-0.216	0.829
22	0.214	-0.083	1.912	0.156	0.876
23	-0.210	-0.146	2.443	-0.026	0.979
24	3.465	-0.125	2.289	1.569	0.117
25	-0.103	-0.104	2.113	0.000	1.000
26	1.090	-0.063	1.674	0.689	0.491
27	0.814	-0.083	1.912	0.470	0.639
28	0.272	-0.083	1.912	0.186	0.853
29	0.035	-0.125	2.289	0.070	0.944
30	2.539	-0.125	2.289	1.164	0.244
31	8.793	-0.188	2.704	3.321	0.001
32	11.771	-0.146	2.443	4.877	0.000
33	10.351	-0.125	2.289	4.577	0.000
34	8.276	-0.104	2.113	3.965	0.000
35	1.600	-0.146	2.443	0.714	0.475
36	9.910	-0.167	2.581	3.904	0.000
37	4.529	-0.146	2.443	1.913	0.056
38	7.290	-0.104	2.113	3.498	0.000
39	0.501	-0.083	1.912	0.306	0.760
40	3.692	-0.125	2.289	1.667	0.095
41	2.400	-0.063	1.674	1.471	0.141
42	2.763	-0.104	2.113	1.357	0.175
43	0.465	-0.063	1.674	0.315	0.753
44	2.114	-0.083	1.912	1.149	0.250
45	2.035	-0.042	1.381	1.503	0.133
46	6.216	-0.104	2.113	2.991	0.003
47	2.304	-0.042	1.381	1.698	0.089
48	2.499	-0.042	1.381	1.840	0.066
49	2.173	-0.042	1.381	1.604	0.109

*2-tail test

图 2.2.4　局部莫纳指数空间自相关检验

从图 2.2.4 可以看出，某些社区仍然是显著地拒绝无空间自相关的原假设，这与全局空间自相关的检验结果是一致的。

为了更加形象地表示空间相关的检验，以下通过绘制散点图进行描述，具体命令如下：

```
spatwmat using 0201wm.dta, name(W2) standardize
spatlsa crime, weights(W2) moran graph(moran) symbol(n)
/* graph(moran)要使用行标准化后的空间权重矩阵 */
```

按 Enter 键后，得到局部莫纳指数空间自相关检验散点图，如图 2.2.5 所示。

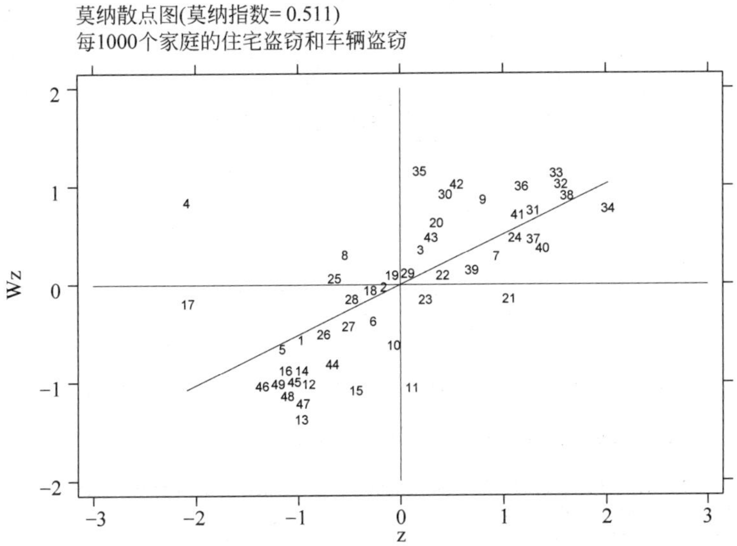

图 2.2.5　局部莫纳指数空间自相关检验散点图

【例 2.2.2】　为了更好理解上述相关的理论内容，下面通过选取中国 30 个省、区、市①的数据，简述建立空间权重矩阵的方法，本例重点介绍实证研究中最常用的地理距离所构建的空间权重矩阵。以数据集 0202.dta 为例。

(1) 根据经纬度构建 0-1 矩阵。

首先在 Command 窗口输入以下命令，空间计量命令包安装如图 2.2.6 所示。

```
net install sg162.pkg                          /* 安装 spat 打头的所有命令 */
```

然后打开数据集 0202.dta，并在 Command 窗口输入以下命令：

```
use"D:\stata16\shuju\chap02\0202.dta"
spatwmat, name(W01) xcoord(x) ycoord(y) band(0 12) binary standardize
```

上述命令中，name(W01)表示生成矩阵的名称为 W01；xcoord(x) ycoord(y)分别表示经度和纬度；band(0 12)表示宽带，指定了距离的上下限；binary 表示将空间的地理距

① 不包含西藏。

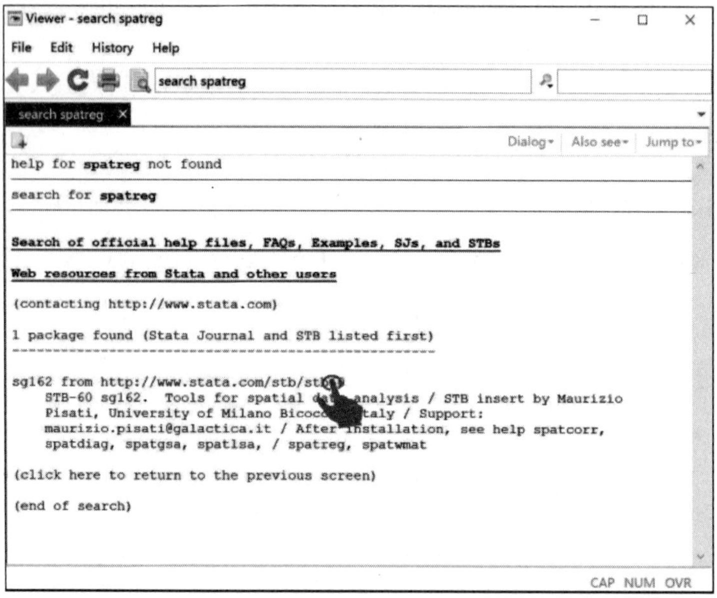

图 2.2.6 空间计量命令包安装

离的矩阵转化为二进制的 0-1 矩阵。经纬度构建 0-1 矩阵代码运行如图 2.2.7 所示。

```
The following matrix has been created:

1. Distance-based binary weights matrix W01 (row-standardized)
   Dimension: 30x30
   Distance band: 0 < d <= 12
   Friction parameter: 1
   Minimum distance: 1.3
   1st quartile distance: 8.4
   Median distance: 12.8
   3rd quartile distance: 18.6
   Maximum distance: 43.3
   Largest minimum distance: 11.26
   Smallest maximum distance: 24.22
```

图 2.2.7 经纬度构建 0-1 矩阵代码运行

按 Enter 键后，代码的运行过程如下，从而得到 W01 矩阵。

```
matlist W01                                  //输出所建立的矩阵
mat2txt,matrix(W01) saving(100) replace      //矩阵保存为 txt 文件，需事先在默认
                                             //的存储文件夹下建 100.txt 文件。
dataout using 100.txt,word excel             //矩阵转换为 Word 和 Excel 文件，保
                                             //存在默认的存储文件夹下
```

(2) 计算反距离矩阵和地理矩阵平方。

在有些情况下，一些模型的权重可能不一定适用于区域与区域之间的距离，可能是反距离或者是距离的平方，为此利用上述数据集，通过计算反距离矩阵和地理距离平方，来构建权重矩阵。

```
spwmatrix gecon y x, wname(winvsq) wtype(inv)        //构建空间权重矩阵
```

按 Enter 键后，代码的运行过程如下：

```
Inverse distance (alpha = 1) spatial weights matrix (30 x 30) calculated success
> fully and the following action(s) taken:

 - Spatial weights matrix  created as Stata object(s): winvsq.
```

其中 alpha=1 表示反距离，alpha=2 表示反距离的平方。

```
matlist winvsq                                     //输出矩阵
mat2txt,matrix(winvsq) saving(111) replace         //将矩阵保存为 txt 文件,需事先在默
                                                   //认的存储文件夹下建 111.txt 文件。
dataout using 111.txt,word excel                   //将矩阵转换为 Word 和 Excel 文件,
                                                   //保存在默认的存储文件夹下。
mat w1 = hadamard(winvsq,winvsq)                   //距离倒数的平方
```

（为节省空间，此处不列示运行结果，读者可以自行操作，查看相关运行的结果）。

本 章 习 题

第3章　截面数据空间计量经济学模型

以截面数据为样本构建的经典计量经济学模型以独立随机抽样为假设，不考虑截面个体的相关性，但在实际经济与社会活动中，空间相关性客观存在，故有必要在经典模型中正确引入空间相关性、发展空间计量经济学模型理论与方法。本章主要介绍一系列横截面数据空间计量经济模型的原理、估计及相应的软件实现，包括广义空间自回归模型、空间误差模型、空间杜宾模型、广义嵌套空间模型、空间滞后模型、空间杜宾误差模型、矩阵指数空间模型及相关模型的选取标准。通过理论与软件操作的结合，希望读者能够掌握本章知识并尝试应用于各个领域。

3.1　广义空间自回归模型

3.1.1　模型及估计

广义空间自回归(generalized spatial autocorrelation，GSA)模型同时描述了空间实质相关和空间扰动相关，其形式是空间滞后模型(spatial lag model，SLM，也称 SAR 模型)和空间误差模型(spatial error model，SEM)的综合，如式(3.1.1)所示：

$$\begin{aligned} \boldsymbol{y} &= \rho \boldsymbol{W}_1 y + \boldsymbol{X}\boldsymbol{\beta} + \boldsymbol{u} \\ \boldsymbol{u} &= \lambda \boldsymbol{W}_2 \boldsymbol{u} + \boldsymbol{\varepsilon} \\ \boldsymbol{\varepsilon} &\sim N(\boldsymbol{0}, \sigma^2 \boldsymbol{I}_n) \end{aligned} \tag{3.1.1}$$

其中，$\boldsymbol{W}_1$ 和 $\boldsymbol{W}_2$ 分别描述不同截面个体中被解释变量之间的相关性和误差项之间的相关性，两者可以相同。

SAC 模型主要应用于以下三种情形。

(1) 若 SAR 模型的误差结构中存在空间依赖，则 SAC 模型就是针对该类型误差依赖关系合适的模型化方法，其中，SAR 模型的残差和空间依赖关系可用 LM(拉格朗日乘数)统计量进行检验。

(2) 若 $\boldsymbol{W}_2$ 用二阶空间邻近矩阵表示，则意味着扰动结构具有高阶空间依赖，这是由于被解释变量受空间现象(如空间关联)的第二轮效应所影响。

(3) 若 $\boldsymbol{W}_1$ 表示一阶空间邻近矩阵，$\boldsymbol{W}_2$ 表示该地与该中心城市距离的对角矩阵，则这种空间权重矩阵的结构说明仅相邻关系不能充分解释空间效应。在建模中判断是否应该用距离权重矩阵替代 $\boldsymbol{W}_1$，或用一阶向量矩阵替代 $\boldsymbol{W}_2$，理应将似然函数值与模型中使用两种结构估计的参数 ρ 和 λ 的统计意义做比较，由此得出答案。

SAC 模型的对数似然函数如式(3.1.2)所示：

$$
\begin{aligned}
&L = C - (n/2)\ln\sigma^2 + \ln(|\boldsymbol{A}|) + \ln(|\boldsymbol{B}|) - (1/2\sigma^2)(\boldsymbol{e}'\boldsymbol{B}'\boldsymbol{B}\boldsymbol{e})\\
&\boldsymbol{e} = \boldsymbol{A}\boldsymbol{y} - \boldsymbol{X}\boldsymbol{\beta}\\
&\boldsymbol{A} = \boldsymbol{I}_n - \rho\boldsymbol{W}_1\\
&\boldsymbol{B} = \boldsymbol{I}_n - \lambda\boldsymbol{W}_2
\end{aligned}
\tag{3.1.2}
$$

最大化可分为两步进行，并进行充分迭代，通过运用$\boldsymbol{\beta}$和σ^2的表达式对函数进行变换：

$$
\begin{aligned}
&\boldsymbol{\beta} = (\boldsymbol{X}'\boldsymbol{B}'\boldsymbol{B}\boldsymbol{X})^{-1}(\boldsymbol{X}'\boldsymbol{B}'\boldsymbol{B}\boldsymbol{A}\boldsymbol{y})\\
&\sigma^2 = (\boldsymbol{e}'\boldsymbol{e})/n
\end{aligned}
\tag{3.1.3}
$$

考虑式(3.1.3)的表达式，在给定ρ和λ时可以对自然对数似然值进行计算。参数$\boldsymbol{\beta}$和σ^2可以根据ρ、λ、样本数据$\boldsymbol{y}$和$\boldsymbol{X}$进行计算。

值得一提的是：极大似然估计量(MLE)尚存以下缺陷。

(1) 计算不便，尤其是当空间权重矩阵$\boldsymbol{W}_1$和$\boldsymbol{W}_2$维度较高时。

(2) 空间计量模型 MLE 的大样本理论尚未健全。

(3) 若扰动项ε不服从独立同分布的正态分布，则准极大似然估计量(QMLE)将不满足一致性。

因此，Kelejian and Prucha(1998，1999，2004，2010)提出利用工具变量(IV)、通过广义矩估计法(GMM)来估计 SAR 模型，该方法称为“广义空间二段最小二乘法”(GS2SLS)。在估计过程中，设置：

$$
\{\boldsymbol{X}, \boldsymbol{W}_1\boldsymbol{X}, \cdots, \boldsymbol{W}_1^q\boldsymbol{X}, \boldsymbol{W}_2\boldsymbol{X}, \boldsymbol{W}_2\boldsymbol{W}_1\boldsymbol{X}, \cdots, \boldsymbol{W}_2\boldsymbol{W}_1^q\boldsymbol{X}\}
\tag{3.1.4}
$$

定义工具变量为式(3.1.4)中线性独立的列向量，记此Ⅳ矩阵为$\boldsymbol{H}$。蒙特卡罗模拟显示在大多数情况下$q=2$。由于$\boldsymbol{X}$与$\boldsymbol{y}$相关且$\boldsymbol{X}$为外生变量，故上述$\boldsymbol{X}$的线性函数为有效工具变量。估计步骤如下。

(1) 使用Ⅳ矩阵$\boldsymbol{H}$进行两阶段最小二乘法(2SLS)估计，所得估计量(λ', β')虽一致，但并非最有效率，因为尚未考虑扰动项$\boldsymbol{u}$存在空间自回归。记残差为u'。

(2) 将$\boldsymbol{u}'$作为$\boldsymbol{u}$的估计量代入方程，然后进行 GMM 估计，得到估计量ρ'。

(3) 使用ρ'对方程进行“空间 CO 变换”(spatial Cochrane-Ocrutt transformation)以消除扰动项$\boldsymbol{u}$的空间自相关，此方法类似于时间序列通过准差分消除自相关。将方程两边同时左乘$(\boldsymbol{I}-\rho\boldsymbol{W}_2)$得到

$$
(\boldsymbol{I} - \rho\boldsymbol{W}_2)\boldsymbol{y} = \lambda(I - \rho\boldsymbol{W}_2)\boldsymbol{W}_1\boldsymbol{y} + (I - \rho\boldsymbol{W}_2)\boldsymbol{X}\boldsymbol{\beta} + (I - \rho\boldsymbol{W}_2)\boldsymbol{\mu}
\tag{3.1.5}
$$

其中，新扰动项$\boldsymbol{\varepsilon} = (\boldsymbol{I} - \rho\boldsymbol{W}_2)\boldsymbol{\mu}$不再存在空间自相关。将$\rho'$代入此方程，再次使用$\boldsymbol{H}$对变换后的方程进行 2SLS 估计，记所得估计量为$(\hat{\lambda}, \hat{\boldsymbol{\beta}})$，残差为$\hat{\boldsymbol{u}}$。

(4) 将$\hat{\boldsymbol{u}}$作为$\boldsymbol{u}$的估计量代入方程，然后再次进行 GMM，得到估计量$\hat{\rho}$。由于此估计量是将 2SLS 应用于空间数据且使用了广义最小二乘法[CO 变换属 GLS(广义最小二乘)]，故“广义空间二段最小二乘法”由此得名。

GS2SLS 优点在于计算简便且不因大样本而产生估计困难，结果稳健，于异方差条件下也保证一致性；其缺点在于必须有外生变量$\boldsymbol{X}$。当然，GS2SLS 可推广至包含内生变

量的情形：

$$\begin{aligned} \boldsymbol{y} &= \rho \boldsymbol{W}_1 \boldsymbol{y} + \boldsymbol{X}\boldsymbol{\beta} + \boldsymbol{Z}\boldsymbol{\delta} + \boldsymbol{u} \\ \boldsymbol{u} &= \lambda \boldsymbol{W}_2 \boldsymbol{u} + \boldsymbol{\varepsilon} \\ \boldsymbol{\varepsilon} &\sim N(0, \sigma^2 \boldsymbol{I}_n) \end{aligned} \tag{3.1.6}$$

其中，$\boldsymbol{Z}$ 由内生解释变量组成。假设除了 $\boldsymbol{X}$ 之外，尚有外生变量 $\boldsymbol{X}_e$ 不在方程中，则定义 $\boldsymbol{X}_f \equiv (\boldsymbol{X}, \boldsymbol{X}_e)$，如若方程中包含 $\boldsymbol{X}_e$，则 $\boldsymbol{X}_f \equiv \boldsymbol{X}$。设置：

$$\{\boldsymbol{X}_f, \boldsymbol{W}_1\boldsymbol{X}_f, \cdots, \boldsymbol{W}_1^q\boldsymbol{X}_f, \boldsymbol{W}_2\boldsymbol{X}_f, \boldsymbol{W}_2\boldsymbol{W}_1\boldsymbol{X}_f, \cdots, \boldsymbol{W}_2\boldsymbol{W}_1^q\boldsymbol{X}_f\} \tag{3.1.7}$$

定义Ⅳ矩阵 $\boldsymbol{H}$ 为式(3.1.6)中线性独立的列向量，即可进行 GS2SLS 估计。

3.1.2 实例及操作

估计空间计量经济学模型的软件大致有 Stata、GeoDa、R 和 Matlab。James Lesage 提供了估计 SAR、SEM 和 SAC 的程序代码，在 www.spatial-econometrics.com 可以下载。通过改变上述程序代码的参数，也可以估计 SDM(spatial Durbin model，空间杜宾模型)，SDEM(spatial Durbin error modeal，空间杜宾误差模型)和 GNS(广义嵌套空间)模型。空间计量经济模型可以通过极大似然法、准极大似然估计(Lee，2005)，工具变量(Anselin，1998)，广义矩法(Kelejian and Prucha，1999)，或通过贝叶斯马尔科夫链蒙特卡罗方法(Lesage，2009，2014)估计。

为了进一步探讨我国工业企业研究与试验发展(R&D)项目数量的影响因素及其空间相关性，在对空间权重矩阵和模型选择的判断以及估计稳健性的充分考量下，针对 R&D 项目数量的广义空间自回归模型构造如下：

$$\begin{aligned} &\ln \mathbf{INNO} = \rho \boldsymbol{W} \ln \mathbf{INNO} + \beta_1 \ln \mathbf{RDK} + \beta_2 \ln \mathbf{RDL} + \boldsymbol{\mu} \\ &\boldsymbol{\mu} = \lambda \boldsymbol{W} \boldsymbol{\mu} + \boldsymbol{\varepsilon}, \quad \boldsymbol{\varepsilon} \sim N(\mathbf{0}, \sigma^2 \boldsymbol{I}) \end{aligned} \tag{3.1.8}$$

其中，ln **INNO** 是各个省域 R&D 项目数量的对数值向量；ln **RDK** 是 R&D 经费的对数值向量；ln **RDL** 是 R&D 从业人员的对数值向量；$\boldsymbol{W}$ 是空间邻接矩阵；ρ 是空间滞后效应系数；λ 是空间误差系数。

选取 2016 年我国 31 个省(区、市)的相关数据进行分析，数据来源《中国统计年鉴》。利用 Stata 软件对模型进行参数估计，通过分别利用经典回归模型 OLS(普通最小二乘法)和 SAC 两种模型的参数估计，对比模型的优劣程度。其具体的操作步骤以及计算结果如下。

首先打开数据集"li3.1.dta"，然后利用 OLS 进行估计，在 Command 窗口中输入如下命令：

```
use "D:\stata16\shuju\chap03\li3.1.dta",clear
reg lninno lnrdk lnrdl
```

然后在经典回归模型基础上，加入空间因素的影响，即引入空间邻接矩阵，构建如式(3.1.8)所示的广义空间自回归模型。由于 Stata 中进行空间模型的参数回归时，需要安装命令包，具体的在 Command 窗口中的命令为

```
findit spregsac                        /* 安装截面数据空间计量外部命令 */
spregsac lninno lnrdk lnrdl,wmfile(D:\stata16\shuju\chap03\ li3.1W.dta)
```

根据经典回归模型和 SAC 模型的回归结果，整理结果如表 3.1.1 所示。

表 3.1.1　2016 年我国省际 R&D 项目数量影响因素的实证分析结果

模　　型	OLS	SAC
CONSTANT	−2.363 024 (0.006)	−2.335 536 (0.00)
ln RDK	0.243 499 7 (0.299)	0.280 251 1 (0.155)
ln RDL	0.702 709 7 (0.007)	0.659 414 1 (0.002)
ρ	—	0.010 936 6 (0.200)
λ	—	0.048 291 4 (0.010)
R^2	0.972 9	0.994 4

注：括号内为系数的 p 值。

从表 3.1.1 中可见：

(1) 采用经典回归模型 OLS 估计的拟合优度不及 SAC 模型的拟合优度，且在 SAC 模型中各系数相比 OLS 模型均变得更加显著，故 SAC 模型应为相对较优的估计。

(2) 在 SAC 模型的估计结果中，R&D 的空间误差项系数 λ 为 0.048 291 4，其 p 值为 0.01，结果相当显著，说明各个地区之间的工业企业研究与试验发展存在正的空间相关性，说明了邻近省份的 R&D 项目数量具有明显的区域集聚特点。

(3) R&D 从业人员(ln RDL)的系数为 0.659 414 1 且通过了 1%的显著性检验，说明 R&D 项目数量与其 R&D 从业人员存在正相关关系，R&D 从业人员对 R&D 项目数量具有很明显的推动作用。

(4) R&D 经费(ln RDK)的系数不显著，其中可能的原因是近年来我国 R&D 经费的不平衡和研究领域存在差异性。

(5) 空间滞后效应系数 ρ 的值较小且不显著，这意味着各省域 R&D 项目数量的空间相关性有限，并且在模型重新设定上可以考虑剔除空间相关性因素。

3.2　空间误差模型

3.2.1　模型及估计

空间误差模型描述了空间扰动相关和空间总体相关，其形式如式(3.2.1)所示：

$$\begin{aligned} &\boldsymbol{y} = \boldsymbol{X}\boldsymbol{\beta} + \boldsymbol{\varepsilon} \\ &\boldsymbol{\varepsilon} = \lambda \boldsymbol{W}\boldsymbol{\varepsilon} + \boldsymbol{u} \\ &\boldsymbol{u} \sim N(\boldsymbol{0}, \sigma^2 \boldsymbol{I}_n) \end{aligned} \tag{3.2.1}$$

其中，λ 为空间误差相关系数，度量了邻近个体关于被解释变量的误差冲击对本个体观察值的影响方向与程度；$\boldsymbol{W}$ 为空间权重矩阵，其中元素 w_{ij} 描述了第 j 个与第 i 个截面个体误差项之间的相关性。

常用的 SEM 根据误差设定形式分为以下几种类型。

(1) 若$\boldsymbol{\varepsilon} = \lambda \boldsymbol{W}\varepsilon + \boldsymbol{u}$，则 SEM 属于空间 AR(1)形式，当地区之间的相互作用因所处的相对位置不同而存在差异时采用该种模型，其设定形式相比其他类型更常用。

(2) 若$\boldsymbol{\varepsilon} = \boldsymbol{u} - \theta \boldsymbol{W}\boldsymbol{u}$，则 SEM 属于空间 MA(1)形式。

(3) 若$\boldsymbol{\varepsilon} = \lambda \boldsymbol{W}\varepsilon - \theta \boldsymbol{W}\boldsymbol{u} + \boldsymbol{u}$，则 SEM 属于空间 ARMA(1,1)形式。

当然，误差还可以有更高阶的设定情况，但鉴于估计中的空间权值问题较为复杂，目前一般的空间计量模型均局限于一阶滞后、一阶自回归或一阶移动平均。对空间误差的检验就是检查该地区与来自该地区相邻近地区的残差之间的关系，可用 LMERR 和 R-LMERR 两种 LM 形式进行检验。

SEM 说明了区域间外溢是随机冲击的作用结果，其经济含义在于：在某一地区发生的冲击会随着协方差结构形式 $\boldsymbol{W}$ 传递到相邻区域，而这一传递形式具有长期延续性且逐步衰减，即空间影响具有高阶效应。

对于 SEM，其随机误差项存在空间相关性，若直接采用 OLS 估计，则参数估计的结果虽具备无偏性与一致性，但并非有效估计，故应采用 ML(最大似然)估计或 GMM 估计。基于 ML 估计，根据极大似然值的对数值、赤池信息准则(Akaike information criterion, AIC)与施瓦茨准则(Schwarz criterion, SC)来度量，其似然函数的数值越大越好，而 AIC 与 SC 越小越好(Anselin, 1988)。由于采用 ML 估计，基于残差平方和分解的拟合优度检验的意义变得不大。ML 估计如下。

令 $\boldsymbol{B} = \boldsymbol{I} - \lambda \boldsymbol{W}$，则对数似然函数可以写成

$$\begin{aligned} \ln L = &-(N/2)\ln(2\pi) - (1/2)\ln\{|\boldsymbol{\Omega}| \times [|\boldsymbol{B}|]^{-2}\} - \\ &(1/2)[\boldsymbol{BY} - \boldsymbol{BX}\boldsymbol{\beta}]'\boldsymbol{\Omega}^{-1}[\boldsymbol{BY} - \boldsymbol{BX}\boldsymbol{\beta}] \end{aligned} \tag{3.2.2}$$

利用 ML 估计的一阶极值条件：

$$0 = \boldsymbol{X}'\boldsymbol{B}'\boldsymbol{\Omega}^{-1}\boldsymbol{BY} - \boldsymbol{X}'\boldsymbol{B}'\boldsymbol{\Omega}^{-1}\boldsymbol{BX\beta} \tag{3.2.3}$$

解得$\boldsymbol{\beta}$估计量：

$$\boldsymbol{b} = [\boldsymbol{X}'\boldsymbol{B}'\boldsymbol{\Omega}^{-1}\boldsymbol{BX}]^{-1}\boldsymbol{X}'\boldsymbol{B}'\boldsymbol{\Omega}^{-1}\boldsymbol{BY} \tag{3.2.4}$$

为了简化算程，假设随机项协方差矩阵$\boldsymbol{\Omega} = \sigma^2 I$，得到估计量：

$$\boldsymbol{b} = [\boldsymbol{X}'\boldsymbol{B}'\boldsymbol{BX}]^{-1}\boldsymbol{X}'\boldsymbol{B}'\boldsymbol{BY}, \quad \hat{\boldsymbol{\Omega}} = (1/N)[\boldsymbol{Be}]'[\boldsymbol{Be}] \times \boldsymbol{I} \tag{3.2.5}$$

其中，$\boldsymbol{e} = \boldsymbol{Y} - \boldsymbol{Xb}$。将$\hat{\boldsymbol{\Omega}}$，$b$ 代入似然函数(3.2.2)，求解：

$$\begin{aligned} \max_{\lambda}\{&-(N/2)\ln(2\pi) - (1/2)\ln\{|\hat{\boldsymbol{\Omega}}| \times [|\boldsymbol{B}|]^{-2}\} - \\ &(1/2)[\boldsymbol{BY} - \boldsymbol{BXb}]'\hat{\boldsymbol{\Omega}}^{-1}[\boldsymbol{BY} - \boldsymbol{BXb}]\} \end{aligned} \tag{3.2.6}$$

由上式可得到估计量 $\hat{\lambda}$。进一步利用 $\hat{\boldsymbol{B}} = \boldsymbol{I} - \hat{\lambda}\boldsymbol{W}$ 重新估计式(3.2.2)，反复迭代直至

收敛即可得到最终估计结果。

3.2.2 实例及操作

本例沿用实例 3.1.2 并进行更进一步的探讨。关于我国 R&D 项目数量的影响因素及其空间相关性的模型运行结果中，广义空间自回归模型 GSA 虽比经典回归模型 OLS 更胜一筹，但 GSA 模型中的空间滞后效应系数 ρ 的值较小且不显著，故在模型设定上可继续考虑剔除了空间滞后效应、只保留空间误差相关结构的空间滞后模型 SEM。针对 R&D 项目数量的空间误差模型构造如下：

$$\begin{aligned} &\ln \mathbf{INNO} = \beta_0 \mathbf{1} + \beta_1 \ln \mathbf{RDK} + \beta_2 \ln \mathbf{RDL} + \boldsymbol{\mu} \\ &\boldsymbol{\mu} = \lambda \boldsymbol{W}\mu + \boldsymbol{\varepsilon}, \quad \boldsymbol{\varepsilon} \sim N(\mathbf{0}, \sigma^2 \boldsymbol{I}) \end{aligned} \tag{3.2.7}$$

其中，ln **INNO** 是各个省域 R&D 项目数量的对数值向量；ln **RDK** 是 R&D 经费的对数值向量；ln **RDL** 是 R&D 从业人员的对数值向量；$\boldsymbol{W}$ 是空间邻接矩阵；λ 是空间误差系数；**1** 为分量全为 1 的列向量。

选取数据同 3.1.2 实例。利用 Stata 软件对模型进行参数估计，首先是利用 OLS 进行估计，在 Command 窗口中输入如下命令：

```
reg lninno lnrdk lnrdl
```

然后在经典回归模型基础上，加入空间因素的影响，即引入空间邻接矩阵，构建如式(3.2.7)所示的空间误差模型。由于 Stata 中进行空间模型的参数回归时，需要安装命令包，具体的在 Command 窗口中的命令为

```
findit spregsem                    /* 安装截面数据空间计量外部命令 */
spregsem lninno lnrdk lnrdl,wmfile(D:\stata16\shuju\chap03\li3.1W.dta)
```

根据 3.1.1 小节中经典回归模型和 GSA 模型的回归结果，以及本例利用 SEM 进行回归，整理结果如表 3.2.1 所示。

表 3.2.1　2016 年我国省际 R&D 项目数量影响因素的实证分析结果

模　型	OLS	SAC	SEM
CONSTANT	−2.363 024 (0.006)	−2.335 536 (0.00)	−2.112 597 (0.003)
ln RDK	0.243 499 7 (0.299)	0.280 251 1 (0.155)	0.187 046 4 (0.349)
ln RDL	0.702 709 7 (0.007)	0.659 414 1 (0.002)	0.773 248 8 (0.000)
ρ	—	0.010 936 6 (0.200)	—
λ	—	0.048 291 4 (0.010)	0.023 733 2 (0.048)
R^2	0.972 9	0.994 4	0.998 6

注：括号内为系数的 p 值。

从表 3.2.1 中可见：

(1) 在剔除了空间滞后效应后所得的 SEM 拟合优度更好，R&D 从业人员(ln RDL)的值更大且其显著性水平提高，从这个角度来看，SEM 为相对较优的估计。

(2) 在 SEM 的估计结果中，R&D 的空间误差项系数 λ 为 0.023 733 2，其 p 值为 0.048，虽相较于 GSA 模型系数值与显著性水平有所降低，但依旧能够说明各个地区之间的工业企业研究与试验发展存在正的空间相关性、邻近省份的 R&D 项目数量具有明显的区域集聚特点。这种相关性虽然微弱，但仍然通过 95% 的显著性水平检验，依旧是我们考量 R&D 项目数量的空间相关性不可缺少的因素。

(3) 在 GSA 模型中统计与经济上显著的变量 ln RDL 在 SEM 中更为显著，而统计与经济上不太显著的变量 ln RDK 变得更不显著，这一点于侧面上例证 SEM 相对 GSA 模型较优，且 R&D 经费不平衡和研究领域存在差异性问题得到证实。

3.3 空间杜宾模型

3.3.1 模型及估计

空间杜宾模型是空间滞后模型和空间误差项模型的组合扩展形式，可通过对空间滞后模型和空间误差模型增加相应的约束条件设立。空间杜宾模型是一个通过加入空间滞后变量而增强了的 SAR 模型，该模型的特点是：既考虑了因变量的空间相关性，又考虑自变量的空间相关性。即

$$\boldsymbol{y} = \rho \boldsymbol{W}_1 \boldsymbol{y} + \boldsymbol{X}\boldsymbol{\beta}_1 + \boldsymbol{W}_2 \bar{\boldsymbol{X}}\boldsymbol{\beta}_2 + \boldsymbol{\varepsilon} \tag{3.3.1}$$

式中，$\boldsymbol{W}_1$ 是因变量的空间相关关系，$\boldsymbol{W}_2$ 是自变量的空间相关关系，两者可以设置为相同或不同的矩阵；$\boldsymbol{\beta}_2$ 是外生变量的空间自相关系数；$\boldsymbol{\varepsilon}$ 是满足正态独立同分布的随机扰动项；$n\times(Q-1)$ 矩阵 $\bar{\boldsymbol{X}}$ 是一个可变的解释变量矩阵，模型可简化为

$$\boldsymbol{y} = (\boldsymbol{I} - \rho \boldsymbol{W}_1)^{-1}(\boldsymbol{X}\boldsymbol{\beta}_1 + \boldsymbol{W}_2 \bar{\boldsymbol{X}}\boldsymbol{\beta}_2 + \boldsymbol{\varepsilon}) \tag{3.3.2}$$

$$\boldsymbol{\varepsilon} \sim N(\boldsymbol{0}, \sigma^2 \boldsymbol{I}) \tag{3.3.3}$$

式中，$\boldsymbol{\beta}_2$ 是一个 $(Q-1)\times 1$ 的参数向量，用以度量相邻区域的解释变量对因变量 y 的边际影响。与 $\bar{\boldsymbol{X}}$ 和 $\boldsymbol{W}$ 相乘，得到反映相邻区域平均观测值的空间滞后解释变量。

SDM 的特点在于同时考虑了解释变量和被解释变量的空间滞后相关性。为详细分析解释变量的全部作用效应，按照来源划分为直接效应和间接效应。其中，直接效应又可以分为两种：一种是解释变量直接对被解释变量的影响；另一种是自变量影响相邻区域因变量造成的反馈效应。间接效应就是解释变量的空间溢出效应，也可以分为两种：一种是邻近区域自变量对本区域因变量的影响；另一种是邻近区域自变量对其因变量造成变化，进而对区域因变量产生的影响。

通过定义 $\boldsymbol{Z} = [\boldsymbol{X}, \boldsymbol{W}_2 \bar{\boldsymbol{X}}]$ 和 $\delta = [\boldsymbol{\beta}'_1, \boldsymbol{\beta}'_2]$，该模型可以写为 SAR 模型，即

$$y = \rho W_1 y + Z\delta + \varepsilon \tag{3.3.4}$$

或者

$$y = (I - \rho W_1)^{-1} Z\delta + (I - \rho W_1)^{-1} \varepsilon \tag{3.3.5}$$

使用 SDM 的原因在于，对区域样本数据进行空间建模的时候，同时存在下述两种情形：一是普通最小二乘回归模型的扰动项中有空间相关性；二是当处理区域样本数据的时候，会有一些与模型中的解释变量的协方差不为零的解释变量被忽略掉（Lesage and Fischer，2008）。

此外，杜宾模型还囊括了许多广泛的模型。

（1）当$\beta_2=0$ 时，它包含了因变量的空间，同时排除了空间滞后解释变量因素，从而变成空间自回归模型，即

$$y = \rho W y + X\beta + \varepsilon \tag{3.3.6}$$

（2）当 $\rho=0$ 时，即假设因变量之间的观测值不相关，但因变量与相邻区域的特性（以空间滞后解释变量的形式）有关，则该模型变为解释变量的空间滞后模型。

（3）当 $\rho=0$ 和$\beta_2=0$ 时，该模型变为如下形式的标准最小二乘回归模型：

$$y = X\beta + \varepsilon$$

3.3.2 实例及操作

【例 3.3.1】 进一步探讨我国专利申请数量的影响因素及其空间相关性，以各个省域的专利申请数量（INNO）为被解释变量，选取 R&D 经费（RDK）、R&D 从业人员作为解释变量。采取截面数据，选取 2016 年我国 31 个省（区、市）的相关数据进行分析。本例利用 Stata 软件的操作来说明空间杜宾模型。另外此处的权重假设已经给定。例如海南省由于周围没有省份和地区，因此其权重系数为 0，其他权重系数类似，就不加以一一说明。构建以下模型：

$$\ln \mathbf{INNO} = \rho W_1 \ln \mathbf{INNO} + \beta_1 \ln \mathbf{RDK} + \beta_2 W_2 \ln \mathbf{RDK} + \beta_3 \ln \mathbf{RDL} + \beta_4 W_3 \ln \mathbf{RDL} + \varepsilon$$

$$\varepsilon \sim N(\mathbf{0}, \sigma^2 I) \tag{3.3.7}$$

选取数据集“li3.3.dta”。利用 Stata 软件对模型进行参数估计，首先是利用 OLS 进行估计，在 Command 窗口中输入如下命令：

```
reg lninno lnrdk lnrdl
```

然后在经典回归模型基础上，加入空间因素的影响，即引入空间邻接矩阵，构建如式（3.3.7）所示的空间误差模型。由于 Stata 中进行空间模型的参数回归时，需要安装命令包，具体的在 Command 窗口中的命令为

```
findit spregsdm                    /＊安装截面数据空间计量外部命令＊/
spregsdm lninno lnrdk lnrdl,wmfile(D:\stata16\shuju\chap03\li3.3W.dta)
```

估计结果如表 3.3.1 所示。

表 3.3.1 2016 年我国省际 R&D 项目数量影响因素的实证分析结果

模　型	OLS	SDM
CONSTANT	−3.554 444 1 (0.005)	−3.726 878 (0.000)
ln RDK	0.644 197 3 (0.063)	0.729 419 9 (0.006)
ln RDL	0.329 509 67 (0.355)	0.241 860 1 (0.393)
ρ	—	0.127 032 8 (0.000)
R^2	0.946 5	0.998 2

注：括号内为系数的 p 值。

从表 3.3.1 中可见：运用空间杜宾模型之后，变量之间的拟合程度明显提高，同时各个变量的显著性水平提高。而且从上面的方程可以看出科研经费对于专利数量是正向并且显著的影响，可以这样理解：在其他条件不变的情况下，科研经费(RDK)每上升 1%，专利数量就会上升 0.73%。可以看出，这是非常大的影响，而且专利数量具有空间效应，在上述的方程里面，$\rho=0.127\ 032\ 8$ 且 p 值为 0，十分显著，这就说明存在正空间效应，而科研经费就不存在空间效应，这也与实际相吻合。但科研人员就显示为不显著，这就可以理解专利数量与人员的多少没有太大的联系，原因在于一项科研可能由多人完成或者研究领域存在差异性，即部分领域成果需要的年份较长而一些领域却较短，这就造成人员与专利数量的不相关。

从上面我们就可以看出，空间杜宾模型比一般的模型可以分析出更细致的问题，对于研究十分有益。

3.4 广义嵌套空间模型

3.4.1 模型及估计

广义嵌套空间模型的表达式为

$$\begin{aligned} \boldsymbol{y} &= \rho \boldsymbol{W}_1 \boldsymbol{y} + \boldsymbol{X}\boldsymbol{\beta}_1 + \boldsymbol{W}_2 \boldsymbol{X}\boldsymbol{\beta}_2 + \boldsymbol{\mu} \\ \boldsymbol{\mu} &= \lambda \boldsymbol{W} \boldsymbol{\mu} + \boldsymbol{\varepsilon} \end{aligned} \tag{3.4.1}$$

其中，$\boldsymbol{y}$ 为 n 维向量；$\boldsymbol{W}_1=(w_{ij}^{(1)})_{n\times n}$、$\boldsymbol{W}_2=(w_{ij}^{(2)})_{n\times n}$、$\boldsymbol{W}=(w_{ij})_{n\times n}$ 均为空间权重矩阵，三者可以相同也可以不同；$\rho\boldsymbol{W}_1\boldsymbol{y}$、$\boldsymbol{W}_2\boldsymbol{X}\boldsymbol{\beta}_2$、$\lambda\boldsymbol{W}\boldsymbol{\mu}$ 分别为因变量的空间滞后项、空间杜宾项和误差项(为了便于区分，以下将 n 维向量 $\boldsymbol{\mu}$ 称为模型的误差项，将 $\boldsymbol{\varepsilon}$ 称为残差项)的空间滞后项，分别衡量因变量、自变量和误差项的空间相关性。残差 $\boldsymbol{\varepsilon}'=(\varepsilon_1,\varepsilon_2,\cdots,\varepsilon_n)$，其中 ε_i 独立同分布，且 $E[\varepsilon_i]=0$，$E[\varepsilon_i^2]=\sigma^2<+\infty$，$i=1,2,\cdots,n$，对残差的具体分布不假设。

其中，当 $\lambda=0$ 时，模型(3.4.1)退化为空间杜宾模型；当 $\rho=0$ 时，模型(3.4.1)退化为空间杜宾误差模型；当 $\beta_2=0$ 时，模型(3.4.1)退化为 SARAR 模型(spatial autoregressive model with spatial autoregressive disturbances)。可以看出，GNS 模型是更加一般的空间模型。因而基于 GNS 模型展开的研究结论同样适用于上述空间模型。

3.4.2　实例及操作

可以看出，广义嵌套空间模型与空间杜宾模型最大的区别就是随机扰动项是空间相关的。由于许多空间模型的相似性，在 Stata 软件并不能直接找到 GNS 的命令，这时就要观察 GNS 模型的表达，可以发现，在 SDM 用 Stata 操作的时候，空间滞后变量($\boldsymbol{W}_1\boldsymbol{y}$、$\boldsymbol{W}_2\boldsymbol{X}$)是自动生成的。但假若我们将其看成普通变量，则该模型就变成空间误差模型，而 SEM 则可以直接通过 Stata 命令完成。为便于读者学习，此处再利用我国专利申请数量及其空间相关性的案例，从中学习广义嵌套空间模型。先构建下列模型：

$$\ln \mathbf{INNO}=\rho \boldsymbol{W}_1 \ln \mathbf{INNO}+\beta_1 \ln \mathbf{RDK}+\beta_2 \boldsymbol{W}_2 \ln \mathbf{RDK}+\beta_3 \ln \mathbf{RDL}+\beta_4 \boldsymbol{W}_3 \ln \mathbf{RDL}+\boldsymbol{\mu}$$

$$\boldsymbol{\mu}=\lambda \boldsymbol{W}\boldsymbol{\mu}+\boldsymbol{\varepsilon}$$

选取数据集“li3.3.dta”。在利用 Stata 进行参数估计之前，需要对原始数据进行处理，本书介绍两种方法，供读者进行选择。第一种是根据原始的数据在 Excel 2019(2013 版本以上均可)中进行矩阵与数组的相乘，具体的步骤如下。

第一步：将变量数组的数据和权重矩阵的数据复制到一个工作表格中，为了方便计算，两个数据表格中间空出一定列数，为了计算空间滞后项所需要的变量，由于本例需要计算三个空间滞后项，故空出三列，如图 3.4.1 所示。

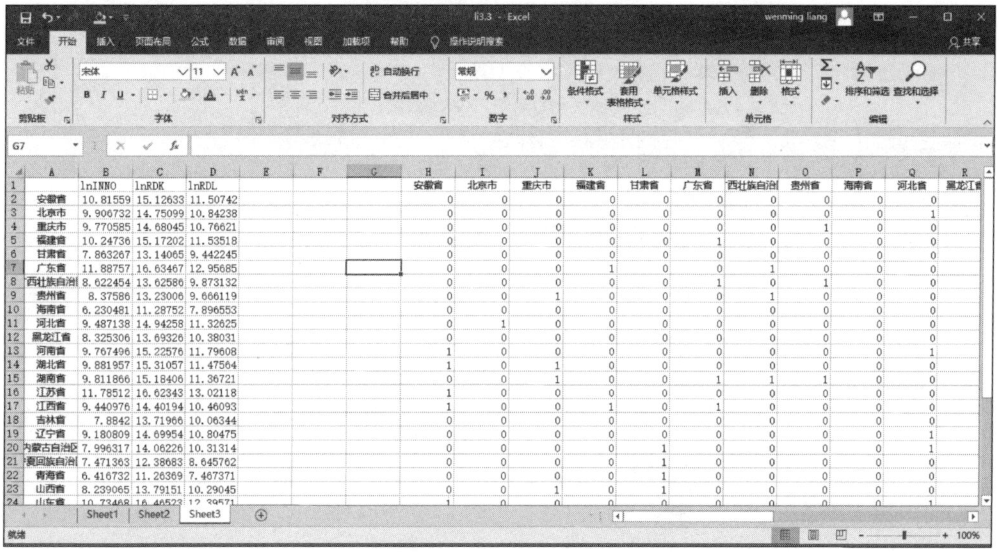

图 3.4.1　数据的录入

第二步：由于变量是 31 行 1 列数组，权重矩阵是 31 行 31 列，相乘的结果为 31 行 1 列数组，然后我们在空白列选中 31 行 1 列的表格，如图 3.4.2 所示。

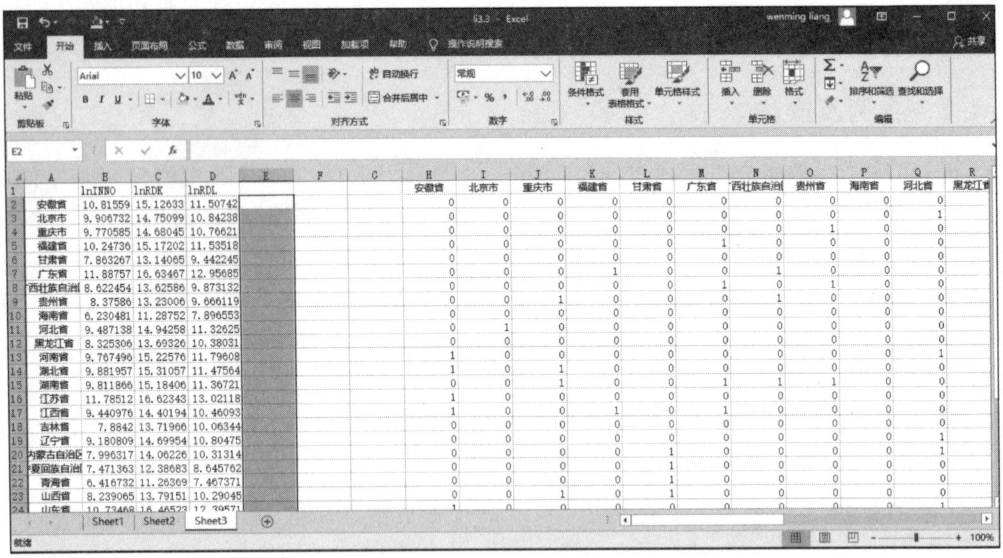

图 3.4.2　选中预计算表格

第三步：在选中的表格中，单击函数 f_x 图标，找到 MMULT 函数，单击“确定”按钮，如图 3.4.3 所示。然后单击图 3.4.4(a)中的 Array1(画圈的地方)，用鼠标选择权重(不含中文变量名)。

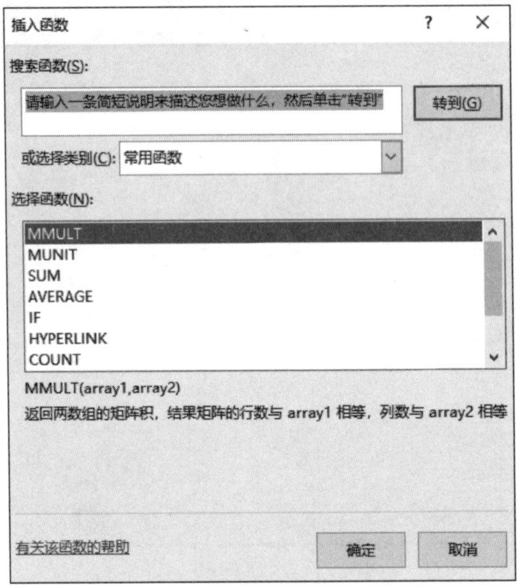

图 3.4.3　插入函数

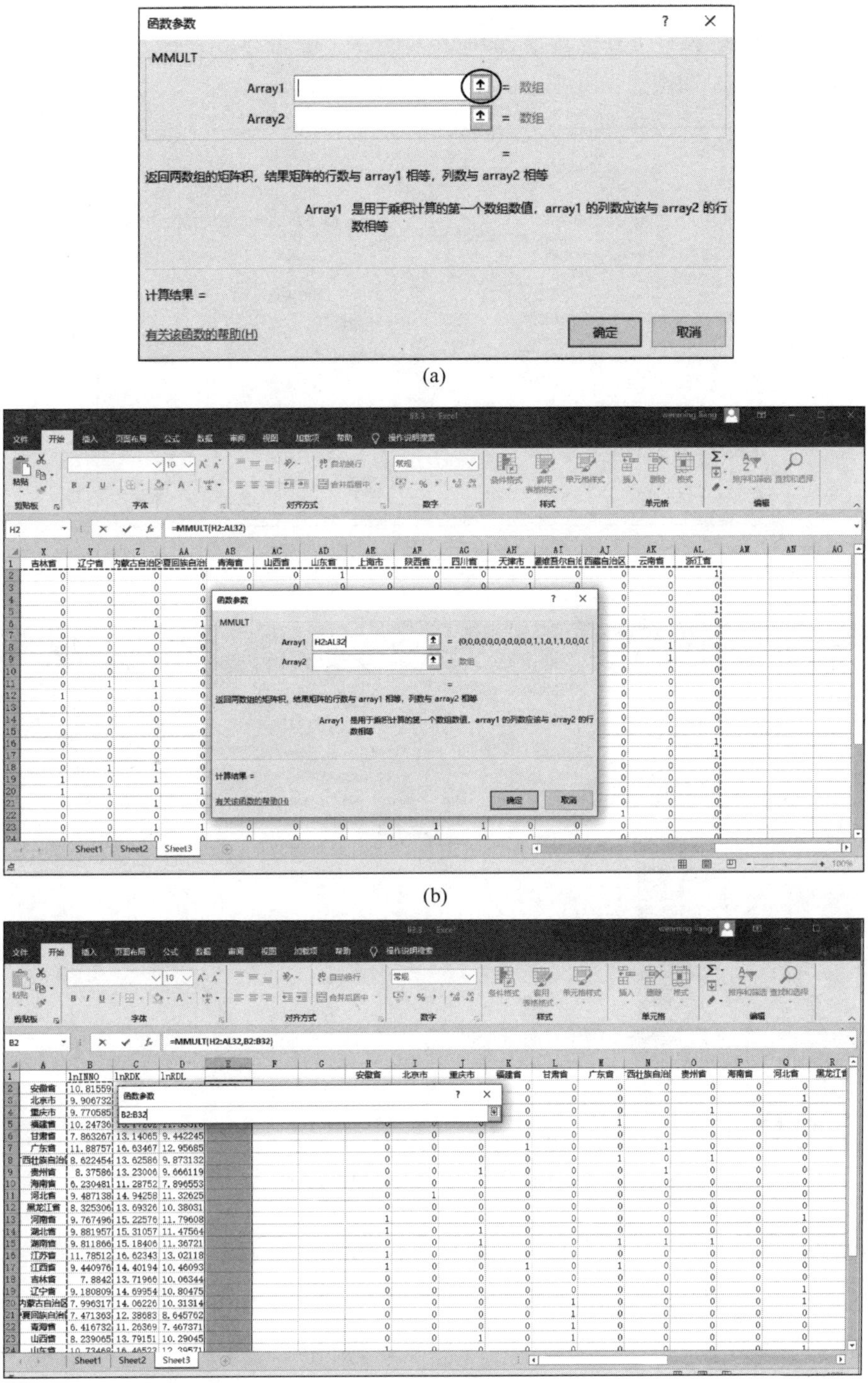
函数参数
MMULT
Array1
Array2
= 数组
返回两数组的矩阵积，结果矩阵的行数与 array1 相等，列数与 array2 相等
Array1 是用于乘积计算的第一个数组数值，array1 的列数应该与 array2 的行数相等
计算结果 =
有关该函数的帮助(H)
确定
取消
(a)
=MMULT(H2:AL32)
(b)
=MMULT(H2:AL32,B2:B32)
(c)

图 3.4.4　选择矩阵

同样地，可以单击 Array2 中同样箭头的地方，选择变量数组。

第四步：矩阵与数组选择完毕后，同时按住“Crtl”键和“Shift”键，再按“Enter”键，然后放开。如图 3.4.5 和图 3.4.6 所示。

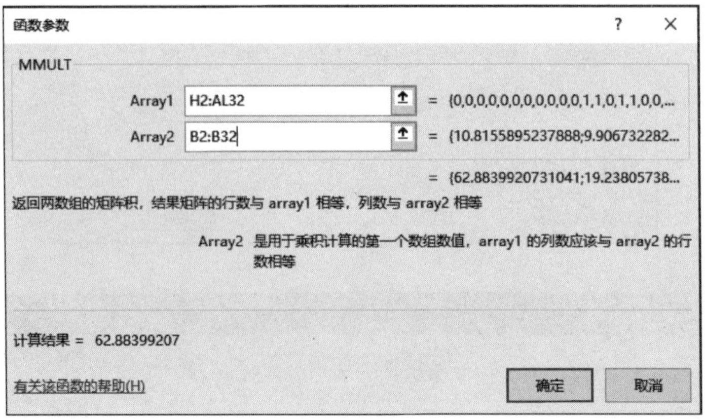

图 3.4.5　函数参数设定

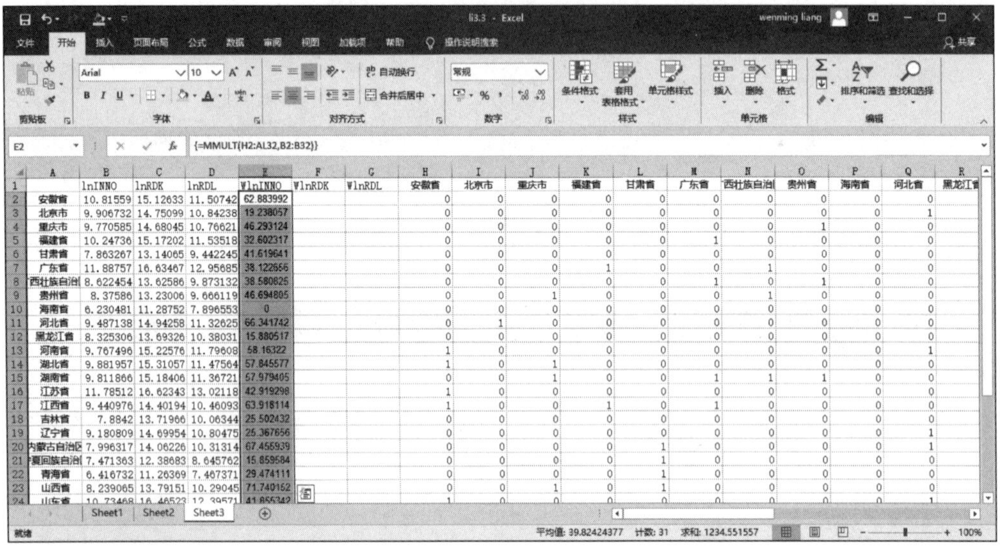

图 3.4.6　空间滞后项计算结果

其他空间滞后项计算方法相同。下面介绍在 Matlab 中计算数组与矩阵的乘法。

第一步：打开 Matlab，在命令窗口输入两个空矩阵，命令如下：

```
lnNNO = [ ]; W = [ ];
```

第二步：打开空矩阵，将 Excel 表中的对应的数据复制到空矩阵中。如图 3.4.7 所示。

第三步：进行矩阵的乘法运算，在命令窗口输入两个空矩阵，命令如下：

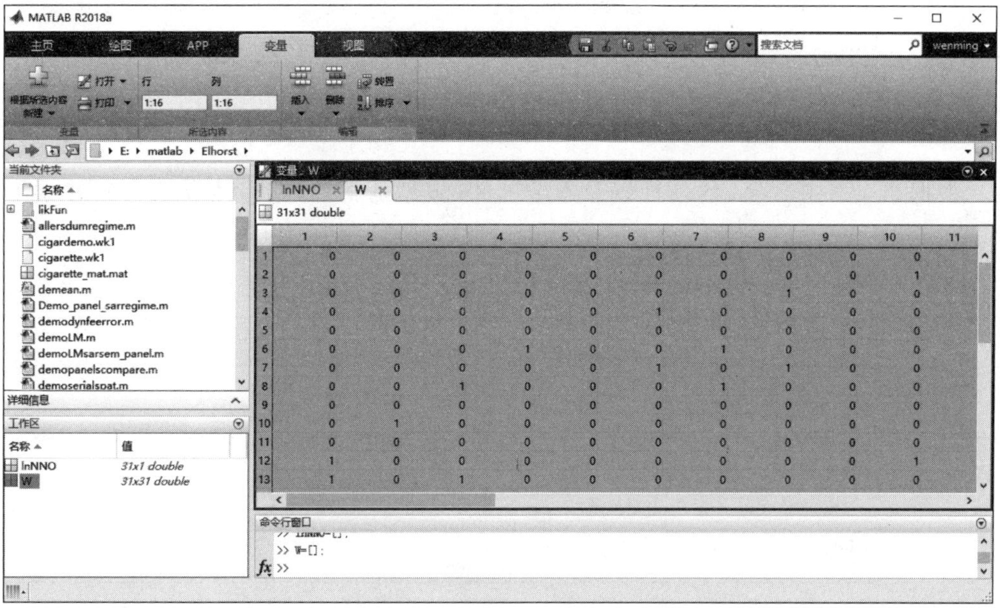

(a)

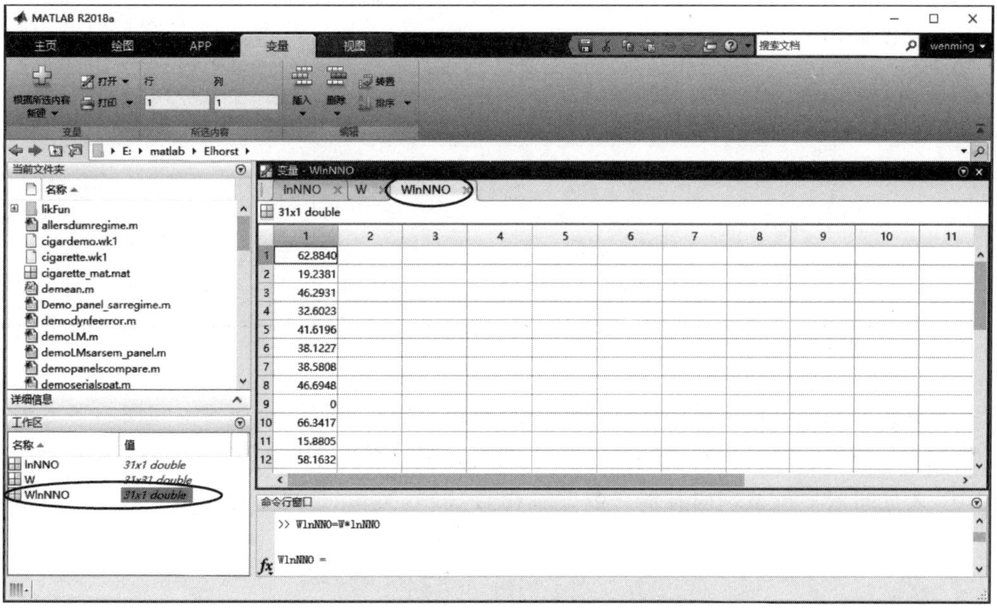

(b)

图 3.4.7　Matlab 中数据的导入

```
WlnNNO = W * lnNNO
```

其他空间滞后项计算方法相同,计算得到的结果可以复制到 Excel 中,然后将最终整理完毕的数据导入 Stata 中。

利用 Stata 软件对模型进行参数估计，根据上述模型设定的形式，将 GNS 模型转化为 SEM 形式进行参数估计，具体的在 Command 窗口中的命令为

```
spregsem lninno wlninno lnrdk lnrdl wlnrdk wlnrdl,wmfile (D:\stata16\shuju\chap03\li3.3W.
dta)
```

根据 3.3 节中 SDM 的估计以及本节 GNS 模型的估计，整理估计结果如表 3.4.1 所示。

表 3.4.1　2016 年我国省际 R&D 项目数量影响因素的实证分析结果

模　　型	OLS	GNS
CONSTANT	−3.554 444 1 (0.005)	−3.541 64 (0.000)
ln **RDK**	0.644 197 3 (0.063)	0.737 464 3 (0.155)
ln **RDL**	0.329 509 67 (0.355)	0 .230 11 (0.412)
W ln **INNO**	—	0.213 527 7 (0.000)
W ln **RDK**	—	0.023 654 (0.680)
W ln **RDL**	—	−0.232 823 6 (0.010)
ρ	—	—
λ	—	−0.055 116 9 (0.163)
R^2	0.946 5	0.926 0

注：括号内为系数的 p 值。

从表 3.4.1 可以看出我们在杜宾模型的基础上增加了随机扰动项空间回归造成拟合优度的降低，同时参数 λ 的 p 值也很大，不能通过显著性检验，这就说明该模型不太适合利用广义空间嵌套模型。而其他系数的解释与 SDM 类似，这里不加赘述。

3.5　空间滞后模型

3.5.1　模型及估计

空间滞后模型描述的是空间相关。其模型表达式为

$$\boldsymbol{Y}=\rho \boldsymbol{WY}+\boldsymbol{X\beta}+\boldsymbol{\varepsilon}\,,\quad \boldsymbol{\varepsilon}\sim N[\boldsymbol{0},\sigma^2\boldsymbol{I}] \tag{3.5.1}$$

式中，$\boldsymbol{Y}=(Y_1,Y_2,\cdots,Y_n)'$为被解释变量向量($n$ 为截面个体的个数)，$\boldsymbol{X}=(\boldsymbol{X}_1,\boldsymbol{X}_2,\cdots,\boldsymbol{X}_n)'$是解释变量矩阵，$\rho$ 为空间效应系数，$\boldsymbol{\beta}=(\beta_1,\beta_2,\cdots,\beta_k)'$($k$ 为解释变量个数)为参

数向量，$\boldsymbol{W}$ 为空间矩阵，是空间计量经济学模型的核心，具体表达为

$$\boldsymbol{W}=\begin{bmatrix} 0 & w_{12} & \cdots & w_{1n} \\ w_{21} & 0 & \cdots & w_{2n} \\ \vdots & \vdots & \ddots & \vdots \\ w_{n1} & w_{n2} & \cdots & 0 \end{bmatrix} \tag{3.5.2}$$

其中第 i 行第 j 列元素 w_{ij} 描述了第 i 个截面个体与第 j 个截面个体二者之间的相关性。

由于 SLM 与时间序列中的自回归模型相类似，因此，SLM 也称空间自回归（spatial autoregressive，SAR）模型。

空间滞后模型的经济学含义是，如果所关注的经济变量存在利用空间矩阵表示的空间相关性，则仅仅考虑其自身的解释变量 $\boldsymbol{X}$ 不足以很好地估计和预测该变量的变化趋势。例如，一个地区的房价会受到相邻区域房价的影响，如果我们只考虑当地的供需情况，便忽略了周边地区人口和资金的流动性对该地区的潜在影响；而在模型中考虑适当的空间结构造成的影响（周边地区的房价），便可以较好地控制这一空间效应造成的影响。

在模型的解释变量中出现被解释变量的空间滞后项，普通最小二乘估计将不再适用，工具变量估计、广义矩估计和最大似然估计是最合适的估计方法。

3.5.2　实例及操作

此处仍继续前述章节选用我国专利申请数量及其空间相关性的案例，从中学习空间滞后模型。先构建下列模型：

$$\ln \mathbf{INNO}=\rho \boldsymbol{W} \ln \mathbf{INNO}+\beta_1 \ln \mathbf{RDK}+\beta_2 \ln \mathbf{RDL}+\boldsymbol{\varepsilon} \tag{3.5.3}$$

选取数据集“li3.3.dta”。利用 Stata 软件对模型进行参数估计，首先利用 OLS 进行估计，在 Command 窗口中输入如下命令：

```
reg lninno lnrdk lnrdl
```

然后在经典回归模型基础上，加入空间因素的影响，即引入空间邻接矩阵，构建如式（3.5.3）所示的空间滞后模型。由于 Stata 中进行空间模型的参数回归时，需要安装命令包，具体的在 Command 窗口中的命令为

```
findit spregsar                      /* 安装截面数据空间计量外部命令 */
spregsar lninno lnrdk lnrdl,wmfile(D:\stata16\shuju\chap03\li3.3W.dta)
```

将利用经典回归模型和 SAR 模型所估计的结果，进行整理，如表 3.5.1 所示。

表 3.5.1　2016 年我国省际 R&D 项目数量影响因素的实证分析结果

模　　型	OLS	SAR
CONSTANT	−3.554 444 1 (0.005)	−3.497 866 (0.002)

续表

模　　型	OLS	SAR
ln RDK	0.644 197 3 (0.063)	0.623 836 6 (0.050)
ln RDL	0.329 509 67 (0.355)	0.358 609 8 (0.289)
ρ	—	−0.001 838 5 (0.647)
R^2	0.946 5	0.949 0

注：括号内为系数的 p 值。

从表 3.5.1 可以看出，将最小二乘回归换成空间滞后模型，其条件并没有改善。这是因为相邻空间单元对本空间的影响程度是有限的，在这个模型当中，仅仅增加被解释变量的滞后项，一定程度上改善了模型，各个自变量的显著性检验都有所提高，但是由于模型本身的缺陷，该模型并没有很好地改善状况。

3.6　空间杜宾误差模型

3.6.1　模型及估计

1. 空间杜宾误差模型及假设

空间杜宾误差模型(SDEM)表达式为

$$\begin{aligned} &\boldsymbol{Y}_t = \boldsymbol{\mu}_t + \boldsymbol{X}_t \boldsymbol{\beta} + \boldsymbol{W}\boldsymbol{X}_t \boldsymbol{\theta} + \boldsymbol{\varepsilon}_t \\ &\boldsymbol{\varepsilon}_t = \lambda \boldsymbol{W} \boldsymbol{\varepsilon}_t + \boldsymbol{\nu}_t \\ &\boldsymbol{E}(\boldsymbol{\nu}_t) = \boldsymbol{0} \\ &\boldsymbol{E}(\boldsymbol{\nu}_t \boldsymbol{\nu}_t') = \sigma^2 \boldsymbol{I}_N \end{aligned} \tag{3.6.1}$$

其中，$t=1,2,\cdots,T$；$\boldsymbol{Y}_t$ 是第 t 年的因变量向量；$\boldsymbol{Y}_t=(Y_{t1},Y_{t2},Y_{t3},\cdots,Y_{tN})$；$\boldsymbol{X}_t$ 是第 t 年 $N\times K$ 维自变量矩阵；$\boldsymbol{\beta}$ 是 $K\times 1$ 维的系数向量；$\boldsymbol{\theta}$ 是 $K\times 1$ 维的解释变量空间效应系数向量；λ 是随机误差项的空间效应系数；K 是自变量的个数(不含截距项)；μ_t 是截距项，如果模型为固定效应模型，为保证模型参数的可识别性，通常设定 $\bar{\mu}=0$；$\boldsymbol{W}$ 是空间权重矩阵。

对面板数据空间计量模型的研究，做如下假设。

假定 1. $\boldsymbol{\nu}_t$ 服从均值为 $\boldsymbol{0}$，方差为 $\sigma^2\boldsymbol{I}_N$ 的正态分布假定，即 $\boldsymbol{\nu}_t \sim N(\boldsymbol{0},\sigma^2\boldsymbol{I}_N)$。

假定 2. $\boldsymbol{\varepsilon}_t$ 含有有限四阶矩，随机效应模型下，$\boldsymbol{\nu}_t$ 也含有有限四阶矩。

假定 3. $\boldsymbol{X}$ 中的每一元素均一致绝对有界，其上限 $k_x<\infty$，矩阵 $\lim \boldsymbol{X}'\boldsymbol{X}/NT$ 有限且非奇异。

假定 4. $\boldsymbol{W}$ 为对称矩阵，每一元素均为有限常数，对角线元素为零。

假定 5. $\boldsymbol{W}$ 和 $\boldsymbol{M}_p=(\boldsymbol{I}+\theta\boldsymbol{W}\boldsymbol{W}')^{-1}$($\theta$ 为有限常数)的行和列和均一致绝对有界，其上

限分别为 $k_w<\infty$ 和 $k_M<\infty$；当 $|i-j|>J$ 时，$\boldsymbol{w}_i\boldsymbol{w}_j'=0$，$\boldsymbol{w}_i$ 为 $\boldsymbol{W}$ 第 i 行。J 为某正整数，该假定意味着隔了若干空间距离后就不存在空间相关了。

2. 空间杜宾误差模型的估计

本文采取极大似然估计法。极大似然估计是建立在极大似然原理的基础上的一种统计方法，直观想法是：一个随机试验如有若干个可能的结果 $A,B,C,\cdots$ 若在一次试验中，结果 A 出现，则一般认为试验条件对 A 出现有利，也即 A 出现的概率很大。求极大似然函数估计值的一般步骤如下：

（1）写出似然函数；

（2）对似然函数去对数，并整理；

（3）求导数；

（4）解似然方程。

极大似然估计是参数估计的方法之一，说的是已知某个随机样本满足某种概率分布，但是其中具体的参数不清楚，参数估计就是通过若干次试验，观察其结果，利用结果推出参数的大概值。极大似然估计是建立在这样的思想上：已知某个参数能使这个样本出现的概率最大，这样当然不会再去选择其他小概率的样本，所以就把这个参数作为估计的真实值。

本文模型为空间杜宾误差模型：

$$\begin{aligned} &\boldsymbol{Y}_t=\boldsymbol{\mu}_t+\boldsymbol{X}_t\boldsymbol{\beta}+\boldsymbol{W}\boldsymbol{X}_t\boldsymbol{\theta}+\boldsymbol{\varepsilon}_t \\ &\boldsymbol{\varepsilon}_t=\lambda\boldsymbol{W}\boldsymbol{\varepsilon}_t+\boldsymbol{\nu}_t \\ &\boldsymbol{E}(\boldsymbol{\nu}_t)=\boldsymbol{0} \\ &\boldsymbol{E}(\boldsymbol{\nu}_t\boldsymbol{\nu}_t')=\sigma^2\boldsymbol{I}_N \end{aligned} \tag{3.6.2}$$

在实际估计分析时，为了剔除截距项 $\boldsymbol{\mu}_t$，一般将 $\boldsymbol{Y}$ 和 $\boldsymbol{X}$ 表述成其均值的离差形式，即方程两边减去各自对应的均值：

$$\boldsymbol{Y}_t-\bar{\boldsymbol{Y}}=(\boldsymbol{X}_t-\bar{\boldsymbol{X}})(\boldsymbol{\beta}+\boldsymbol{W}\boldsymbol{\theta})+\boldsymbol{\varepsilon}_t,\quad t=1,2,\cdots,T \tag{3.6.3}$$

$$(\boldsymbol{I}_N-\lambda\boldsymbol{W})\boldsymbol{\varepsilon}_t=\boldsymbol{\nu}_t,\quad t=1,2,\cdots,T \tag{3.6.4}$$

其中，$\bar{\boldsymbol{Y}}=(\bar{Y}_1,\bar{Y}_2,\cdots,\bar{Y}_N)$，$\bar{Y}_i=\frac{1}{T}\sum_{k=1}^{T}Y_{ik}$。

首先由方程（3.6.3）可以得到

$$\boldsymbol{\varepsilon}_t=(\boldsymbol{Y}_t-\bar{\boldsymbol{Y}})-(\boldsymbol{X}_t-\bar{\boldsymbol{X}})(\boldsymbol{\beta}+\boldsymbol{W}\boldsymbol{\theta}) \tag{3.6.5}$$

然后由方程（3.6.3）和方程（3.6.4）可以得到

$$\boldsymbol{\nu}_t=(\boldsymbol{I}_N-\lambda\boldsymbol{W})[(\boldsymbol{Y}_t-\bar{\boldsymbol{Y}})-(\boldsymbol{X}_t-\bar{\boldsymbol{X}})(\boldsymbol{\beta}+\boldsymbol{W}\boldsymbol{\theta})] \tag{3.6.6}$$

在 $\boldsymbol{\nu}_t$ 服从均值为 0，方差为 $\sigma^2\boldsymbol{I}_N$ 的正态分布假定，即 $\boldsymbol{\nu}_t\sim N(\boldsymbol{0},\sigma^2\boldsymbol{I}_N)$ 下，可以得到 $\boldsymbol{\nu}_t$ 的联合概率密度函数为

$$f(\boldsymbol{\nu}_t)=f(\nu_{1t},\nu_{2t},\cdots,\nu_{Nt})=(2\pi\sigma^2)^{\frac{N}{2}}e^{\frac{\boldsymbol{\nu}_t'\boldsymbol{\nu}_t}{2\sigma^2}} \tag{3.6.7}$$

由于 $\boldsymbol{\nu}_t$ 是 $\boldsymbol{Y}_t$ 的函数，所以 $\boldsymbol{Y}_t$ 的概率密度函数就是

$$f(\boldsymbol{Y}_t)=f(Y_{1t},Y_{2t},\cdots,Y_{Nt})=f(\boldsymbol{\nu}_t)\times|\det(\partial\boldsymbol{\nu}_t/\partial\boldsymbol{Y}_t)|=(2\pi\sigma^2)^{\frac{N}{2}}e^{\frac{\boldsymbol{\nu}_t'\boldsymbol{\nu}_t}{2\sigma^2}}\times|\det(\partial\boldsymbol{\nu}_t/\partial\boldsymbol{Y}_t)| \tag{3.6.8}$$

其中$|\det(\partial\boldsymbol{\nu}_t/\partial\boldsymbol{Y}_t)|$表示$\boldsymbol{\nu}_t$关于$\boldsymbol{Y}_t$的 Jacobian 矩阵的行列式的绝对值，而且$\partial\boldsymbol{\nu}_t/\partial\boldsymbol{Y}_t=(\boldsymbol{I}_M-\lambda\boldsymbol{W})$，所以$|\det(\partial\boldsymbol{\nu}_t/\partial\boldsymbol{Y}_t)|=|\det(\boldsymbol{I}_M-\lambda\boldsymbol{W})|$。

在得到$f(\boldsymbol{Y}_t)$的概率密度函数之后，我们就可以得到$f(Y_1,Y_2,\cdots,Y_N)$的联合概率密度函数：

$$f(Y_1,Y_2,\cdots,Y_N)=(2\pi\sigma^2)^{\frac{NT}{2}}\exp\left[-\left(\sum_{t=1}^{T}\boldsymbol{\nu}_t'\boldsymbol{\nu}_t\right)/2\sigma^2\right]\times|\det(\boldsymbol{I}_N-\lambda\boldsymbol{W})|^{\mathrm{T}} \tag{3.6.9}$$

经过似然函数取对数化简之后就变成对数似然函数：

$$\log(L)=-\frac{NT}{2}\ln(2\pi\sigma^2)-\frac{1}{2\sigma^2}\sum_{t=1}^{T}\boldsymbol{\nu}_t'\boldsymbol{\nu}_t+T\ln(|\det(\boldsymbol{I}_N-\lambda\boldsymbol{W})|) \tag{3.6.10}$$

其中$\boldsymbol{\nu}_t=(\boldsymbol{I}_N-\lambda\boldsymbol{W})[(\boldsymbol{Y}_t-\bar{\boldsymbol{Y}})-(\boldsymbol{X}_t-\bar{\boldsymbol{X}})(\boldsymbol{\beta}+\boldsymbol{W\theta})]$，在得到对数似然函数之后，就可以通过求解偏导数来得到各个参数的估计值。

3.6.2 实例及操作

针对 R&D 项目数量的空间杜宾误差模型构造如下：

$$\ln \mathbf{INNO}=\boldsymbol{\beta}_1\ln \mathbf{RDK}+\boldsymbol{\beta}_2\ln \mathbf{RDL}+W\ln \mathbf{RDK}\cdot\theta_1+W\ln \mathbf{RDL}\cdot\theta_2+\boldsymbol{\mu}$$

$$\boldsymbol{\mu}=\lambda W\boldsymbol{\mu}+\boldsymbol{\varepsilon},\quad \boldsymbol{\varepsilon}\sim N(\mathbf{0},\sigma^2\boldsymbol{I}) \tag{3.6.11}$$

其中，ln **INNO** 是各个省域 R&D 项目数量的对数值；ln **RDK** 是 R&D 经费的对数值；ln **RDL** 是 R&D 从业人员的对数值；$\boldsymbol{W}$是空间邻接矩阵；λ是空间误差自相关系数。

Stata 软件并不能直接找到 SDEM 的命令，这时就要观察 SDEM 的表达，可以发现，在 SDM 用 Stata 操作的时候，空间滞后变量($\boldsymbol{WX}_t$)是自动生成的。但假若我们将其看成普通变量，则该模型就变成空间误差模型，而 SEM 则可以直接通过 Stata 命令完成。根据式(3.6.11)构建的模型，打开是数据集“li3.6”，具体的在 Command 窗口中的命令为

```
spregsem lninno lnrdk lnrdl wlnrdk wlnrdl , wmfile (D:\stata16\shuju\chap03\li3.6W.dta)
```

将利用经典回归模型和 SDEM 所估计的结果，进行整理，如表 3.6.1 所示。

表 3.6.1 2016 年我国省际 R&D 项目数量影响因素的实证分析结果

模　型	OLS	SDEM
CONSTANT	−2.363 024 (0.006)	−2.159 935 (0.005)
ln **RDK**	0.243 499 7 (0.299)	0.249 750 3 (0.216)
ln **RDL**	0.702 709 7 (0.007)	0.685 029 1 (0.002)

续表

模　型	OLS	SDEM
W ln **RDK**	—	−0.022 083 3 (0.673)
W ln **RDL**	—	0.036 687 2 (0.571)
λ	—	0.045 553 7 (0.100)
R^2	0.972 9	0.996 1

注：括号内为系数的 p 值。

由表 3.6.1 可见：首先，SDEM 的拟合优度高于 OLS 模型，且在 SDEM 中各系数相比 OLS 模型均变得更加显著，故 SDEM 为相对较优的估计。其次，在 SDEM 的估计结果中，R&D 的空间误差自相关系数 λ 为 0.045 553 7，其 p 值为 0.1，结果较为显著，说明各个地区之间的工业企业研究与试验发展存在正的空间相关性，说明了邻近省份的 R&D 项目数量具有明显的区域集聚特点。然而，两个空间滞后解释变量的系数均不显著，说明各省 R&D 项目数量的空间效应有限，可以考虑在模型中剔除这两个变量。

3.7　矩阵指数空间模型

经典的空间回归方法通常用一个外生的 $n \times n$ 阶权重矩阵设定 n 个观测之间的空间关系，该处理方法存在两个问题：第一，在经济背景下，空间结构可能由外部性或溢出效应引起，假设空间权重矩阵为外生的不符合实际。例如，在经济结构中，外部性和溢出效应意味着位于空间中某点的经济单元对其他经济单元产生了影响，其影响的大小和随距离衰减的程度都是我们关注的重要问题。第二，传统的空间自回归模型及其各种拓展模型的极大似然估计涉及一个含参数的高阶行列式，其解析解难以表达，尤其当样本数据非常庞大时，需要一些特定的技巧来处理(Barry 和 Pace，1999)。

Lasage 和 Pace 提出用矩阵指数空间设定(matrix exponential spatial specification，MESS)来刻画相依性，即用指数衰减代替传统的空间几何衰减，并证明了 MESS 理论上的简洁性和计算上的高效性。其思想来源 Chiu 等(1996)在协方差建模中采用的矩阵指数方法。该方法的优势之一在于能够灵活地满足空间计量经济建模的要求，用超参数来控制邻居数和空间影响的衰减程度，从而客观地刻画经济体对邻近经济体的空间影响范围和程度；另一优势在于矩阵指数设定产生了正定的协方差矩阵估计，从而消除了优化过程中需要求正定的限制，而且矩阵指数的逆具有简单的数学形式，在理论和数值计算上均具有优势。这部分内容详细见《财经研究》2012 年第 1 期中邱瑾和戚振江的文章。

3.7.1 模型及估计

考虑这样一类模型的估计，其被解释变量 $\boldsymbol{y}$ 经过了下式中的线性变换 $\boldsymbol{Sy}$：

$$\boldsymbol{Sy} = \boldsymbol{X\beta} + \boldsymbol{\varepsilon} \tag{3.7.1}$$

其中，向量 $\boldsymbol{y}$ 包含被解释变量的 n 个观测量，$\boldsymbol{X}$ 代表关于解释变量观测值的 $n \times k$ 阶矩阵，$\boldsymbol{S}$ 是一个 $n \times n$ 阶的正定矩阵，n 个元素向量构成的$\boldsymbol{\varepsilon}$ 服从 $N(\boldsymbol{0}, \sigma^2 \boldsymbol{I}_N)$分布，$k$ 个元素向量$\boldsymbol{\beta}$ 为待估参数向量。设定 $\boldsymbol{S} = (\boldsymbol{I}_n - \rho \boldsymbol{W})$，就可以写出常规的空间自回归模型：

$$\boldsymbol{y} = (I_n - \rho \boldsymbol{W})^{-1} \boldsymbol{X\beta} + \boldsymbol{\eta}, \quad \boldsymbol{\eta} = (\boldsymbol{I}_n - \rho \boldsymbol{W})^{-1} \boldsymbol{\varepsilon} \tag{3.7.2}$$

式中，$\boldsymbol{\eta}$ 的方差 — 协方差矩阵为 $\sum_{\rho} = \sigma^2 [(\boldsymbol{I}_n - \rho \boldsymbol{W})(\boldsymbol{I}_n - \rho \boldsymbol{W})^{-1}]^{-1}$。

MESS 模型的对数似然函数为

$$\ln L(\boldsymbol{\beta}, \sigma, \boldsymbol{\alpha}; \boldsymbol{y}) = -\frac{n}{2}\{\ln(\sigma^2) + \ln(2\pi)\} + \ln|\boldsymbol{S}(\boldsymbol{\alpha})| - \frac{1}{2\sigma^2}[\boldsymbol{S}(\boldsymbol{\alpha})\boldsymbol{y} - \boldsymbol{X\beta}]'[\boldsymbol{S}(\boldsymbol{\alpha})\boldsymbol{y} - \boldsymbol{X\beta}] \tag{3.7.3}$$

将$\boldsymbol{\beta}$ 和 σ 固定，式(3.7.3)对应的简化对数似然函数为

$$\ln L(\alpha; \boldsymbol{y}) = \kappa + \ln|\boldsymbol{S}(\alpha)| - (n/2)\ln[\boldsymbol{y}'\boldsymbol{S}(\alpha)'\boldsymbol{MS}(\alpha)\boldsymbol{y}] \tag{3.7.4}$$

其中，κ 不是一个常数标量，$\boldsymbol{M} = \boldsymbol{I}_n - \boldsymbol{H}$ 和 $\boldsymbol{H} = \boldsymbol{X}(\boldsymbol{X}'\boldsymbol{X})^{-1}\boldsymbol{X}'$都是幂等矩阵。$|\boldsymbol{S}|$项是从 $\boldsymbol{y}$ 到 $\boldsymbol{Sy}$ 转换的雅克比行列式。雅克比行列式将避免利用奇异或近似奇异转换来人为地增加回归拟合度。

矩阵指数可以被用作 $\boldsymbol{S}$ 的一种形式，其中 $\boldsymbol{W}$ 为一条对角线元素为 0 的 $n \times n$ 阶的非负矩阵，α 代表一个实参数标量：

$$\boldsymbol{S} = \mathrm{e}^{\alpha \boldsymbol{W}} = \sum_{i=0}^{\infty} \frac{\alpha^i \boldsymbol{W}^i}{i!} \tag{3.7.5}$$

式中，$\boldsymbol{W}$ 为空间权重矩阵，其中，$W_{ij} > 0$ 表明观测值 j 是观测值 i 的一个近邻，$W_{ij} = 0$ 表明排除自身依赖。$(W^2)_{ij} > 0$ 表明观测值 j 是观测值 i 的近邻的近邻。类似的关系在确定更高阶近邻的 $\boldsymbol{W}$ 的高阶幂中也成立，从而与矩阵 $\boldsymbol{W}$ 相关的矩阵指数 $\boldsymbol{S}$ 对高阶近邻关系施加了衰减影响。

MESS 空间计量模型就是利用高阶邻近关系影响的指数衰退模式，替代空间自回归过程中高阶近邻关系影响的常规几何衰减。

如果 $\boldsymbol{W}$ 是行随机的，则 $\boldsymbol{S}$ 与一个行随机矩阵成比例，因为行随机矩阵的乘积仍是行随机的。

在非空间的条件下，Chiu、Lenoard 和 Tsui(1996)提出使用矩阵指数，并讨论了其几项性质。

(1) $\boldsymbol{S}$ 是正定的。

(2) 任何正定矩阵都是某一矩阵的矩阵指数。

(3) $\boldsymbol{S}^{-1} = \mathrm{e}^{-\alpha \boldsymbol{W}}$。

(4) $|\mathrm{e}^{-\alpha \boldsymbol{W}}| = \mathrm{e}^{\mathrm{tr}(\alpha \boldsymbol{W})}$。

性质(1)表明残差的协方差可表示为

$$\sum_{\alpha}=\sigma^{2}[\boldsymbol{S}(\alpha)\boldsymbol{S}(\alpha)']^{-1}=\sigma^{2}[\boldsymbol{S}(\alpha)']^{-1}\boldsymbol{S}(\alpha)^{-1}=\sigma^{2}(\mathrm{e}^{-\alpha\boldsymbol{W}'}\mathrm{e}^{-\alpha\boldsymbol{W}}) \tag{3.7.6}$$

由于非奇异矩阵的内积仍是正定的，保证协方差矩阵是正定的，从而无须设定参数范围，也无须在参数估计过程中进行正定性的检验。性质(3)将简化矩阵指数的计算。性质(4)将极大简化 MESS 的对数似然函数。

将集合衰减形式与指数衰减形式相比较，令 $\boldsymbol{I}_n-\rho\boldsymbol{W}$ 等于 $\mathrm{e}^{\alpha\boldsymbol{W}}$，可以得到 ρ 和 α 之间的等式关系，即 $\rho=1-\mathrm{e}^{\alpha}$，从而构成 SAR 模型和 MESS 模型之间的关系。

由性质(4)可知，$\mathrm{tr}(\boldsymbol{W})=0$，从而导致 $|\mathrm{e}^{-\alpha\boldsymbol{W}}|=\mathrm{e}^{\mathrm{tr}(\alpha\boldsymbol{W})}=\mathrm{e}^{0}=1$，简化对数似然函数的形式为

$$\ln L(\alpha;\ \boldsymbol{y})=\kappa-(n/2)\ln[\boldsymbol{y}'\boldsymbol{S}(\alpha)'\boldsymbol{M}\boldsymbol{S}(\alpha)\boldsymbol{y}] \tag{3.7.7}$$

因此，极大化对数似然函数等同于极小化总的残差平方和($\boldsymbol{y}'\boldsymbol{S}'\boldsymbol{M}\boldsymbol{S}\boldsymbol{y}$)。

3.7.2 实例及操作

Lesage 和 Pace 通过用指数衰减替代传统几何衰减来处理空间观测单元间的相互影响，提出了矩阵指数空间模型(MESS)，并证实了该模型在理论上的简洁性和计算上的高效性，相比以往的空间滞后模型和空间误差模型，MESS 模型能够更加准确地捕捉到区域之间的空间相关性。为此，本例利用 MESS 模型对 2016 年我国 31 个地区 R&D 项目数量的空间相关性及其影响因素进行了实证分析，构造模型如下：

$$\boldsymbol{S}\cdot\ln\mathbf{INNO}=\boldsymbol{\tau}_n\boldsymbol{\beta}_0+\boldsymbol{\beta}_1\ln\mathbf{RDK}+\boldsymbol{\beta}_2\ln\mathbf{RDL}+\theta_1\boldsymbol{W}\ln\mathbf{RDK}+\theta_2\boldsymbol{W}\ln\mathbf{RDL}+\boldsymbol{\varepsilon}$$

$$\boldsymbol{\varepsilon}\sim N(\mathbf{0},\sigma^{2}\boldsymbol{I}) \tag{3.7.8}$$

其中，$\ln\mathbf{INNO}$ 是各个省域 R&D 项目数量的对数值向量；$\ln\mathbf{RDK}$ 是 R&D 经费的对数值向量；$\ln\mathbf{RDL}$ 是 R&D 从业人员的对数值向量；$\boldsymbol{W}$ 为 $n\times n$ 阶的空间邻接矩阵；$\boldsymbol{S}$ 为 $n\times n$ 阶的非奇异常数矩阵；$\boldsymbol{\tau}_n$ 为分量为 1 的 n 维列向量。令 $\boldsymbol{S}=\boldsymbol{I}_n-\rho\boldsymbol{W}$，MESS 模型便转化为传统的 SAR 模型，其中参数 ρ 反映了观测单元间的空间依赖程度。

由于 Stata 不擅长进行矩阵运算，所以对于被解释变量中含有矩阵的运算，使得模型估计的 Stata 软件实现异常复杂，为此，本例选取非常善于矩阵处理，而且拥有着非常丰富工具包的 Matlab 进行操作。首先，我们需要下载一个用于处理空间计量的“jplv7”工具包，然后放置于安装盘符：Matlab/toolbox 文件夹下，然后打开 Matlab，单击上方的设置路径，然后找到工具箱，将文件夹及其子文件夹添加至 Matlab 中，具体操作如图 3.7.1 所示。

下面就开始模型估计的工作，首先将数据导入 Matlab 中，可以通过复制 Excel 中数据的方法，也可以通过命令的方式，本例中通过直接单击菜单栏中的导入。由于数据矩阵在运算的过程中，需要变量均为数值型变量，所以导入 Matlab 中的数据需要把原变量名以及省份变量名删除。然后将原变量数据文件名更改为“A”，矩阵文件名更改为“W”。如图 3.7.2 所示。

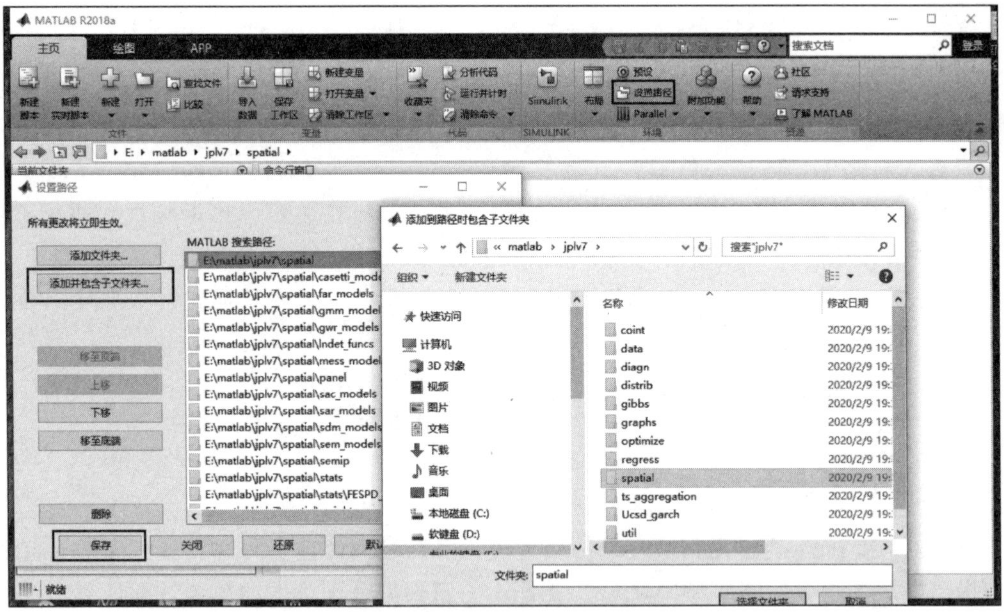

图 3.7.1　Matlab 工具箱加载

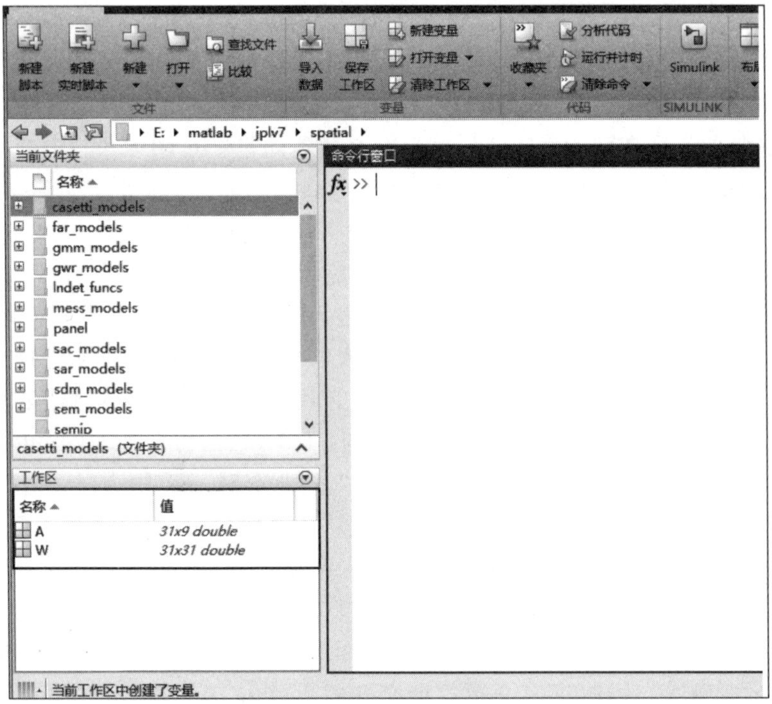

图 3.7.2　数据的导入

数据导入之后，将在命令窗口编写程序，在 Matlab 中进行 MESS 模型估计的命令如下：

```
>> y = A(:,4);                                  /* A 数据中第四列赋值 y */
>> x = A(:,[5 6]);                              /* A 数据中第五、六列赋值 y */
>> options.D = W
>> options.xflag = 1
>> xconstant = ones(31,1)                       /* 定义常系数 */
>> result = mess(y,[xconstant x],options)       /* mess 回归形式 */
>> prt_mess(result,[],1)                        /* 结果输出 */
```

将上述 MESS 模型回归得到的结果，并结合 3.2 节和 3.5 节的模型方法，整理回归的结果，如表 3.7.1 所示。

表 3.7.1　2016 年我国省际 R&D 项目数量影响因素的实证分析结果

模　　型	OLS	SAR	SEM	MESS
CONSTANT	−2.363 024 (0.006)	−2.217 145 (0.002)	−2.112 597 (0.003)	−2.062 994 (0.003)
ln **RDK**	0.243 499 7 (0.299)	0.189 273 3 (0.368)	0.187 046 4 (0.349)	0.258 296 (0.043)
ln **RDL**	0.702 709 7 (0.007)	0.780 314 2 (0.000)	0.773 248 8 (0.000)	0.673 156 (0.000)
W ln **RDK**	—	—	—	−0.042 844 (0.207)
W ln **RDL**	—	—	—	0.028 633 (0.560)
$\rho/\lambda/\alpha$	—	−0.005 132 1 (0.071)	0.023 733 2 (0.048)	−0.033 261 (0.011)
R^2	0.972 9	0.999 2	0.998 6	0.978 3

注：括号内为系数的 p 值。

由表 3.7.1 可见：

(1) 在 MESS 模型中各系数相比其他几个模型均变得更加显著，故 MESS 模型为相对较优的估计。

(2) MESS 模型的矩阵指数空间规范系数 α 小于 0，并在 2%的水平上通过了显著性检验，利用传统 SAR 模型和 MESS 模型之间的参数转换关系式 $\rho=1-e^{\alpha}$，可以计算得到 MESS 模型中对应的 ρ 值为 0.032 7，与 SAR 模型相比，ρ 值由负变为正，表明邻近地区间 R&D 项目数量具有明显的正向空间相关性，比较符合实际，说明 MESS 模型能够更加准确有效地识别我国省域之间研发项目数量的空间相关性。

3.8　相关模型的选取标准

当前空间计量模型的实证研究中，很多国内的文献均是对基于 LM 检验的空间自相关和空间误差模型进行选择与分析，而 LM 检验确实存在局限性。同时，空间计量模型已极为丰富，我们有必要根据实际的研究问题在更广泛的空间计量模型中作出合理的选择。

现有的空间计量模型选择方法可以归纳为表 3.8.1。

表 3.8.1　现有的空间计量模型选择方法

空间计量模型选择方法	
基于统计检验方法	Moran 指数检验、LM 检验
基于极大似然值方法	AIC、BIC、HQC、QAIC
基于模型后验概率的贝叶斯选择方法	
基于 MCMC 的空间计量模型选择方法	

3.8.1　基于统计检验的空间计量经济模型选择方法

1. Moran 指数检验

Moran 指数反映的是空间邻接或邻近的区域单元属性值的相似程度，通过 Moran 指数可以检验模型是否存在空间相关性。该检验的原假设是模型不存在空间相关性，当拒绝原假设时，并不能够确定存在空间相关性的具体模型形式，从而 Moran 指数检验无法用来确定空间效应是空间自回归还是空间残差相关，即 Moran 指数只能检验空间相关性是否存在，对空间模型的选择起不到作用。

1948 年，Moran 提出了全局 Moran 指数（Moran's I），计算公式如下：

$$I=\frac{n\sum_{i=1}^{n}\sum_{j=1}^{n}w_{ij}(x_i-\bar{x})(x_j-\bar{x})}{\sum_{i=1}^{n}\sum_{j=1}^{n}w_{ij}\sum_{i=1}^{n}(x_i-\bar{x})^2}=\frac{\sum_{i=1}^{n}\sum_{j\neq 1}^{n}w_{ij}(x_i-\bar{x})(x_j-\bar{x})}{S^2\sum_{i=1}^{n}\sum_{j=1}^{n}w_{ij}} \tag{3.8.1}$$

其中，n 是研究区内地区总数；w_{ij} 是空间权重；x_i 和 x_j 分别是区域 i 和 j 的属性；$\bar{x}$ 是属性的平均值；S^2 是属性的方差。

Moran 指数可以看作观测值与它的空间滞后（spatial lag）之间的相关系数。变量 x_i 的空间滞后是 x_i 在领域 j 的平均值，定义为

$$x_{i,-1}=\frac{\sum_{j}w_{ij}x_{ij}}{\sum_{j}w_{ij}} \tag{3.8.2}$$

因此，Moran 指数的取值一般在 $-1\sim1$ 之间，大于 0 表示正相关，值接近 1 时表明具有相似的属性集聚在一起（高值与高值相邻，低值与低值相邻）；小于 0 表示负相关，值接近 -1 时表明具有相异的属性集聚在一起（高值与低值相邻、低值与高值相邻）。如果 Moran 指数接近于 0，则表示属性是随机分布的，或者不存在空间自相关性。与 Moran 指数相似，Geary 指数 C 也是全局聚类检验的一个指数。计算 Moran 指数时，用的是中值离差的叉乘，但是，Geary 指数 C 强调的是观测值之间的离差，其公式是

$$C=\frac{(n-1)\sum_{i=1}^{n}\sum_{j=1}^{n}w_{ij}(x_i-x_j)^2}{2\sum_{i=1}^{n}\sum_{j=1}^{n}w_{ij}\sum_{i=1}^{n}(x_i-\bar{x})^2} \tag{3.8.3}$$

Geary 指数 C 的取值一般在 0 到 2 之间(2 不是一个严格的上界)，大于 1 表示负相关，等于 1 表示不相关，而小于 1 表示正相关。因此，Geary 指数与 Moran 指数刚好相反。Geary 指数也被称为 G 系数。

2. LM 检验

Burridge(1980)提出 LM-Error 检验，Bera 和 Yoon(1992)对 LM-Error 检验进行改进，提出稳健 LM-Error 检验。Anselin(1988)提出了稳健 LM-Error 检验(robust LM-Error)，Bera 和 Yoon(1992)进一步改进 LM-Lag 检验，提出了稳健 LM-Lag 检验(robust LM-Lag)，这四个统计量分别为

$$\text{LM-Error}=\frac{(\boldsymbol{e}'\boldsymbol{W}\boldsymbol{e}/s^2)^2}{T}\sim\chi^2(1) \tag{3.8.4}$$

$$\text{LM-Lag}=\frac{[\boldsymbol{e}'\boldsymbol{W}\boldsymbol{y}/(\boldsymbol{e}'\boldsymbol{e}/N)]^2}{R}\sim\chi^2(1) \tag{3.8.5}$$

$$\text{robust LM-Error}=\frac{(\boldsymbol{e}'\boldsymbol{W}\boldsymbol{y}/s^2-TR^{-1}\boldsymbol{e}'\boldsymbol{W}\boldsymbol{e}/s^2)^2}{T-T^2R^{-1}}\sim\chi^2(1) \tag{3.8.6}$$

$$\text{robust LM-Lag}=\frac{(\boldsymbol{e}'\boldsymbol{W}\boldsymbol{y}/s^2-\boldsymbol{e}'\boldsymbol{W}\boldsymbol{e}/s^2)^2}{R-T}\sim\chi^2(1) \tag{3.8.7}$$

其中：

$$s^2=\frac{\boldsymbol{e}'\boldsymbol{e}}{N} \tag{3.8.8}$$

$$T=\mathrm{tr}(\boldsymbol{W}^2+\boldsymbol{W}'\boldsymbol{W}) \tag{3.8.9}$$

$$R=(\boldsymbol{W}\boldsymbol{X}\hat{\boldsymbol{\beta}})'\boldsymbol{M}(\boldsymbol{W}\boldsymbol{X}\hat{\boldsymbol{\beta}})(\boldsymbol{e}'\boldsymbol{e}/N)+\mathrm{tr}(\boldsymbol{W}^2+\boldsymbol{W}'\boldsymbol{W}) \tag{3.8.10}$$

$\hat{\boldsymbol{\beta}}$ 是原假设中模型参数的 OLS 估计。

这 4 个检验统计量分别对应着空间计量经济学模型 LM 检验的四种情况。

(1) LM-Error 统计量——不存在空间自回归时空间残差相关的 LM 检验。原假设是模型残差不存在空间相关。备择假设表示残差存在空间效应，残差的空间效应又包括空间残差自相关和空间残差移动平均两种情况：

$$H_0: \boldsymbol{Y}=\boldsymbol{X\beta}+\boldsymbol{\varepsilon},\quad \boldsymbol{\varepsilon}: \boldsymbol{N}(\boldsymbol{0},\sigma^2\boldsymbol{I}) \tag{3.8.11}$$

$$H_1: \boldsymbol{\varepsilon}=\lambda\boldsymbol{W\varepsilon}+\mu\ (\text{或}\ \boldsymbol{\varepsilon}=\lambda\boldsymbol{W\mu}+\boldsymbol{\mu})$$

(2) LM-Lag 统计量——不存在空间残差相关时空间自回归效应的 LM 检验，原假设是模型残差不存在空间相关：

$$H_0: \boldsymbol{Y}=\boldsymbol{X\beta}+\boldsymbol{\varepsilon},\quad \boldsymbol{\varepsilon}: \boldsymbol{N}(\boldsymbol{0},\sigma^2\boldsymbol{I}) \tag{3.8.12}$$

$$H_1: \boldsymbol{Y}=\rho\boldsymbol{W}Y+\boldsymbol{X\beta}+\boldsymbol{\varepsilon}$$

（3）robust LM-Error 统计量——存在空间自回归时空间残差相关的 LM 检验。原假设仍然是模型残差不存在空间相关。备择假设情况同(1)：

$$H_0: \boldsymbol{Y} = \rho \boldsymbol{WY} + \boldsymbol{X\beta} + \boldsymbol{\varepsilon} \tag{3.8.13}$$

$$H_1: \boldsymbol{\varepsilon} = \lambda \boldsymbol{W\varepsilon} + \boldsymbol{\mu} \text{（或} \boldsymbol{\varepsilon} = \lambda \boldsymbol{W\mu} + \boldsymbol{\mu}\text{）}$$

（4）robust LM-Lag 统计量——存在空间残差相关性时空间自回归效应的 LM 检验。

$$H_0: \boldsymbol{Y} = \boldsymbol{X\beta} + \lambda \boldsymbol{W\varepsilon} + \boldsymbol{\mu}, \boldsymbol{\mu}: \boldsymbol{N}(\boldsymbol{0}, \sigma^2 \boldsymbol{I}) \tag{3.8.14}$$

$$H_1: \boldsymbol{Y} = \rho \boldsymbol{WY} + \boldsymbol{X\beta} + \lambda \boldsymbol{W\varepsilon} + \boldsymbol{\mu}$$

根据 LM 的 4 个统计量构建判别过程及准则为：先进行 OLS 回归，得到回归模型的残差，再基于残差进行 LM 诊断。模型选择的标准如图 3.8.1 所示。

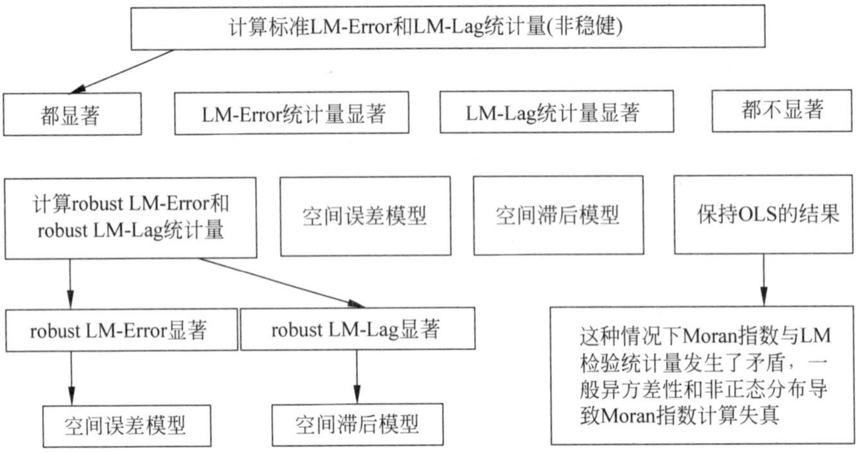

图 3.8.1　模型选择的标准

3.8.2　基于信息准则的空间计量经济模型选择方法

当得到极大对数似然值之后，通常认为似然值较大的模型较优，但是在实际使用中发现很多时候模型的似然值并没有显著差异，因而失去可比性，于是在似然值的基础上增加惩罚机制，便产生了模型选择的信息准则方法。在空间计量模型中的信息准则计算公式和一般模型相同，只是对数似然值按空间计量模型对数似然值计算方法得到。

1. 赤池信息准则：AIC

1973 年，日本著名统计学教授赤池弘次（H. Akaike）在研究信息论中时间序列定阶问题时，提出了综合权衡模型适用性和复杂性的 AIC 定阶准则。对于所建模型，赤池信息准则为

$$\text{AIC} = -2\ln(L) + 2k \tag{3.8.15}$$

其中，$\ln(L)$表示极大对数似然函数值，k 代表模型中的参数个数，AIC 优先考虑 AIC 值最小的那一个模型。第一项表示所建模型与真实分布的偏差，通常模型越复杂，估计偏差越小，但待估参数越多，从而第二项越大；相反，模型越简单估计偏差越大，待估参数越

少，第二项越小，但所建模型与真实分布偏差增大，所以第二项是一个"惩罚项"。AIC 是寻找可以最好地解释数据但包含最少待估参数的模型，权衡了模型的适用性与复杂性，突破了之前单单从模型拟合度思考的倾向。

尽管 AIC 在实际应用中对似然函数值来说取得了较好效果，但也有不足之处：在样本数据具有较高偏度或峰度时，惩罚项无法弥补极大似然估计在估计参数时的损失。同时，备选模型具有相同结构和参数时，AIC 也会无能为力。关键是在 AIC 中，模型参数个数的惩罚因子权重始终为常数 2，即它与样本容量 n 无关。随着样本容量的增大，模型的拟合误差放大，导致样本容量趋于无穷大时，AIC 选择的拟合模型不收敛于真实模型，它通常比真实模型所含的未知参数个数要多。于是，很多学者尝试对惩罚项进行修改，来平衡模型过度拟合和拟合不足问题。

2. 贝叶斯信息准则（施瓦兹准则）：BIC

为了对 AIC 准则进行改进，Akaike 于 1976 年提出贝叶斯信息准则（Bayesian information criterion，BIC），也称施瓦兹准则，$\text{BIC}=-2\ln(L)+k\ln(n)$。同时 Schwarz 在 1978 年基于无先验信息的贝叶斯理论的最大后验密度，也得出同样的判别准则。BIC 将未知参数个数的惩罚权重由常数 2 变成了样本容量的对数，当样本容量大于等于 8 时，BIC 惩罚项的值大于 AIC 惩罚项的值，即通常情况下 BIC 要求更精简的模型。

3. 汉南-奎因准则：HQ

除了以上 AIC、BIC 信息准则之外，还有汉南-奎因准则（Hannan-Quinn criterion，HQ），$\text{HQ}=-2\ln(L)+\ln[\ln(n)]k$。

这些准则也可以概括为 $\text{Criu}(L,nMk)=-2\ln(L)+\text{Pen}(n,k)$，即都是 $-2\ln(L)$ 加上一个与 n,k 相关的惩罚项。这些信息准则均"鼓励"数据拟合的优良性，但是尽量避免出现过度拟合的情况。增加待估参数（与解释变量的个数对应）的数目提高了拟合的优良性，但也增加了"惩罚力度"。当样本数和待估参数个数相同的条件下（去除了惩罚项的影响），极大似然值最大和 AIC、BIC、HQ 最小就完全一致了。BIC 和 HQ 倾向于选择比 AIC 更精简的模型，AIC 显得过于保守。

4. 数据过度离散情况下的信息准则：QAIC

Burnham 和 Anderson(2002)还分别给出了数据存在过度离散和小样本两种情况下的信息准则。数据过度离散情况下的信息准则 QAIC(Quasi-AIC)定义为

$$\text{QAIC}=2k-\frac{2}{\text{VIF}}\ln(L) \tag{3.8.16}$$

其中，VIF 为方差膨胀因子。在小样本情况下的信息准则 QAIC 表示为

$$\text{QAK}'=\text{QAIC}+\frac{2k(k+1)}{n-k-1} \tag{3.8.17}$$

即 QAIC 可以调整过度离散或缺乏拟合的情况。

各准则的计算公式与判断标准如表 3.8.2 所示。

表 3.8.2　各准则的计算公式与判断标准

准　　则	公　　式	判断方法
AIC	$AIC=-2\ln(L)+2k$	越小越好
BIC	$BIC=-2\ln(L)+k\ln(n)$	
HQ	$HQ=-2\ln(L)+\ln[\ln(n)]k$	
QAIC	$QAIC=2k-\frac{2}{VIF}\ln(L)$	

信息准则在模型选择时具有很好的优势，如它对嵌套模型和非嵌套模型均有效，且可以比较具有不同误差分布的模型，但是，在空间计量模型的模拟分析过程中发现它们检验的效度并不高。需要进一步使用更为复杂的方法——贝叶斯模型选择方法。

3.8.3　基于模型后验概率的贝叶斯选择方法

以 SEM(空间误差自模型)为例。

SEM 模型公式为

$$\boldsymbol{y}=\boldsymbol{X\beta}+\boldsymbol{\mu},\quad \boldsymbol{\mu}=\lambda\boldsymbol{W\mu}+\boldsymbol{\varepsilon},\quad \boldsymbol{\varepsilon}\sim N(\boldsymbol{0},\sigma^2\boldsymbol{I}) \tag{3.8.18}$$

设 $\boldsymbol{W}$ 的最大特征值为 $K_{\max}$，最小特征值为 $K_{\min}$，记 $D=1/K_{\min}-1/K_{\max}$，$\boldsymbol{P}=\boldsymbol{I}-\lambda\boldsymbol{W}$，$\boldsymbol{V}^{-1}=\boldsymbol{P}'\boldsymbol{P}$，得 SEM 的似然函数为

$$L=(2\pi)^{\frac{n}{2}}\frac{|P|}{\sigma^2}\exp\left[-\frac{1}{2\sigma^2}(\boldsymbol{y}-\boldsymbol{X\beta})'\boldsymbol{V}^{-1}(\boldsymbol{y}-\boldsymbol{X\beta})\right] \tag{3.8.19}$$

令 $p(\boldsymbol{\beta},\sigma)\propto\frac{1}{\sigma}$，$p(\theta)=\frac{1}{D}$，得后验分布：

$$p(\boldsymbol{\beta},\theta,\sigma^2\mid\boldsymbol{y})=\frac{1}{p(\boldsymbol{y})}\frac{|p|}{D}\frac{1}{\sigma}\frac{1}{(2\pi\sigma^2)^{n/2}}\exp\left[-\frac{1}{2\sigma^2}(\boldsymbol{y}-\boldsymbol{X\beta})'\boldsymbol{V}^{-1}(\boldsymbol{y}-\boldsymbol{X\beta})\right] \tag{3.8.20}$$

上式关于 β，σ 积分后，得到关于 θ 的边际似然：

$$p(\theta\mid\boldsymbol{y})=\frac{1}{p(\boldsymbol{y})}\frac{1}{D}\Gamma\left(\frac{n-k}{2}\right)\frac{1}{(2\pi)^{(n-k)/2}}\frac{|\boldsymbol{P}|}{|\boldsymbol{X}^{*\prime}\boldsymbol{X}^{*}|^{1/2}}\frac{1}{S^{(n-k)/2}} \tag{3.8.21}$$

其中 $\boldsymbol{X}^{*}=P\boldsymbol{X}=\boldsymbol{X}-\theta\boldsymbol{WX}$，$\boldsymbol{y}^{*}=\boldsymbol{Py}=\boldsymbol{y}-\theta\boldsymbol{Wy}$，$S=s^2$ 是 $\boldsymbol{y}^{*}$ 关于 X^{*} 回归得到的残差平方和。再由贝叶斯公式 $p(\theta\mid\boldsymbol{y})p(\boldsymbol{y})=p(\boldsymbol{y}\mid\theta)p(\boldsymbol{\theta})$，将上式同乘 $\boldsymbol{p}(\boldsymbol{y})$后关于 θ 积分便得到边际似然函数：

$$p(\boldsymbol{y})=\frac{1}{D}\frac{1}{(2\pi)^{(n-k)/2}}\Gamma\left(\frac{n-k}{2}\right)\int\frac{|\boldsymbol{P}|}{|\boldsymbol{X}^{*\prime}\boldsymbol{X}^{*}|^{1/2}}\frac{1}{S^{(n-k)/2}}\mathrm{d}\theta \tag{3.8.22}$$

由于式(3.8.22)是关于模型 SEM 推导得到的，可以记为 $p(\boldsymbol{y}\mid M_{\mathrm{SEM}})$，类似可以得到其他空间模型的边际似然函数。

利用上面的边际似然值，可以进一步计算后验机会比。利用后验机会比和 Jeffreys 判断标准，可对空间计量模型进行选择。但由于边际似然函数的计算在空间计量模型中存在较大困难，通常需要采用 MCMC(马尔科夫链蒙特卡罗)方法进行计算。

3.8.4　基于 MCMC 的空间计量模型选择方法

贝叶斯分析中，应用最为广泛的 MCMC 方法主要有 Gibbs 抽样和 Metropolis-Hastings（M-H）抽样。Gibbs 抽样是由 Stuart Geman 和 Donald Geman（1984）在图像分析马尔科夫随机场（Markov random field，MRF）方法的研究中提出的。Gibbs 抽样的成功在于它利用满条件分布将多个相关参数的复杂问题转换为每次只需处理一个参数的简单问题。但是实际问题中，某些参数的分量的满条件分布会较难抽样，这时可以使用比 Gibbs 抽样更一般的 M-H 抽样（M-H 算法）。M-H 抽样是一类较为常用的 MCMC 方法，它由 Metropolis 等在 1953 年提出，1970 年 Hastings 对此进行了推广。MCMC 方法的核心就是要获得合适的 Markov 链，使其平稳分布就是待抽样的目标分布，而 M-H 抽样就是用于产生所要 Markov 链的一种算法。

M-H 算法的 Markov 链产生过程如下。

（1）选择合适的建议分布 $q^*(\theta^{(t)})$（与目标分布接近且易于抽样）。

（2）从某个分布中产生 $\theta^{(0)}$（通常直接给定）。

（3）重复下面过程，直到 Markov 链达到平稳状态。

从 $q^*(\theta^{(t)})$ 中产生一个新状态 θ^*，计算接受概率 $\alpha(\theta^{(t)},\theta^*)=\min\{\gamma(\theta^{(t)},\theta^*),1\}$，其中 $\gamma(\theta^{(t)},\theta^*)=\dfrac{\pi(\theta^*\mid x)q(\theta^{(t)}\mid\theta^*)}{\pi(\theta^{(t)}\mid x)q(\theta^*\mid\theta^{(t)})}$；随机产生一个 $[0,1]$ 上的均匀分布随机数 $u\sim U[0,1]$，如果 $u\leqslant\alpha(\theta^{(t)},\theta^*)$，则接受建议状态，Markov 链的状态变为 θ^*，否则拒绝建议状态，Markov 链的状态仍然停留在 $\theta^{(t)}$；增加 t，返回这一步的开始部分。

在接受概率的计算中只需知道目标分布 $\pi(\theta\mid x)$ 的核即可，正则化常数可以未知。从理论上讲，建议分布的选取是任意的，但在实际计算中，建议分布的选取对于计算效率影响很大。M-H 算法的关键是两个函数：$q^*(\theta^{(t)})$ 决定怎样基于 $\theta^{(t)}$ 得到 θ^*；$\alpha(\theta^{(t)},\theta^*)$ 决定得到的 θ^* 是否保留。

M-H 抽样的主要过程就是从建议分布中抽取一个候选值，并把候选值和当前值分别代入所要研究参数的条件分布函数的核，来计算一个接受概率，最后通过接受概率来决定是否由当前值转移到候选值的一个循环。在实际应用中，当参数数目增多时，边际似然值、后验概率、贝叶斯因子、后验机会比等的计算都会遇到积分困难的问题，而 MCMC 也为解决此类问题提供了一种简单且行之有效的计算方法。同时，MCMC 方法也可以用于估计复杂的计量模型，如带未知异方差的广义空间模型。

本章习题

第 4 章　面板数据空间计量经济学模型

空间计量经济学模型的研究在过去的 20 年得到了迅速的发展,但传统固有的空间计量模型在实证研究的过程中也逐渐暴露出了一些不适用性,如上述章节介绍的空间计量模型使用的数据集主要是截面数据,只考虑了空间单元之间的相关性,而忽略了具有时空演变特征的时间尺度之间的相关性,在实证研究中就显得美中不足。当然很多学者通过将多个时期截面数据变量计算平均值的办法来综合消除时间波动的影响和干扰,但是这种做法仍然造成大量具有时间演变特征的信息损失,从而无法科学和客观地认识与揭示具有时空特征的经济现象的研究。

面板数据分析(panel data analysis)作为前沿的统计学分析方法,可以有效克服时间序列分析受多重共线性的困扰,因此将空间计量经济学理论方法和面板数据分析有机结合,构建综合考虑变量时空效应和空间信息的面板数据空间计量模型,是当下空间计量经济学理论研究的热点,并在实证研究方面得到了广泛运用。

Elhorst(2003,2010)将空间面板划分为如下几种不同的类型,即空间面板滞后模型(spatial panel lag model)、空间面板误差模型和空间面板 Durbin 模型。其估计方法分为两种类别,即空间面板的极大似然估计和广义矩估计方法。

4.1　面板数据空间滞后模型

4.1.1　固定效应

在空间因素存在情况下,面板数据的空间滞后模型的基本设定为

$$y_{it}=\rho\sum_{j=1}^{N}w_{ij}y_{jt}+\boldsymbol{x}'_{it}\boldsymbol{\beta}+\mu_i+\varepsilon_{it},\quad i=1,2,\cdots,N,t=1,2,\cdots,T \tag{4.1.1}$$

其中,y_{it} 是被解释变量;$\boldsymbol{x}_{it}$ 是 K 维解释变量列向量;ρ 是空间自回归系数;$\boldsymbol{W}=(w_{ij})$ 是空间加权矩阵;N 是横截面数据样本个数;T 是样本时间维度;μ_i 是个体固定效应;$\boldsymbol{\beta}$ 是解释变量 $\boldsymbol{x}_{it}$ 前的回归系数列向量。

对于方程(4.1.1)而言,如果不考虑空间因素进行估计,就是非空间的固定效应回归,这显然存在明显的缺失必要解释变量问题以及内生性问题;显然这里直接的回归其中的解释变量,由于被解释变量空间滞后项 $\sum_{j=1}^{N}w_{ij}y_{it}$ 的存在,将形成内生的解释变量的偏差。将方程(4.1.1)可以表示为

$$\boldsymbol{y}=\boldsymbol{M\delta}+\boldsymbol{\varepsilon} \tag{4.1.2}$$

其中,$\boldsymbol{y}=(y_{11},\cdots,y_{N1},\cdots,y_{1T},\cdots,y_{NT})'$,$\boldsymbol{M}=[(\boldsymbol{I_T}\otimes\boldsymbol{W})\boldsymbol{y}\,\boldsymbol{x}']$,$\boldsymbol{x}=(x_{11},\cdots,x_{N1},\cdots,x_{1T},\cdots,x_{NT})$,$\boldsymbol{\delta}=[\rho\boldsymbol{\beta}']'$。在空间效应存在情况下,通常所使用的 OLS 参数估计的有

偏渐进估计量为

$$p\lim\hat{\delta}_{\mathrm{ols}}=\delta+p\lim\left[\left(\frac{\boldsymbol{M}'\boldsymbol{M}}{n}\right)^{-1}\left(\frac{\boldsymbol{M}'\boldsymbol{\varepsilon}}{n}\right)\right] \tag{4.1.3}$$

在空间效应存在的条件下，通常所使用的 OLS 回归往往存在缺失解释变量偏差，该偏差如式(4.1.4)所示：

$$p\lim\hat{\beta}_{\mathrm{ols}}=\boldsymbol{\beta}+\rho\times\frac{\mathrm{Cov}(\boldsymbol{Wy},\boldsymbol{x})}{\mathrm{Var}(\boldsymbol{x})} \tag{4.1.4}$$

将模型(4.1.1)表示为矩阵形式，如式(4.1.5)所示：

$$\begin{aligned}\boldsymbol{y}&=\rho\boldsymbol{Wy}+\boldsymbol{X\beta}+\boldsymbol{\mu}+\boldsymbol{\varepsilon}\\ \boldsymbol{\varepsilon}&=(\boldsymbol{I}-\rho\boldsymbol{W})\boldsymbol{y}-\boldsymbol{X\beta}-\boldsymbol{\mu}\\ \boldsymbol{\varepsilon}&=\boldsymbol{Ay}-\boldsymbol{X\beta}-\boldsymbol{\mu}\end{aligned} \tag{4.1.5}$$

其中，$\boldsymbol{A}=\boldsymbol{I}-\rho\boldsymbol{W}$，$\rho$、$\boldsymbol{\beta}$、$\sigma$ 的极大似然估计的对数似然函数如式(4.1.6)所示：

$$\begin{aligned}\log L(y)=&|\boldsymbol{A}|-\left(\frac{NT}{2}\right)\ln(2\pi)-\left(\frac{NT}{2}\right)\ln\sigma^2-\\&\left[-\frac{1}{2\sigma^2}(\boldsymbol{A}Y-\boldsymbol{X\beta}-\boldsymbol{\mu})'(\boldsymbol{A}Y-\boldsymbol{X\beta}-\boldsymbol{\mu})\right]\end{aligned} \tag{4.1.6}$$

对于式(4.1.6)求解关于 μ 的偏导数，并依据最优化的一阶条件得到 μ 的值：

$$\begin{aligned}\frac{\partial\log L}{\partial\boldsymbol{\mu}}&=\frac{1}{\sigma^2}\sum_{t=1}^{T}(\boldsymbol{y}-\rho\boldsymbol{Wy}-\boldsymbol{x\beta}-\boldsymbol{\mu})=\boldsymbol{0}\\ \boldsymbol{\mu}&=\frac{1}{T}\sum_{t=1}^{T}(\boldsymbol{y}-\rho\boldsymbol{Wy}-\boldsymbol{x\beta})\end{aligned} \tag{4.1.7}$$

将 μ 的值代入式(4.1.6)，并依据估计面板固定效应时通常所采用的去平均化的过程得到拟对数似然函数：

$$\log L=-\frac{NT}{2}\log(2\pi\sigma^2)+T\log|\boldsymbol{I}_N-\rho\boldsymbol{W}|-\frac{1}{2\sigma^2}\sum_{i=1}^{N}\sum_{t=1}^{T}\left(y_{it}^{*}-\rho\sum_{j=1}^{N}w_{ij}y_{jt}^{*}-\boldsymbol{x}_{it}^{*}\boldsymbol{\beta}\right)^2 \tag{4.1.8}$$

其中，$\boldsymbol{y}_{it}^{*}=\boldsymbol{y}_{it}-\frac{1}{T}\sum_{t=1}^{T}\boldsymbol{y}_{it}$；$\boldsymbol{x}_{it}^{*}=\boldsymbol{x}_{it}-\frac{1}{T}\sum_{t=1}^{T}\boldsymbol{x}_{it}$。因此在得到空间面板固定效应模型的拟似然函数的条件下，通过最大化的一阶条件，得到参数的估计值 $\hat{\rho}$、$\hat{\beta}$、$\hat{\sigma}$。最后，得到$\hat{\boldsymbol{\mu}}=\frac{1}{T}\sum_{t=1}^{T}(\boldsymbol{y}-\hat{\rho}\boldsymbol{Wy}-\boldsymbol{x}\hat{\boldsymbol{\beta}})$。

4.1.2　随机效应

参考张志强(2012)，空间面板随机效应的对数似然函数如式(4.1.9)所示：

$$\log L=-\frac{NT}{2}\log(2\pi\sigma^2)+T\log|\boldsymbol{I}_N-\rho\boldsymbol{W}|-\frac{1}{2\sigma^2}\sum_{i=1}^{N}\sum_{t}(\hat{y}_{it}-\rho\hat{y}_{it}^{*}-\hat{\boldsymbol{x}}_{it}\boldsymbol{\beta})^2 \tag{4.1.9}$$

其中 $y_{it}^{*}=\sum_{j=1}^{N}w_{ij}y_{jt}$，$\hat{y}_{it}$、$\hat{y}_{it}^{*}$、$\hat{\boldsymbol{x}}_{it}$ 的表达式如式(4.1.10) 所示。

$$\hat{y}_{it}=y_{it}-(1-\theta)\frac{1}{T}\sum_{t=1}^{N}y_{it}\quad \hat{y}_{it}^{*}=y_{it}^{*}-(1-\theta)\frac{1}{T}\sum_{t=1}^{T}y_{it}^{*}\quad \hat{\boldsymbol{x}}_{it}=\boldsymbol{x}_{it}-(1-\theta)\frac{1}{T}\sum_{t=1}^{T}\boldsymbol{x}_{it} \tag{4.1.10}$$

θ 是基于面板的横截面 OLS 和固定效应估计样本标准差的加权。在给定参数 θ 的条件下，似然函数与固定效应的空间面板估计方法一致。θ 通过紧凑型的似然函数的一阶条件得到其一致估计量，其对数似然函数如式(4.1.11)所示。

$$\begin{aligned}&\log L=-\frac{NT}{2}\log[\boldsymbol{e}(\theta)'\boldsymbol{e}(\theta)]+\frac{N}{2}\log\theta^{2}\\&e(\theta)=y_{it}-(1-\theta)\frac{1}{T}\sum_{t=1}^{T}y_{it}-\rho\sum_{j=1}^{N}w_{ij}\left[y_{jt}-(1-\theta)\frac{1}{T}\sum_{t=1}^{T}y_{jt}\right]-\\&\qquad\left[\boldsymbol{x}_{it}-(1-\theta)\frac{1}{T}\sum_{t=1}^{T}\boldsymbol{x}_{it}\right]\boldsymbol{\beta}\end{aligned} \tag{4.1.11}$$

显然，空间面板随机效应滞后模型的估计，是通过联合估计空间面板的固定效应与非空间面板的随机效应模型来实现的。

4.1.3 实例及操作

【例 4.1.1】 以各省(区、市)的发明专利申请授权数(ln Patent)为被解释变量，选取人力资本(ln L)和物质资本(ln K)作为解释变量，选择 1993—2013 年我国 30 个省、区、市①的面板数据进行分析。我们将根据 Anselin 判别准则选择适合的空间计量模型，并对模型进行估计。表 4.1.1 所示为 1993—2013 年我国省际发明专利申请授权数影响因素的实证分析结果。

表 4.1.1 1993—2013 年我国省际发明专利申请授权数影响因素的实证分析结果

模型	OLS	空间滞后模型		空间误差模型	
—	—	固定效应	随机效应	固定效应	随机效应
CONSTANT	−3.497 4*** (0.448 7)	—	−2.517 0*** (0.398 4)	—	−3.232 5*** 0.760 9)
ln K	1.602 7*** (0.049 7)	1.161 9*** (0.059 0)	1.171 1*** (20.119 9)	1.721 7*** (0.056 9)	1.721 3*** (0.055 8)
ln L	−0.413 5*** (0.069 3)	−0.401 5*** (0.060 9)	−0.410 7*** (0.060 1)	−0.518 8*** (0.109 5)	−0.553 8*** (0.105 7)
ρ	—	0.436 0*** (0.032 6)	0.428 0*** (0.032 5)	—	—
λ	—	—	—	0.712 0*** (0.028 3)	0.706 2*** (0.025 7)
R^2	0.681 4	0.768 6	0.760 6	0.687 0	0.839 3

① 不包含西藏。

续表

模型	OLS	空间滞后模型		空间误差模型	
—	—	固定效应	随机效应	固定效应	随机效应
LR-test	—	59.108 6*** (0.001 2)	—	245.683 6*** (0.000 0)	222.309*** (0.000 0)
Hausman 检验	—	—	—	—	−1.933 1 (0.586 4)
LM 检验统计值	—	167.776 4*** (0.000)	—	372.427 7*** (0.000)	—
R-LM 检验统计值	—	6.597 3*** (0.010)	—	211.248 6*** (0.000)	—

注：括号内的是标准误，LM 和 R-LM 检验括号内的是 p 值。*，**，*** 分别表示通过了 10%、5%、1%的显著性检验。

打开“4.1.1 数据”文件并导入数据，将“4.1.1 LMsarsem-panel.m”文件中的代码复制到“命令行窗口”并运行，即可得到 OLS 估计结果和 LM 检验结果。如图 4.1.1 和图 4.1.2 所示。

```
Ordinary Least-squares Estimates
Dependent Variable =        LnPatent
R-squared        =     0.6814
Rbar-squared     =     0.6804
sigma^2          =     1.1578
Durbin-Watson    =     0.3255
Nobs, Nvars      =     630,     3
***************************************************************
Variable        Coefficient      t-statistic    t-probability
intercept         -3.497422        -7.794398         0.000000
LnK                1.602686        32.268735         0.000000
LnL               -0.413491        -5.966154         0.000000
```

图 4.1.1 OLS 估计结果

```
LM test no spatial lag, probability              =  105.4561,     0.000
robust LM test no spatial lag, probability       =   15.0060,     0.000
LM test no spatial error, probability            =  275.3940,     0.000
robust LM test no spatial error, probability =  184.9439,     0.000
```

图 4.1.2 LM 检验结果

将“4.1.1 slmsem-panelscompare.m”文件中的代码复制到“命令行窗口”并运行，即可得到空间滞后模型和空间误差模型的固定效应与随机效应估计结果，以及 Hausman 检验结果。程序运行结果如图 4.1.3～图 4.1.6 所示。

通过 LM 检验可以知道，LMLAG 检验($p=0.000$)和 LMERR 检验($p=0.000$)都是显著的，但是 R-LMLAG 检验($p=0.000$)显著，而 R-LMLAG 检验的 $p=0.01>0.00$，由此可以断定，应该选择空间误差模型。通过 Hausman 检验可知，接受“随机效应模型有效”的原假设。综上所述，采用空间误差面板随机效应模型可以更好地反映我国 30 个省、

```
Pooled model with spatially lagged dependent variable and spatial fixed effects
Dependent Variable =          LnPatent
R-squared            =     0.7686
corr-squared         =     0.6451
sigma^2              =     0.8789
Nobs,Nvar,#FE        =     630,      3,      32
log-likelihood       =        -854.14337
# of iterations      =       1
min and max rho      =    -1.0000,     1.0000
total time in secs  =     0.0190
time for optimiz     =     0.0040
time for lndet       =     0.0060
time for t-stats     =     0.0010
No lndet approximation used
***************************************************************
Variable         Coefficient  Asymptot t-stat    z-probability
LnK                 1.161913         19.691795         0.000000
LnL                -0.401494         -6.594069         0.000000
W*dep.var.          0.435968         13.383275         0.000000

LR-test joint significance spatial fixed effects, degrees of freedom and probability =   59.1086,     30,     0.0012
```

图 4.1.3　空间滞后模型固定效应结果

```
Pooled model with spatially lagged dependent variable and spatial random effects
Dependent Variable =          LnPatent
R-squared            =     0.7606
corr-squared         =     0.6416
sigma^2              =     0.8660
Nobs,Nvar            =     630,      4
log-likelihood       =        -117908.83
# of iterations      =       3
min and max rho      =    -1.0000,     1.0000
total time in secs  =     0.0550
time for optimiz     =     0.0480
time for lndet       =     0.0060
time for t-stats     =     0.0010
No lndet approximation used
***************************************************************
Variable         Coefficient  Asymptot t-stat    z-probability
intercept          -2.521973         -6.329252         0.000000
LnK                 1.173143         20.145264         0.000000
LnL                -0.410647         -6.832792         0.000000
W*dep.var.          0.425990         13.089373         0.000000
teta                0.996894          7.547185         0.000000

LR-test significance spatial random effects, degrees of freedom and probability = -234050.2646,      1,      -Inf
```

图 4.1.4　空间滞后模型随机效应结果

区、市[①]发明专利申请授权数是如何通过空间效应影响其他地区的。而且，从可决系数 R^2 可以看出，空间误差随机效应模型的最高，为 0.839 3。

我们通过空间误差面板随机效应模型的估计结果可以看出以下几点。

第一，一个地级区域的物质资本对发明专利申请授权数的影响显著为正，这说明一个地区物质资本投入量越大，越有利于发明专利申请授权数的增加。增加 1 单位的物质资

① 不包含西藏。

```
Pooled model with spatial error autocorrelation and spatial fixed effects
Dependent Variable =          LnPatent
R-squared          =    0.6870
corr-squared       =    0.6859
sigma^2            =    0.5841
log-likelihood     =        -760.85022
Nobs,Nvar,#FE      =    630,      2,      32
# iterations       =      14
min and max rho =    -0.9900,    0.9900
total time in secs =      1.6190
time for optimiz     =    1.6070
time for lndet       =    0.0060
time for t-stats     =    0.0010
No lndet approximation used
***************************************************************
Variable          Coefficient  Asymptot t-stat    z-probability
LnK                  1.721472        30.239009         0.000000
LnL                 -0.518483        -4.741907         0.000002
spat.aut.            0.708989        24.854760         0.000000

LR-test joint significance spatial fixed effects, degrees of freedom and probability =  245.6949,     30,    0.0000
```

图 4.1.5 空间误差模型固定效应结果

```
Pooled model with spatial error autocorrelation and spatial random effects
Dependent Variable =          LnPatent
R-squared              =    0.8393
corr-squared           =    0.6798
sigma^2                =    0.5812
Nobs,Nvar              =    630,      3
log-likelihood         =        -772.54294
# of iterations        =      3
min and max rho        =   -1.6036,    1.0000
total time in secs =    0.0210
time for optimiz       =    0.0180
***************************************************************
Variable          Coefficient  Asymptot t-stat    z-probability
intercept           -3.232456        -4.248058         0.000022
LnK                  1.721347        30.855880         0.000000
LnL                 -0.553760        -5.237908         0.000000
spat.aut.            0.706161        27.499377         0.000000
teta                 0.000001         0.000134         0.999893

LR-test significance spatial random effects, degrees of freedom and probability =  222.3094,     1,    0.0000
Hausman test-statistic, degrees of freedom and probability =    -1.8205,     3,    0.6105
```

图 4.1.6 空间误差模型随机效应和 Hausman 检验结果

本投入,就能够增加 1.721 3 单位的发明专利申请授权数。

第二,人力资本的投入对发明专利申请授权数有负向影响,即增加 1 单位人力资本的投入,就会减少 0.553 8 单位的发明专利申请授权数。根据规模报酬可以看出,人力资本的投入对于发明专利申请授权数的影响处于规模报酬递减阶段。

第三,λ 在 1%的水平上显著为正,这表明空间溢出效应是中国地区技术进步不可忽视的重要影响因素,科研能力强的省份会对周围地区技术创新水平产生正的辐射作用,带动邻近地区技术创新发展。

4.2　面板数据空间误差模型

4.2.1　固定效应

空间面板的误差模型的基本模型设定如式(4.2.1)所示。

$$y_{it}=\boldsymbol{x}_{it}\boldsymbol{\beta}+\mu_i+\mu_{it}$$

$$\mu_{it}=\lambda\sum_{j=1}^{N}w_{ij}\mu_{jt}+\varepsilon_{it}\tag{4.2.1}$$

与空间面板的滞后效应模型相类似，得到如式(4.2.2)的空间面板的误差模型的对数似然函数：

$$\log L=-\frac{NT}{2}\log(2\pi\sigma^2)+T\log|\boldsymbol{I}_N-\rho\boldsymbol{W}|-\frac{1}{2\sigma^2}\sum_{i=1}^{N}\sum_{t=1}^{T}\left[y_{it}^{*}-\lambda\sum_{j=1}^{N}w_{ij}y_{jt}^{*}-\left(\boldsymbol{x}_{it}^{*}-\lambda\sum_{j=1}^{\boldsymbol{N}}w_{ij}\boldsymbol{x}_{jt}^{*}\right)\boldsymbol{\beta}\right]^2\tag{4.2.2}$$

其中的经济含义与前文所阐述一致，是去平均化的被解释变量与解释变量。依据式(4.2.2)的一阶最优化条件，可以得到参数的估计量。如式(4.2.3)和式(4.2.4)所示。

$$\boldsymbol{\beta}=([\boldsymbol{X}^{*}-\lambda(I_T\otimes\boldsymbol{W})\boldsymbol{X}^{*}])'([\boldsymbol{X}^{*}-\lambda(I_T\otimes\boldsymbol{W})X^{*}])^{-1}\times[\boldsymbol{X}^{*}-\lambda(I_T\otimes\boldsymbol{W})\boldsymbol{X}^{*}]'[\boldsymbol{Y}^{*}-\lambda(I_T\otimes\boldsymbol{W})Y^{*}]\tag{4.2.3}$$

$$\sigma^2=\frac{\boldsymbol{e}(\lambda)'\boldsymbol{e}(\lambda)}{\boldsymbol{NT}}\tag{4.2.4}$$

其中，$\boldsymbol{Y}^{*}=(y_{11}^{*},\cdots,y_{N1}^{*},\cdots,y_{1T}^{*},\cdots,y_{NT}^{*})'$，$\boldsymbol{X}^{*}=(x_{11}^{*},\cdots,x_{N1}^{*},\cdots,x_{1T}^{*},\cdots,x_{NT}^{*})$，$\boldsymbol{e}(\lambda)=[\boldsymbol{Y}^{*}-\lambda(\boldsymbol{I}_T\otimes\boldsymbol{W})\boldsymbol{Y}^{*}]-[\boldsymbol{X}^{*}-\lambda(\boldsymbol{I}_T\otimes\boldsymbol{W})\boldsymbol{X}^{*}]\boldsymbol{\beta}$，那么关于 λ 的紧凑型的对数似然函数如式(4.2.5)所示。

$$\log L=-\frac{NT}{2}\log[e(\lambda)'e(\lambda)]+T\log|\boldsymbol{I}_N-\lambda\boldsymbol{W}|\tag{4.2.5}$$

依据式(4.2.5)的一阶条件得到 $\hat{\lambda}$。代入式(4.2.3)和式(4.2.4)得到 $\hat{\beta}$、$\hat{\sigma}$。相应的空间面板的固定效应的参数估计为 $\hat{\boldsymbol{\mu}}_i=\frac{1}{T}\sum_{t=1}^{T}(\boldsymbol{y}_{it}-\boldsymbol{x}_{it}\hat{\boldsymbol{\beta}})$。

4.2.2　随机效应

如果模型(4.2.1)中的参数 μ_i 是随机的，$\mathrm{Var}(\mu_i)=\sigma_\mu^2$，$\mathrm{Var}(\varepsilon_{it})=\sigma^2$，那么它的对数似然函数如式(4.2.6)所示。

$$\log L=-\frac{NT}{2}\log(2\pi\sigma^2)-\frac{1}{2}\log|\boldsymbol{\varphi}|+(T-1)\sum_{i=1}^{N}\log|\boldsymbol{B}|-\frac{1}{2\sigma^2}\boldsymbol{e}'\left(\frac{1}{T}\boldsymbol{l}_T\boldsymbol{l}'_T\otimes\boldsymbol{\varphi}^{-1}\right)\boldsymbol{e}-\frac{1}{2\sigma^2}e'\left(\boldsymbol{I}_T-\frac{1}{T}\boldsymbol{l}_T\boldsymbol{l}'_T\otimes\boldsymbol{\varphi}^{-1}\right)\otimes(\boldsymbol{B}'\boldsymbol{B})\boldsymbol{e}\tag{4.2.6}$$

其中，$\boldsymbol{l}_T$ 为元素都是 1 的列向量，$\boldsymbol{\varphi}=T\frac{\sigma_\mu^2}{\sigma^2}(\boldsymbol{B}'\boldsymbol{B})^{-1}$；$\boldsymbol{B}=\boldsymbol{I}_N-\lambda\boldsymbol{W}$；$\boldsymbol{e}=\boldsymbol{Y}-\boldsymbol{X\beta}$，然而正是 φ 的存在使得我们进行参数估计时面临更为复杂的计算过程。Elhorst(2003)提出使用替代的方法，使得 φ 成为空间加权矩阵的 $\boldsymbol{W}$ 特征根的函数，从而简化了空间面板随机效应似然函数的估计，得到 $\boldsymbol{\beta}$，σ，λ 的估计量，其转换后的似然函数如式(4.2.7)所示。

$$\log L=-\frac{T}{2}\log(2\pi\sigma^2)-\frac{1}{2}\sum_{i=1}^{N}\log\left[1+T\frac{\sigma_\mu^2}{\sigma^2}(1-\lambda\tilde{\omega}_i)^2\right]+T\sum_{i=1}^{N}\log(1-\lambda\tilde{\omega}_i)-\frac{1}{2\sigma^2}\tilde{\boldsymbol{e}}'\tilde{\boldsymbol{e}} \tag{4.2.7}$$

其中，$\tilde{\omega}_i$ 是 $\boldsymbol{W}$ 的特征根，$\tilde{\boldsymbol{e}}=\hat{\boldsymbol{Y}}-\hat{\boldsymbol{X}}\boldsymbol{\beta}$。通过式(4.2.7)的一阶最优化条件得到，即 $\hat{\boldsymbol{\beta}}=(\hat{\boldsymbol{X}}'\hat{\boldsymbol{X}})^{-1}\hat{\boldsymbol{X}}'\hat{\boldsymbol{Y}}$，$\sigma^2=(\hat{\boldsymbol{Y}}-\hat{\boldsymbol{X}}\boldsymbol{\beta})'(\hat{\boldsymbol{Y}}-\hat{\boldsymbol{X}}\boldsymbol{\beta})/NT$，将它们代入式(4.2.7)中，得到了关于空间误差效应参数 λ 和的紧凑型的似然函数，如式(4.2.8)所示。

$$\log L=C-\frac{T}{2}\log\left[e\left(\lambda,\frac{\sigma_\mu^2}{\sigma^2}\right)'e\left(\lambda,\frac{\sigma_\mu^2}{\sigma^2}\right)\right]-\frac{1}{2}\sum_{i=1}^{N}\log\left[1+T\frac{\sigma_\mu^2}{\sigma^2}(1-\lambda\tilde{\omega}_i)^2\right]+T\sum_{i=1}^{N}\log(1-\lambda\tilde{\omega}_i) \tag{4.2.8}$$

4.2.3 实例及操作

探讨美国产出水平的影响因素及其空间相关性，以美国各州的产出(GSP)为被解释变量，公共资本、私有资本、就业量和失业率作为解释变量，选取 1970—1974 年 48 个州的面板数据来进行面板空间滞后模型和面板空间误差模型的 Stata 操作演示。在 Command 界面输入如下命令：

```
use "D:\stata16\chap04\例 4.2.3.dta"                /* 打开变量数据库 */
ssc install xsmle                                   /* 安装 xsmle 的相关命令 */
gen lngsp = log(gsp)
gen lnpcap = log(pcap)
gen lnpc = log(pc)
gen lnemp = log(emp)                                /* 对变量数据取对数,缓解异方差的影响 */
spmat use weight1 using http://www.econometrics.it/stata/data/xsmle/usaww.spmat
 /* 指定空间权重矩阵,并命名为 weight1 */
xtset state year
xsmle lngsp lnpcap lnpc lnemp unemp, wmat(weight1) model(sar) fe hausman nolog
xsmle lngsp lnpcap lnpc lnemp unemp, wmat(weight1) model(sar) re hausman nolog
                                                    /* 估计空间滞后模型 */
xsmle lngsp lnpcap lnpc lnemp,emat(weight1) model(sem) fe hausman nolog
xsmle lngsp lnpcap lnpc lnemp,emat(weight1) model(sem) re hausman nolog
                                                    /* 估计空间误差模型 */
```

上述四条命令的含义为以 ln GSP 为被解释变量，ln PCAP、ln PC、ln EMP(unemp)为解释变量模型估计。wmat(weight1)、emat(weight1)表示指定名为 weight1 的空间权

重矩阵；model()表示该估计模型的类型，sar 表示空间滞后模型，sem 表示空间误差模型；fe 和 re 分别表示固定效应和随机效应；nolog 表示不报告迭代过程；hausman 表示进行稳健的 Hausman 检验。

估计结果整理如表 4.2.1 所示。

表 4.2.1 1970—1974 年美国 48 个州产出水平的影响因素的实证分析结果

模型	空间滞后模型		空间误差模型	
—	固定效应	随机效应	固定影响	随机影响
CONSTANT	—	1.658 149*** (0.166 372 5)	—	2.559 538*** (0.147 782 8)
ln PCAP	−0.046 581 5* (0.025 400 1)	0.012 945 4 (0.027 577 6)	−0.010 210 1 (0.023 896 6)	0.022 708 5 (0.022 221 1)
ln PC	0.187 432 3*** (0.023 379 5)	0.225 553 6*** (0.025 119)	0.189 486 8*** (0.022 372 7)	0.220 767 7*** (0.020 891 1)
ln EMP	0.625 090 3*** (0.028 505)	0.670 810 8*** (0.028 859 5)	0.803 722 6*** (0.025 869 6)	0.773 569 4 (0.024 094 7)
unemp	−0.004 481 6*** (0.000 866 6)	−0.005 797 2*** (0.000 938 6)	—	—
ρ	0.276 886*** (0.021 085 1)	0.161 614 4*** (0.029 056 2)	0.569 517 4*** (0.031 534)	0.561 607*** (0.031 853)
R^2	0.954 7	0.979 0	0.988 7	0.990 2
Hausman	3.22 (0.665 9)		9.23* (0.055 7)	

注：括号中为标准差，*** 为 1%显著性水平下显著。

4.3 面板数据空间杜宾模型

4.3.1 模型及估计

1. 无固定效应模型

当 SAR 模型和 SEM 在一定的显著性水平下同时成立时，我们需要进一步考虑面板数据空间杜宾模型，即解释变量的空间滞后项影响被解释变量时，就应该考虑建立空间杜宾模型。使用空间杜宾模型的主要原因在于：①利用普通最小二乘法回归时，其扰动项存在空间相关性，导致回归结果产生偏误；②处理区域样本数据时，存在一些与模型中的解释变量的协方差不为零的解释变量被忽略的情况。实际上，空间杜宾模型是通过加入空间滞后变量而加强了的 SAR 模型，具体构建模型如下：

$$\boldsymbol{y} = \boldsymbol{\alpha} + \rho \boldsymbol{W}\boldsymbol{y} + \boldsymbol{X}\boldsymbol{\beta} + \boldsymbol{W}\bar{\boldsymbol{X}}\boldsymbol{\gamma} + \boldsymbol{\varepsilon} \tag{4.3.1}$$

其中，$\boldsymbol{\alpha}$ 为常数向量，$\bar{\boldsymbol{X}}$ 为 $n\times(Q-1)$ 矩阵，是一个可变的解释变量矩阵，通过转换，式(4.3.1)可以简化为如下的形式：

$$\boldsymbol{y}=(\boldsymbol{I}-\rho \boldsymbol{W})^{-1}(\boldsymbol{\alpha}+\boldsymbol{X}\boldsymbol{\beta}+\boldsymbol{W}\bar{\boldsymbol{X}}\boldsymbol{\gamma}+\boldsymbol{\varepsilon}) \tag{4.3.2}$$

其中，$\boldsymbol{\varepsilon} \sim N(\boldsymbol{0},\sigma^2\boldsymbol{I})$，$\boldsymbol{\gamma}$ 为$(Q-1)\times 1$ 的参数向量，用于度量相邻区域的解释变量对因变量的边际影响。通过定义矩阵 $\boldsymbol{Z}=[\boldsymbol{X},\boldsymbol{W}\bar{\boldsymbol{X}}]$和$\boldsymbol{\delta}=[\boldsymbol{\beta},\boldsymbol{\gamma}]'$，可以将式(4.3.2)改写为 SAR 模型，具体模型如下：

$$\boldsymbol{y}=(\boldsymbol{I}-\rho \boldsymbol{W})^{-1}\boldsymbol{Z}\boldsymbol{\delta}+(\boldsymbol{I}-\rho \boldsymbol{W})^{-1}\boldsymbol{\alpha}+(\boldsymbol{I}-\rho \boldsymbol{W})^{-1}\boldsymbol{\varepsilon} \tag{4.3.3}$$

或者

$$\boldsymbol{y}=\boldsymbol{\alpha}+\rho \boldsymbol{W}\boldsymbol{y}+\boldsymbol{Z}\boldsymbol{\delta}+\boldsymbol{\varepsilon} \tag{4.3.4}$$

另外，空间杜宾模型之所以能够得到广泛的应用，很重要的一个原因是它包含了很多应用广泛的模型，很多模型实际是其简化模型的特殊形式。例如以下几种情况。

(1) 当$\boldsymbol{\gamma}=0$ 时，式(4.3.1)排除了空间滞后解释变量的影响，转化为空间自回归模型，即

$$\boldsymbol{y}=\boldsymbol{\alpha}+\rho \boldsymbol{W}\boldsymbol{y}+\boldsymbol{X}\boldsymbol{\beta}+\boldsymbol{\varepsilon} \tag{4.3.5}$$

(2) 当 $\rho=0$ 时，即假设因变量之间的观测不相关，但因变量与相邻区的特性有关，则该模型变为解释变量的空间滞后模型，即

$$\boldsymbol{y}=\boldsymbol{\alpha}+\boldsymbol{X}\boldsymbol{\beta}+\boldsymbol{W}\bar{\boldsymbol{X}}\boldsymbol{\gamma}+\boldsymbol{\varepsilon} \tag{4.3.6}$$

(3) 当$\boldsymbol{\gamma}=0$，$\rho=0$ 时，该模型转化为标准的最小二乘回归模型，即

$$\boldsymbol{y}=\boldsymbol{\alpha}+\boldsymbol{X}\boldsymbol{\beta}+\boldsymbol{\varepsilon} \tag{4.3.7}$$

最后，值得注意的是，空间杜宾模型(4.3.1)的一般形式可以写为

$$\boldsymbol{y}=\boldsymbol{\alpha}+\rho \boldsymbol{W}_1\boldsymbol{y}+\boldsymbol{X}\boldsymbol{\beta}+\boldsymbol{W}_1\bar{\boldsymbol{X}}\boldsymbol{\gamma}+\boldsymbol{\varepsilon} \tag{4.3.8}$$

$$\boldsymbol{\varepsilon}=\lambda \boldsymbol{W}_2\boldsymbol{\varepsilon}+\boldsymbol{u} \tag{4.3.9}$$

$$\boldsymbol{u} \sim N(\boldsymbol{0},\sigma_u^2\boldsymbol{I}) \tag{4.3.10}$$

式中，空间权重矩阵 $\boldsymbol{W}_1$，$\boldsymbol{W}_2$ 可以一样，也可以不一样，可以根据具体研究需要抉择。详细说明可以参考 Lesage 和 Pace(2009)。

2. 空间固定效应模型

固定效应模型是指实验结果只想比较每个自变项之特定类目或类别间的差异及其与其他自变项之特定类目或类别间交互作用效果，而不想以此推论到同一自变项未包含在内的其他类目或类别的实验设计。空间固定效应模型是一种反映空间面板数据中随个体变化但不随时间变化一类变量的方法。

面板数据空间杜宾固定效应模型可以表示如下：

$$\boldsymbol{y}=\boldsymbol{\alpha}+\boldsymbol{u}_i+\rho \boldsymbol{W}\boldsymbol{y}+\boldsymbol{X}\boldsymbol{\beta}+\boldsymbol{W}\bar{\boldsymbol{X}}\boldsymbol{\gamma}+\boldsymbol{\varepsilon} \tag{4.3.11}$$

其中，$\boldsymbol{\alpha}$ 为常数向量，$\boldsymbol{u}_i$ 为空间固定效应，$\bar{\boldsymbol{X}}$ 为 $n\times(Q-1)$矩阵，是一个可变的解释变量矩阵，通过转换，式(4.3.11)可以简化为如下的形式：

$$\boldsymbol{y}=(\boldsymbol{I}-\rho \boldsymbol{W})^{-1}(\boldsymbol{\alpha}+\boldsymbol{u}_i+\boldsymbol{X}\boldsymbol{\beta}+\boldsymbol{W}\bar{\boldsymbol{X}}\boldsymbol{\gamma}+\boldsymbol{\varepsilon}) \tag{4.3.12}$$

其中，$\boldsymbol{\varepsilon} \sim N(\boldsymbol{0},\sigma^2\boldsymbol{I})$，$\boldsymbol{\gamma}$ 为$(Q-1)\times 1$ 的参数向量，用于度量相邻区域的解释变量对因变量的边际影响。通过定义矩阵 $\boldsymbol{Z}=[\boldsymbol{X},\boldsymbol{W}\bar{\boldsymbol{X}}]$和$\boldsymbol{\delta}=[\boldsymbol{\beta}',\boldsymbol{\gamma}']'$，可以将式(4.3.12)改写为空间固定效应 SAR 模型，具体模型如下：

$$y = (I - \rho W)^{-1} Z\delta + (I - \rho W)^{-1}\alpha + (I - \rho W)^{-1} u_i + (I - \rho W)^{-1}\varepsilon \tag{4.3.13}$$

或者

$$y = \alpha + u_i + \rho W y + Z\delta + \varepsilon \tag{4.3.14}$$

同样，对于式(4.3.11)也包含了不同空间固定效应模型。

(1) 当$\gamma = 0$时，式(4.3.11)排除了空间滞后解释变量的影响，转化为空间固定效应自回归模型，即

$$y = \alpha + u_i + \rho W y + X\beta + \varepsilon \tag{4.3.15}$$

(2) 当$\rho = 0$时，即假设因变量之间的观测不相关，但因变量与相邻区的特性有关，则该模型变为解释变量的空间固定效应滞后模型，即

$$y = \alpha + u_i + X\beta + W\bar{X}\gamma + \varepsilon \tag{4.3.16}$$

(3) 当$\gamma = 0, \rho = 0$时，该模型转化为标准的面板数据个体固定效应模型，即

$$y = \alpha + u_i + X\beta + \varepsilon \tag{4.3.17}$$

最后，值得注意的是，空间杜宾模型(4.3.11)的一般形式可以写为

$$y = \alpha + u_i + \rho W_1 y + X\beta + W_1 \bar{X}\gamma + \varepsilon \tag{4.3.18}$$

$$\varepsilon = \lambda W_2 \varepsilon + u \tag{4.3.19}$$

$$u \sim N(0, \sigma_u^2 I) \tag{4.3.20}$$

式中，空间权重矩阵W_1，W_2可以一样，也可以不一样，可以根据具体研究需要抉择。

3. 时点固定效应模型

与空间固定效应模型对应的是时点固定效应模型，是反映空间面板数据中不随个体变化但随时间变化一类变量的方法。

面板数据时点杜宾固定效应模型可以表示如下：

$$y = \alpha + \lambda_t + \rho W y + X\beta + W\bar{X}\gamma + \varepsilon \tag{4.3.21}$$

其中，α为常数向量，λ_t为时点固定效应，$\bar{X}$为$n \times (Q-1)$矩阵，是一个可变的解释变量矩阵，通过转换，式(4.3.21)可以简化为如下的形式：

$$y = (I - \rho W)^{-1}(\alpha + \lambda_t + X\beta + W\bar{X}\gamma + \varepsilon) \tag{4.3.22}$$

其中，$\varepsilon \sim N(0, \sigma^2 I)$，$\gamma$为$(Q-1)\times 1$的参数向量，用于度量相邻区域的解释变量对因变量的边际影响。通过定义矩阵$Z = [X, W\bar{X}]$和$\delta = [\beta', \gamma']'$，可以将式(4.3.22)改写为时点固定效应 SAR 模型，具体模型如下：

$$y = (I - \rho W)^{-1} Z\delta + (I - \rho W)^{-1}\alpha + (I - \rho W)^{-1}\lambda_t + (I - \rho W)^{-1}\varepsilon \tag{4.3.23}$$

或者

$$y = \alpha + \lambda_t + \rho W y + Z\delta + \varepsilon \tag{4.3.24}$$

同样，式(4.3.21)也包含了不同时点固定效应模型。

(1) 当$\gamma = 0$时，式(4.3.21)排除了空间滞后解释变量的影响，转化为时点固定效应自回归模型，即

$$y = \alpha + \lambda_t + \rho W y + X\beta + \varepsilon \tag{4.3.25}$$

(2) 当$\rho = 0$时，即假设因变量之间的观测不相关，但因变量与相邻区的特性有关，则

该模型变为解释变量的时点固定效应滞后模型，即

$$\boldsymbol{y}=\boldsymbol{\alpha}+\boldsymbol{\lambda}_t+\boldsymbol{X\beta}+\boldsymbol{W\bar{X}\gamma}+\boldsymbol{\varepsilon} \tag{4.3.26}$$

（3）当$\boldsymbol{\gamma}=0,\rho=0$时，该模型转化为标准的面板数据时点固定效应模型，即

$$\boldsymbol{y}=\boldsymbol{\alpha}+\boldsymbol{\lambda}_t+\boldsymbol{X\beta}+\boldsymbol{\varepsilon} \tag{4.3.27}$$

最后，值得注意的是，空间杜宾模型(4.3.21)的一般形式可以写为

$$\boldsymbol{y}=\boldsymbol{\alpha}+\boldsymbol{\lambda}_t+\rho\boldsymbol{W}_1\boldsymbol{y}+\boldsymbol{X\beta}+\boldsymbol{W}_1\boldsymbol{\bar{X}\gamma}+\boldsymbol{\varepsilon} \tag{4.3.28}$$

$$\boldsymbol{\varepsilon}=\lambda\boldsymbol{W}_2\boldsymbol{\varepsilon}+\boldsymbol{u} \tag{4.3.29}$$

$$\boldsymbol{u}\sim\boldsymbol{N}(\boldsymbol{0},\sigma_u^2\boldsymbol{I}) \tag{4.3.30}$$

式中，空间权重矩阵$\boldsymbol{W}_1,\boldsymbol{W}_2$可以一样，也可以不一样，可以根据具体研究需要抉择。

4. 双固定效应模型

双固定效应模型，即同时考虑空间固定效应和时点固定效应，反映空间面板数据中既随个体变化，又随时间变化一类变量的方法。

面板数据双固定效应杜宾模型可以表示如下：

$$\boldsymbol{y}=\boldsymbol{\alpha}+\boldsymbol{u}_i+\boldsymbol{\lambda}_t+\rho\boldsymbol{Wy}+\boldsymbol{X\beta}+\boldsymbol{W\bar{X}\gamma}+\boldsymbol{\varepsilon} \tag{4.3.31}$$

其中，$\boldsymbol{\alpha}$为常数向量，$\boldsymbol{u}_i$为空间固定效应，$\boldsymbol{\lambda}_t$为时点固定效应，$\boldsymbol{\bar{X}}$为$n\times(Q-1)$矩阵，是一个可变的解释变量矩阵，通过转换，式(4.3.31)可以简化为如下的形式：

$$\boldsymbol{y}=(\boldsymbol{I}-\rho\boldsymbol{W})^{-1}(\boldsymbol{\alpha}+\boldsymbol{u}_i+\boldsymbol{\lambda}_t+\boldsymbol{X\beta}+\boldsymbol{W\bar{X}\gamma}+\boldsymbol{\varepsilon}) \tag{4.3.32}$$

其中，$\boldsymbol{\varepsilon}\sim\boldsymbol{N}(\boldsymbol{0},\sigma^2\boldsymbol{I})$，$\boldsymbol{\gamma}$为$(Q-1)\times1$的参数向量，用于度量相邻区域的解释变量对因变量的边际影响。通过定义矩阵$\boldsymbol{Z}=[\boldsymbol{X},\boldsymbol{W\bar{X}}]$和$\boldsymbol{\delta}=[\boldsymbol{\beta}',\boldsymbol{\gamma}']'$，可以将式(4.3.32)改写为双固定效应 SAR 模型，具体模型如下：

$$\boldsymbol{y}=(\boldsymbol{I}-\rho\boldsymbol{W})^{-1}\boldsymbol{Z\delta}+(\boldsymbol{I}-\rho\boldsymbol{W})^{-1}\boldsymbol{\alpha}+(\boldsymbol{I}-\rho\boldsymbol{W})^{-1}(\boldsymbol{u}_i+\boldsymbol{\lambda})+(\boldsymbol{I}-\rho\boldsymbol{W})^{-1}\boldsymbol{\varepsilon} \tag{4.3.33}$$

或者

$$\boldsymbol{y}=\boldsymbol{\alpha}+\boldsymbol{u}_i+\boldsymbol{\lambda}_t+\rho\boldsymbol{Wy}+\boldsymbol{Z\delta}+\boldsymbol{\varepsilon} \tag{4.3.34}$$

同样，式(4.3.31)也包含了不同双固定效应模型。

（1）当$\boldsymbol{\gamma}=0$时，式(4.3.31)排除了空间滞后解释变量的影响，转化为双固定效应自回归模型，即

$$\boldsymbol{y}=\boldsymbol{\alpha}+\boldsymbol{u}_i+\boldsymbol{\lambda}_t+\rho\boldsymbol{Wy}+\boldsymbol{X\beta}+\boldsymbol{\varepsilon} \tag{4.3.35}$$

（2）当$\rho=0$时，即假设因变量之间的观测不相关，但因变量与相邻区的特性有关，则该模型变为解释变量的双固定效应滞后模型，即

$$\boldsymbol{y}=\boldsymbol{\alpha}+\boldsymbol{u}_i+\boldsymbol{\lambda}_t+\boldsymbol{X\beta}+\boldsymbol{W\bar{X}\gamma}+\boldsymbol{\varepsilon} \tag{4.3.36}$$

（3）当$\boldsymbol{\gamma}=0,\rho=0$时，该模型转化为标准的面板数据双固定效应模型，即

$$\boldsymbol{y}=\boldsymbol{\alpha}+\boldsymbol{u}_i+\boldsymbol{\lambda}_t+\boldsymbol{X\beta}+\boldsymbol{\varepsilon} \tag{4.3.37}$$

最后，值得注意的是，空间杜宾模型(4.3.31)的一般形式可以写为

$$\boldsymbol{y}=\boldsymbol{\alpha}+\boldsymbol{u}_i+\boldsymbol{\lambda}_t+\rho\boldsymbol{W}_1\boldsymbol{y}+\boldsymbol{X\beta}+\boldsymbol{W}_1\boldsymbol{\bar{X}\gamma}+\boldsymbol{\varepsilon} \tag{4.3.38}$$

$$\boldsymbol{\varepsilon}=\lambda\boldsymbol{W}_2\boldsymbol{\varepsilon}+\boldsymbol{u} \tag{4.3.39}$$

$$\boldsymbol{u} \sim N(\boldsymbol{0}, \sigma_u^2 \boldsymbol{I}) \qquad (4.3.40)$$

式中，空间权重矩阵 $\boldsymbol{W}_1$，$\boldsymbol{W}_2$ 可以一样，也可以不一样，可以根据具体研究需要抉择。

4.3.2 实例及操作[①]

以下将使用中国各省的面板数据进行模型估计操作。根据相关研究，为了节省篇幅，我们不加详细追究其经济含义，仅展示如何进行估计。为研究大气污染排放与经济收入的关系，设定以下基础计量检验方程：

$$\ln y_{it} = a_0 + a_1 \ln c_{it} + a_2 \ln(\phi_{it} + 1) + a_3 \ln p_{it} + a_4 \ln r_{it} + \mu_{it}$$

其中，i 表示省份，t 表示年份，y_{it} 为人均产出，c_{it} 为人均消费，ϕ_{it} 为大气污染治理投资占 GDP 的比例，p_{it} 为大气污染排放量，r_{it} 为利率，μ_{it} 为模型残差项。

根据数据的可得性，模型变量、代理变量的选取与经济含义及其相关信息如表 4.3.1 所示。

表 4.3.1 模型变量的选取

变量	变量符号	样本个数	代理变量
人均产出	y_{it}	31×16	人均 GDP
人均消费	c_{it}	31×16	人均消费
污染治理投资	ϕ_{it}	31×16	大气污染治理投资占 GDP 比重
大气污染排放量	p_{it}	31×16	工业废气排放量
利率	r_{it}	31×16	短期同业拆借利率

经过面板单位根检验，y_{it} 表示人均产出，c_{it} 表示人均消费，ϕ_{it} 表示大气污染治理投资占 GDP 的比例（为了便于分析，将其加 1 后去对数，但并不改变其趋势，以免负值不可取对数，而不变分析），p_{it} 表示大气污染排放量，均为对数化后平稳，r_{it} 利率为原序列平稳。同时，根据面板协整检验，存在协整关系。此外，由于大气污染的自然属性，空间效应是不容忽视的。因此，我们采用 Stata 软件进行空间计量分析。具体操作步骤如下。

在 Command 界面输入如下命令：

```
findit spatwmat                          /* 安装 spatwmat 的相关命令 */
ssc install xsmle                        /* 安装 xsmle 的相关命令 */
cd D:\stata16\shuju\chap04               /* 指定默认路径 */
use weight2.dta                          /* 打开空间权重矩阵 */
```

文件 weight2 是采用邻接方式构建的空间权重 0-1 矩阵，也就是将相邻两个地区的权重设置为 0，不相邻的则设置为 1。

```
spatwmat using weight2, name(w) standardize    /* 将空间权重矩阵命名为 w */
use 例 4.3.2.dta, clear                         /* 打开变量数据库 */
rename 时期 year
```

① 数据均来源 Wind 数据库，台湾、海南、澳门、香港等地缺失数据。

```
xtset n year                                          /* 定义横截面观测值变量和时间序列观测值
                                                         变量,生成面板序列 */
xsmle lny lnc lno lnp lnr , wmat(w) model(sdm) fe type(ind) nolog noeffects
xsmle lny lnc lno lnp lnr , wmat(w) model(sdm) fe type(time) nolog noeffects
xsmle lny lnc lno lnp lnr , wmat(w) model(sdm) fe type(both) nolog noeffects
```

上述命令的含义为估计面板空间杜宾模型。其中,wmat()表示指定空间权重矩阵;model()表示指定模型类型,空间杜宾模型为 sdm;fe 表示固定效应;type()表示指定固定效应的类型,其中,ind 为空间固定效应,time 为时间固定效应,both 为空间和时间固定(双固定)效应;nolog 表示不显示迭代过程;noeffects 表示不计算直接效用、间接效应和总效应。

整理回归结果如表 4.3.2 所示。

表 4.3.2　空间杜宾模型回归结果

变量名称	空间固定效应模型	时间固定效应模型	空间和时间固定效应模型
CONSTANT	—	—	—
	—	—	—
ln$c$	0.826 729 6***	1.119 298***	0.827 337 8***
	(0.045 679 3)	(0.017 150 4)	(0.048 108 8)
ln(ϕ +1)	0.045 845	−0.155 537 8*	−0.018 119 1
	(0.070 205 2)	(0.092 011 1)	(0.075 129 2)
ln$p$	0.107 901 4***	0.045 975 5***	0.090 986 8***
	(0.014 441)	(6.976 544 878)	(0.016 503 8)
ln$r$	−0.000 553	—	—
	—	—	—
W×ln$c$	−0.254 190 4**	1.681 955***	0.983 691 3
	(0.117 731 7)	(0.427 814 9)	(0.652 148 5)
W×ln(ϕ +1)	0.005 467 5	1.528 505	−0.919 137
	(0.164 565 6)	(0.982 357 8)	(0.838 045 6)
W×ln$p$	0.097 183	−0.214 41***	0.014 481 8
	(0.065 097 9)	(0.056 767 6)	(0.179 819 2)
W×ln$r$	0.087 488 2*	574 319.2***	−129 721 0
	(0.047 910 6)	(191 051.1)	(1 952 134)
R^2	0.951 3	0.052 5	0.052 5
log$L$	579.175 8	356.434 1	601.312 8
Spatial ρ	0.309 403 3***	−0.936 817 1***	−1.070 468***
	(0.118 181 3)	(0.310 832 9)	(0.303 147 5)

注:括号中为标准误,*** 为 1%显著性水平下显著。

由表 4.3.2 可以看到,存在显著的空间项,此时,如果用一般的面板数据模型是不合适的。

4.4 空间变系数回归模型

4.4.1 地理加权回归估计方法

地理加权法是对传统标准回归模型的扩展，考察局域异质性特征而非全域固定系数。基于“邻近的事物比较远的事物更加相像”的原理，GWR（地理加权回归）与传统 OLS 估计固定参数不同的是，在估计中增加了按照邻近原则进行加权方式计算局部的权重指数 W_{ij}，利用 W_{ij} 对估计参数进行校正的加权最小二乘的估计方法即体现了 GWR，具体式子如下：

$$y_i = \beta_0(u_i, v_i) + \sum_{k=1}^{p} \beta_k(u_i, v_i) X_{ki} + \varepsilon_i \tag{4.4.1}$$

利用地理权重矩阵，使式(4.4.2)最小化，即可得到固定的参数估计值。而体现局部异质性特征的 GWR 估计方法，能对局域的 $\hat{\beta}_k(u_i, v_i)$ 进行分别估计。给定 j，最小化。

$$\sum_{i=1}^{n} W_{ij}(y_i - \hat{\beta}_0(u_i, v_i) - \sum_{k=1}^{p} \hat{\beta}_k(u_i, v_i) X_{ki})^2 \tag{4.4.2}$$

其中，$\boldsymbol{X} = \begin{bmatrix} X_{11} & X_{12} \cdots & X_{1k} \\ X_{21} & X_{22} & X_{2k} \\ \vdots & \vdots & \vdots \\ X_{n1} & X_{n2} \cdots & X_{nk} \end{bmatrix}$，$\boldsymbol{Y} = \begin{bmatrix} y_1 \\ y_2 \\ \vdots \\ y_n \end{bmatrix}$，$\boldsymbol{\beta}(u_i, v_i) = \begin{bmatrix} \beta_0(u_i, v_i) \\ \vdots \\ \beta_k(u_i, v_i) \end{bmatrix}$

则 $\hat{\boldsymbol{\beta}}(u_i, v_i) = [\boldsymbol{X}^{\mathrm{T}} \boldsymbol{W}_i \boldsymbol{X}]^{-1} \boldsymbol{X}^{\mathrm{T}} \boldsymbol{W}_i \boldsymbol{Y}$。其中 $\boldsymbol{W}_i$ 为对角矩阵，对角元素为局域的地理加权权重指数，反映了第 i 组观测值参数的重要性。一般可以用三种常见方式计算地理权重，分别为指数距离权值 $\left[W_{ij} = \exp\left(-\frac{d_{ij}}{h}\right)\right]$、高斯距离权值 $[W_{ij} = \mathrm{e}^{-(d_{ij}/h)^2}]$ 和三次方距离权值 $\left[W_{ij} = \left(1 - \left(\frac{h}{d_{ij}}\right)^3\right)^3\right]$。其中 d_{ij} 为第 i 个区域和 j 区域间的欧几里得距离，h 为窗宽，一般情况下当距离增加，W_{ij} 权重减少，即距离越近权值越大，距离越远权值越小。窗宽 h 一般用交叉确认(cross-validation)法确定，令式子 $\mathrm{CV} = \sum_{i=1}^{n} [y_i - \hat{y}_i(h)]^2$ 最小化即可计算 h，其中 $\hat{y}_i(h)$ 用 h 计算的拟合值表示。

4.4.2 空间变系数的地理加权回归模型

空间模型兼具了空间滞后项和自变量的变系数特征的模型，即为空间变系数地理加权回归模型，一般表达式为

$$y_i = \rho \sum_j W_{ij} y_j + \sum_{k=1}^{p} \boldsymbol{\beta}(u_i, v_i) \boldsymbol{X}_{ki} + \varepsilon_i \tag{4.4.3}$$

其中，$\boldsymbol{WY}$ 的第 i 个元素为 $\sum_j W_{ij} y_j$，$\boldsymbol{M} = [\boldsymbol{X}'_1 \boldsymbol{\beta}(u_i, v_i), \boldsymbol{X}'_2 \boldsymbol{\beta}(u_i, v_i), \cdots, \boldsymbol{X}'_n \boldsymbol{\beta}(u_i, v_i)]$，系

数 ρ 是稳定不变的，而自变量的系数$\boldsymbol{\beta}(u_i,v_i)=[\beta_0(u_i,v_i),\beta_1(u_i,v_i),\cdots,\beta_k(u_i,v_i)]$是变动的。则原方程可简化为

$$\boldsymbol{Y}=\rho\boldsymbol{WY}+\boldsymbol{M}+\boldsymbol{\varepsilon} \tag{4.4.4}$$

对于方程估计的具体内容可以参考叶阿忠《空间计量经济学》(2015)，其中有局部似然估计方法和两步估计方法，具体如下。

1. 局部似然估计方法

将式(4.4.4)变成$(I-\rho\boldsymbol{W})\boldsymbol{Y}-\boldsymbol{M}=\boldsymbol{\varepsilon}$，似然函数可记为

$$L(\boldsymbol{Y}/\boldsymbol{\beta}(.),\rho,\sigma^2)=-\frac{n}{2}\ln(2\pi\sigma^2)-\frac{1}{2\sigma^2}(\boldsymbol{Y}-\rho\boldsymbol{WY}-\boldsymbol{M})^{\mathrm{T}}(\boldsymbol{Y}-\rho\boldsymbol{WY}-\boldsymbol{M})+\ln|\boldsymbol{I}_n-\rho\boldsymbol{W}| \tag{4.4.5}$$

变系数$\boldsymbol{\beta}(u_i,v_i)$对应的似然函数为

$$L(\boldsymbol{\beta}(u_i,v_i))=-\frac{1}{2\sigma^2}(\boldsymbol{Y}-\rho\boldsymbol{WY}-\boldsymbol{M})'\boldsymbol{W}_i(u_i,v_i)(\boldsymbol{Y}-\rho\boldsymbol{WY}-\boldsymbol{M})-\frac{n}{2}\ln(2\pi\sigma^2)+\ln|\boldsymbol{I}_n-\rho\boldsymbol{W}| \tag{4.4.6}$$

则由$\dfrac{\partial L(\boldsymbol{\beta}(u_i,v_i))}{\partial\boldsymbol{\beta}(u_i,v_i)}=0$ 得出$\hat{\boldsymbol{\beta}}(u_i,v_i)=(\boldsymbol{X}^{\mathrm{T}}\boldsymbol{W}_i\boldsymbol{X})^{-1}\boldsymbol{X}^{T}\boldsymbol{W}_i(\boldsymbol{Y}-\rho\boldsymbol{WY})$，以此 $\boldsymbol{M}$ 的估计值为

$$\widehat{\boldsymbol{M}}=\boldsymbol{S}(\boldsymbol{Y}-\rho\boldsymbol{WY})\text{，其中 }\boldsymbol{S}=\begin{bmatrix}\boldsymbol{X}_1^{\mathrm{T}}(\boldsymbol{X}^{\mathrm{T}}\boldsymbol{W}_1(u_1,v_1)\boldsymbol{X})^{-1}\boldsymbol{X}^{\mathrm{T}}\boldsymbol{W}_1(u_1,v_1)\\ \vdots \\ \boldsymbol{X}_n^{T}(\boldsymbol{X}^{\mathrm{T}}\boldsymbol{W}_n(u_n,v_n)\boldsymbol{X})^{-1}\boldsymbol{X}^{\mathrm{T}}\boldsymbol{W}_n(u_n,v_n)\end{bmatrix}$$

将估计值代入似然函数(4.4.6)中整理可得

$$\begin{aligned}L(\boldsymbol{\beta}(u_0,v_0))&=-\frac{1}{2\sigma^2}((\boldsymbol{I}_n-\boldsymbol{S})\boldsymbol{Y}-\rho(\boldsymbol{I}_n-\boldsymbol{S})\boldsymbol{WY})'(\boldsymbol{I}_n-\boldsymbol{S})\boldsymbol{Y}-\rho(\boldsymbol{I}_n-\boldsymbol{S})\boldsymbol{WY})-\\&\quad\frac{n}{2}\ln(2\pi\sigma^2)+\ln|\boldsymbol{I}_n-\rho\boldsymbol{W}|\\&=-\frac{1}{2\sigma^2}(\boldsymbol{e}-\rho\boldsymbol{e}_L)^{\mathrm{T}}(\boldsymbol{e}-\rho\boldsymbol{e}_L)-\frac{n}{2}\ln(2\pi\sigma^2)+\ln|\boldsymbol{I}_n-\rho\boldsymbol{W}|\end{aligned} \tag{4.4.7}$$

其中，$\boldsymbol{e}=\boldsymbol{Y}-\boldsymbol{SY}$ 是地理加权拟合 $\boldsymbol{Y}=\boldsymbol{M}+\varepsilon$ 所得残差，$\boldsymbol{e}_L=\boldsymbol{WY}-\boldsymbol{SWY}$ 则是模型 $\boldsymbol{Y}_L=\boldsymbol{WY}=\boldsymbol{M}+\boldsymbol{\varepsilon}$ 的拟合残差，最小化似然函数，计算出 $\hat{\sigma}^2=\dfrac{(\boldsymbol{e}-\rho\boldsymbol{e}_L)^{\mathrm{T}}(\boldsymbol{e}-\rho\boldsymbol{e}_L)}{n}$。将其代入式(4.4.7)，得到只有未知参数 ρ 的似然函数：

$$\boldsymbol{L}(\boldsymbol{Y}/\rho)=C-\frac{n}{2}\ln(\boldsymbol{e}-\rho\boldsymbol{e}_L)^{\mathrm{T}}(\boldsymbol{e}-\rho\boldsymbol{e}_L)+\ln|\boldsymbol{I}_n-\rho\boldsymbol{W}|$$

利用优化算法将其极大化可得到 ρ 的估计。于是利用所求的参数值最终估计出变系数 $\hat{\boldsymbol{\beta}}(u_i,v_i)=[\boldsymbol{X}^{\mathrm{T}}\boldsymbol{W}_i(u_i,v_i)\boldsymbol{X}]^{-1}\boldsymbol{X}^{\mathrm{T}}\boldsymbol{W}_i(u_i,v_i)(\boldsymbol{Y}-\hat{\rho}\boldsymbol{WY})$和 $\hat{\sigma}^2$ 的估计值。

2. 两步估计法

对原方程，假定 ρ 给定，将模型转化 $\boldsymbol{Y}^* = \boldsymbol{M} + \boldsymbol{\varepsilon}$，其中 $\boldsymbol{Y}^* = \boldsymbol{Y} - \rho\boldsymbol{WY}$，利用局部加权估计方法可得 $\widehat{\boldsymbol{M}} = \boldsymbol{S}(\boldsymbol{Y} - \rho\boldsymbol{WY})$，将 $\boldsymbol{M}$ 代入模型中，整理可得

$$(\boldsymbol{I}_n - \boldsymbol{S})\boldsymbol{Y} = \rho(\boldsymbol{I}_n - \boldsymbol{S})\boldsymbol{WY} + \boldsymbol{\varepsilon} \tag{4.4.8}$$

根据上式求得 ρ 的最小二乘估计值为

$$\hat{\rho} = [\boldsymbol{Y}'\boldsymbol{W}'(\boldsymbol{I}_n - \boldsymbol{S})'(\boldsymbol{I}_n - \boldsymbol{S})\boldsymbol{WY}]^{-1}\boldsymbol{Y}'\boldsymbol{W}'(\boldsymbol{I}_n - \boldsymbol{S})'(\boldsymbol{I}_n - \boldsymbol{S})\boldsymbol{Y}$$

原模型的似然函数为

$$\begin{aligned} \boldsymbol{L}_k(\boldsymbol{Y}/\rho, \sigma^2) = & -\frac{1}{2\sigma^2}[(\boldsymbol{I}_n - \boldsymbol{S})\boldsymbol{Y} - \rho(\boldsymbol{I}_n - \boldsymbol{S})\boldsymbol{WY}]'[(\boldsymbol{I}_n - \boldsymbol{S})\boldsymbol{Y} - \rho(\boldsymbol{I}_n - \boldsymbol{S})\boldsymbol{WY}] - \\ & \frac{n}{2}\ln(2\pi\sigma^2) + \ln|(\boldsymbol{I}_n - \boldsymbol{S})(\boldsymbol{I}_n - \rho\boldsymbol{W})| = -\frac{1}{2\sigma^2}(\boldsymbol{e} - \rho\boldsymbol{e}_L)^{\mathrm{T}}(\boldsymbol{e} - \rho\boldsymbol{e}_L) - \\ & \frac{n}{2}\ln(2\pi\sigma^2) + \ln|\boldsymbol{I}_n - \rho\boldsymbol{W}| + \ln|\boldsymbol{I}_n - \boldsymbol{S}| \end{aligned} \tag{4.4.9}$$

此似然函数 $L_k(\boldsymbol{Y}/\rho, \sigma^2)$ 和通过局部似然函数得到的 $L(\boldsymbol{Y}/\rho, \sigma^2)$ 就差一个常数，其结果与局部线性估计法是一致的。

4.4.3 实例及操作

1. 模型构建

实例考察了对金融发展产生影响的介质因子的局部差异性，区别于传统全局均等估计方法，以 GWR 方法为基础构建的变系数模型能够将介质因子的异质性效应刻画出来。以人均受教育年限、技术创新、FDI（国际直接投资）和进口贸易为影响因子，构建 GWR 空间变系数模型以探讨 FDI 对金融发展的非均质影响：

$$\begin{aligned} (\ln \text{finance})_i = & \beta_c(u_i, v_i) + \sum_{j=1,k} \beta_1(u_i, v_i)(\ln \text{fdi})_{ij} + \sum_{j=1,k} \beta_2(u_i, v_i)(\ln \text{import})_{ij} + \\ & \sum_{j=1,k} \beta_3(u_i, v_i)(\ln \text{tech})_{ij} + \sum_{j=1,k} \beta_4(u_i, v_i)(\text{edu})_{ij} + \varepsilon_i \end{aligned}$$

为考虑自变量影响的差异性，以考察局部异质性为主赋以变系数方式估计。所有数据来源 Wind、中国统计年鉴，利用 GWR4.0 得出结果。其具体操作如下。

Step 1：Data 中 Title text 设置文件名为 finance3

File path 选择数据路径 C：\Users\Think\Desktop\写书\第 4 章\4.4 空间变系数回归模型\finance3.csv

Delimiter 选择 Comma 格式，单击 Open 按钮

如图 4.4.1 所示。

Step 2：Model 中 Dependent variables 选择 001 finance

Independent variables Local(L)选择 fdi、import、innovation、talent

X coordinate 选择 005 x

Y coordinate 选择 006 y

单击 Spherical 按钮

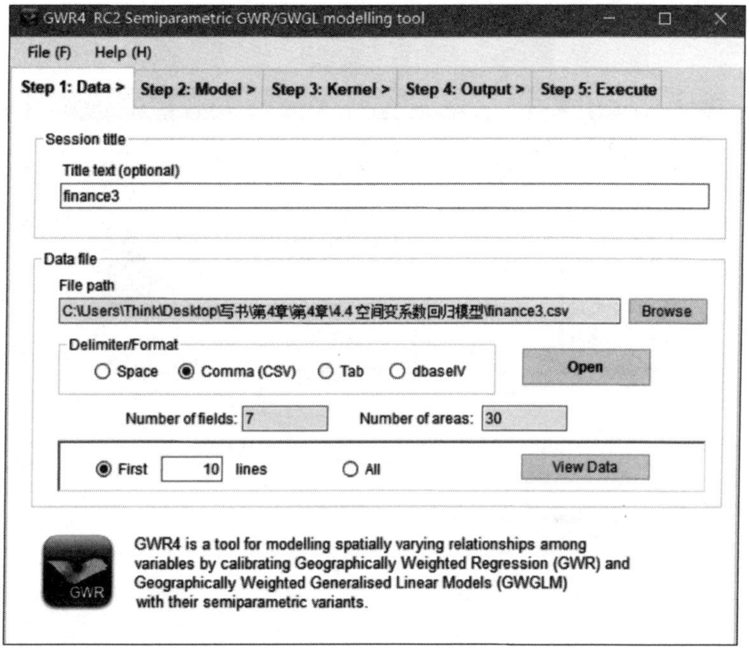

图 4.4.1　Step 1：Data

如图 4.4.2 所示。

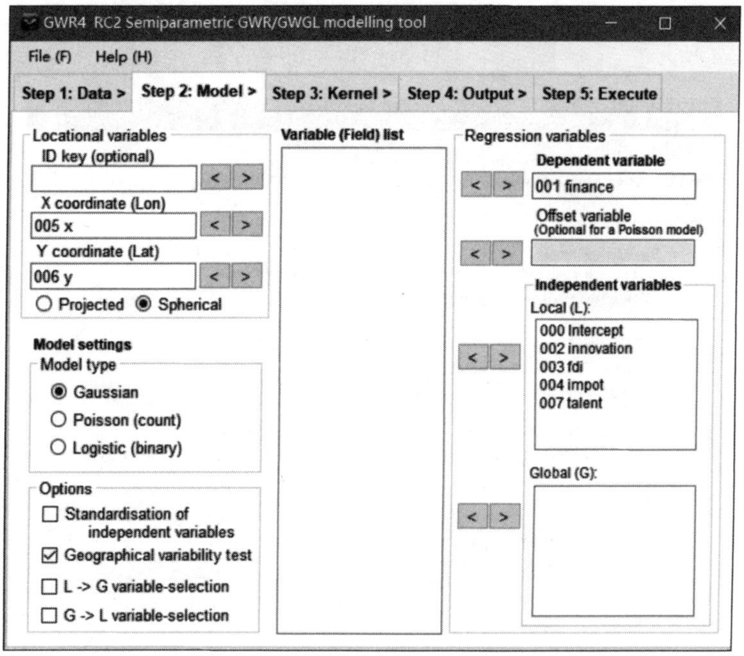

图 4.4.2　Step 2：Model

Step 3：Kernel 中不动，为默认缺省值如图 4.4.3 所示。

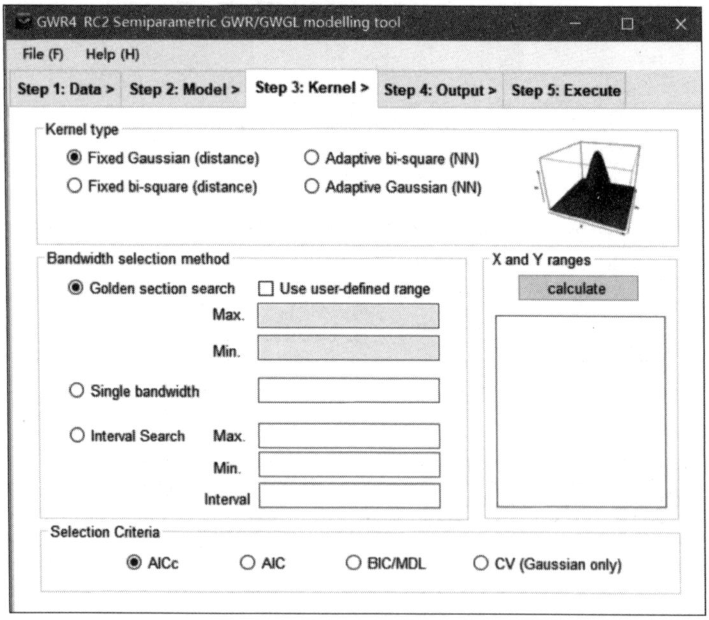

图 4.4.3 Step 3：Kernel

Step 4：Output 中单击 Browse 按钮选择 Session control file 的位置如图 4.4.4 所示。

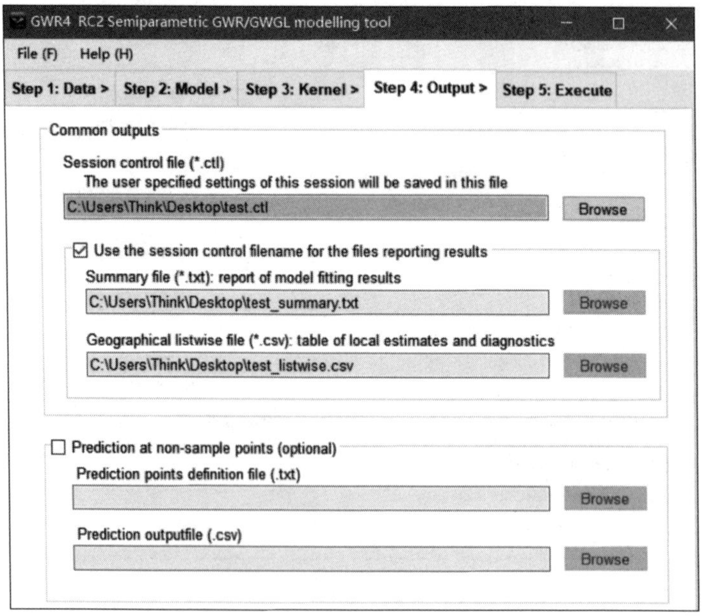

图 4.4.4 Step 4：Output

Step 5：Execute 单击 Execute this session，获得运行结果如图 4.4.5 所示。

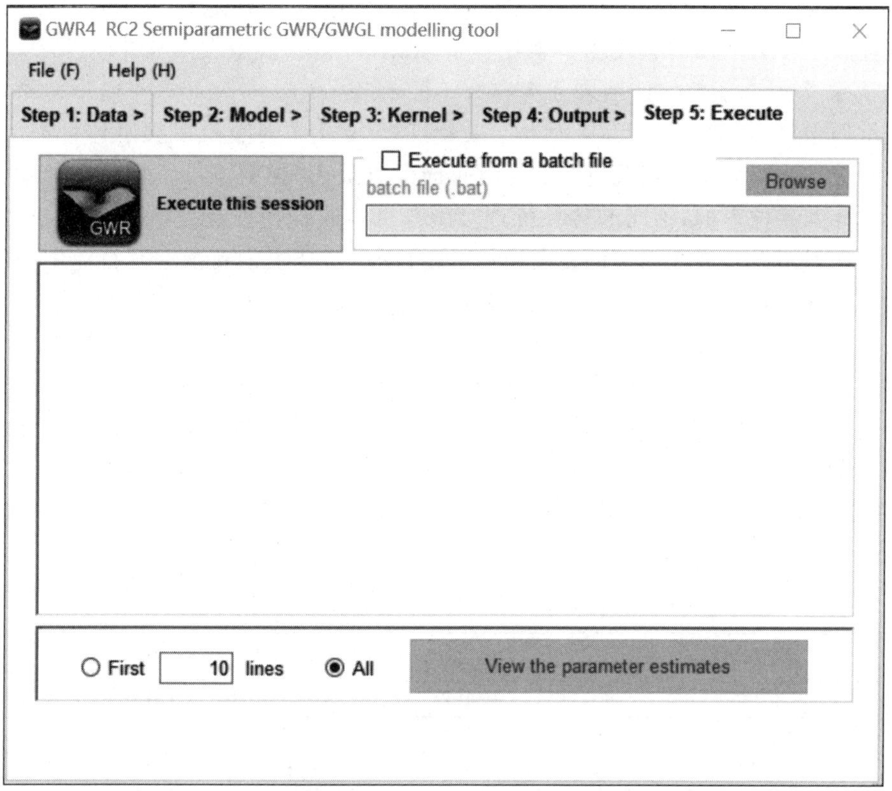

图 4.4.5　Step 5：Execute

2. 结果分析

1）地理变动性检验和模型有效性检验

对变系数自变量进行地理变动性检验，验证模型中的变系数自变量假设是否合理，对理论假设进行验证。如表 4.4.1 所示。

表 4.4.1　地理变动性检验

变量	F	DOF	F 检验	DIFF 标准
Intercept	23.779	0.269	22.143	−6.482
Innovation	−702.752	−0.220	22.143	−63.275
fdi	13.609	0.538	22.143	−6.322
import	92.712	0.360	22.143	−26.075
talent	11.153	0.732	22.143	−6.389

当 DIFF 标准为正值时，意味着拒绝模型变系数项的假设前提，应该将其设置为探讨全局效应的固定系数模式；反之，意味着通过了变系数假设检验，认为变量的影响存在区

域差异性效应。检验结果中截距项和自变量项等 DIFF of Criterion 均为负数，意味着人力资本、技术创新、FDI 和进口贸易对金融发展的影响具有区域差异性。从模型的 AICc（赤池信息标准）可知，原全局模型的 AICc(5.583)大于变系数模型(1.700 0)，可见变系数模型提高了参数估计的有效性，GWR 模型可以用于探讨金融发展与外商投资关系。

2）各省市的变系数估计结果分析

从结果中可知：①纵向上，从因素上来看，FDI 变化率对金融发展总体呈抑制作用，进口贸易变动率对金融发展既有抑制也有正向促进效用，说明进口贸易对金融发展的影响受其他介质条件影响，不同的传导机理对影响机制的路径表现是不一致的；技术创新和人力资本对金融发展起积极的正向作用，人力资本与技术创新永远是行业发展的重要影响因素。从区域分布来看，东部和北部地区各个因素对金融发展的影响更为突出，东北部地区的 FDI、进口贸易、技术创新及人力资本对金融发展的影响较为明显，源于东北部地区沿海城市和平原地区金融发展的软硬件环境较西部地区更为完善与富饶，介质影响传导机制更为灵敏，因此表现出较大的结果。②横向上，人力资本即人才储备对于金融发展的影响最为突兀，其次是外商直接投资，其中影响最小的是进口贸易，可见社会发展的技术、人才以及外来投资都是影响金融发展的重要因素。GWR 变系数估计结果如表 4.4.2 所示。

表 4.4.2 GWR 变系数估计结果

	省区市名	截　距	技术创新	对外直接投资	进口贸易	人力资本
东部	北京	2.804	0.192	−0.242	−0.016	0.279
	天津	2.776	0.199	−0.243	−0.020	0.286
	河北	2.894	0.165	−0.234	0.002	0.257
	辽宁	2.456	0.294	−0.258	−0.085	0.350
	上海	2.676	0.221	−0.247	−0.034	0.302
	江苏	2.770	0.191	−0.242	−0.015	0.282
	浙江	2.737	0.200	−0.244	−0.020	0.288
	福建	2.811	0.171	−0.237	−0.001	0.270
	山东	2.801	0.188	−0.241	−0.013	0.278
	广东	3.041	0.112	−0.215	0.033	0.215
	海南	3.199	0.089	−0.198	0.043	0.180
中部	山西	2.979	0.146	−0.226	0.014	0.236
	吉林	2.333	0.326	−0.262	−0.108	0.371
	黑龙江	2.246	0.348	−0.265	−0.123	0.386
	安徽	2.827	0.174	−0.237	−0.003	0.269
	江西	2.901	0.148	−0.230	0.013	0.250
	河南	2.947	0.147	−0.228	0.013	0.242
	湖北	2.947	0.141	−0.226	0.017	0.240
	湖南	3.016	0.124	−0.219	0.027	0.223
西部	内蒙古	3.007	0.145	−0.224	0.014	0.230
	广西	3.282	0.086	−0.191	0.042	0.164

续表

	省区市名	截　距	技术创新	对外直接投资	进口贸易	人力资本
西部	重庆	3.343	0.089	−0.188	0.040	0.153
	四川	3.498	0.080	−0.174	0.041	0.122
	贵州	3.349	0.086	−0.186	0.041	0.152
	云南	3.622	0.069	−0.161	0.043	0.098
	陕西	3.174	0.111	−0.206	0.032	0.190
	甘肃	3.491	0.085	−0.175	0.039	0.124
	青海	3.638	0.075	−0.162	0.041	0.095
	宁夏	3.317	0.101	−0.193	0.035	0.160
	新疆	4.539	0.036	−0.105	0.049	−0.070

4.5　面板数据空间杜宾误差模型

4.5.1　模型

VECM(向量误差修正模型)刻画了协整变量长期均衡的动态变化,不仅能够有效识别长期效应,还能描述长期均衡的短期偏离影响机制,但是仅限于在单元/区域范围内。将 VECM 扩展至区域,兼具时间和空间特性,实现了将协整和空间两种模型特征结合,衍生出空间面板误差修正模型。描述面板数据并兼容因变量和自变量的空间滞后项的空间误差模型即面板数据空间杜宾误差模型,其一般表达式分为两个部分。

杜宾模型的一般表达式为

$$Y_{it}=\beta X_{it}+\delta X_{it}^{*}+\theta Y_{it}^{*}+\alpha_i+\psi Z_t+\mu_{it} \tag{4.5.1}$$

其中带 * 变量定义为: $Y_{it}^{*}=\sum_{j\neq i}^{N}W_{ij}Y_{it}$, $X_{it}^{*}=\sum_{j\neq i}^{N}W_{ij}X_{it}$ 由一阶差分的变量及局部和空间误差修正项组成的 SPECM(空间面板误差修正模型)一般表达式为

$$\Delta Y_{it}=\gamma_{0i}+\gamma_1\Delta Y_{it-1}+\gamma_2\Delta X_{it-1}+\gamma_3\Delta Y_{it-1}^{*}+\gamma_4\Delta X_{it-1}^{*}+\gamma_5\Delta\mu_{it-1}+\gamma_6\Delta\mu_{it-1}^{*}+\gamma_7\Delta Z_t+v_{it} \tag{4.5.2}$$

其中,自变量 X 对因变量 Y 的长短期影响是有一定差别的,故 γ_2 和 β 是不相等的；短期内,Y 的自身作用效应由 γ_1 体现出来,μ_{it-1} 是长期关系模型残差项的滞后一期,其误差修正项系数 γ_5 体现的是局部协整效应,即出现长期均衡偏离时,短期调整效应；γ_6 体现了误差修正项的空间协整效应,即 Y 长期均衡偏离时短期波动调整受邻近区域的调整效应；γ_1 和 θ,γ_3 和 δ 分别体现了长短期的空间溢出效应,其值是有差异的。

SPECM 包含了三个不同类型协整：局部协整,和普通面板协整一样发生于空间单元内；空间协整,变量的协整关系发生在空间单元/区域间,单元/区域的长期均衡是由本体和临近省份的因素共同决定的；全局协整,空间面板数据的局部内及空间单元之间的协整。该模型还包含三个类型的误差修正：空间单元内的局部误差修正项,空间单元间的

空间误差修正项，单元间和单元内的全局误差修正项。SPECM 有效分析协整变量的跨区域空间活动的特性，短期偏离于误差修正状态出现时，单元内及单元间和其共同作用的误差修正机制能将偏误纠正，迫使系统机制朝均衡状态变动。

4.5.2 实例及操作

本例研究我国省际发明专利申请授权数影响因素。以各省（区、市）的发明专利申请授权数（ln Patent）为被解释变量，选取人力资本（ln L）和物质资本（ln K）作为解释变量，选择 1993—2013 年我国 30 个省（区、市）[①]的面板数据进行分析。基本模型如下：

$$\ln Patent_{it} = \beta_0 + \beta_1 \ln K_{it} + \beta_2 \ln L_{it} + \beta_3 \ln Patent_{it}^* + \beta_4 \ln K_{it}^* + \beta_5 \ln L_{it}^* + u_{it} \tag{4.5.3}$$

其中，u_{it} 代表随机误差项，β_0 代表固定效应，带 * 的变量为空间滞后项。如果在空间因素的作用下，专利申请授权数与其影响因素变量存在协整关系，$u_{it} \sim I(0)$，即残差项是平稳序列。以模型(4.5.3)为基础，建立空间因素作用下的误差修正模型如下：

$$\Delta \ln Patent_{it} = \alpha_0 + \alpha_1 \Delta \ln Patent_{i,t-1} + \alpha_3 \Delta \ln K_{it} + \alpha_4 \Delta \ln L_{it} + \alpha_5 \ln Patent_{i,t-1}^* + \alpha_6 \ln K_{it}^* + \alpha_7 \ln L_{it}^* + \alpha_8 u_{i,t-1} + \alpha_9 u_{i,t-1}^* + \varepsilon_{it} \tag{4.5.4}$$

其中，α_8，α_9 反映空间效应影响的误差修正项，如果 α_8，α_9 均是小于零的数，则表明专利申请授权数与其影响因素之间存在长期的协整关系。在式(4.5.4)的空间误差修正模型估计方面，由于空间滞后项的存在，采用 OLS 回归会产生明显的估计偏差。

对于模型(4.5.3)的估计，利用空间和时间随机效应模型，其结果在例 4.1.1 中已经给出。

SPECM 具体操作为：打开“4.5.1.dta”文件，在 Stata 软件的 Command 窗口输入如下命令：

```
xtset area year                    /* 定义横截面观测值变量和时间序列观测值变量，生成
                                      面板序列 */
spset area                         /* 定义空间数据 */
xtwest LnPatent LnK LnL, lags(1)   /* 检验专利申请授权数、人力资本和物质资本之间的协
                                      整关系 */
```

按 enter 键确认后得检验结果，如图 4.5.1 所示。

Statistic	Value	Z-value	P-value
Gt	-0.739	3.361	1.000
Ga	-1.418	4.414	1.000
Pt	-1.755	2.541	0.995
Pa	-0.964	1.715	0.957

图 4.5.1　面板协整检验结果

① 不包含西藏。

打开“4.5.1 数据 xlsx”文件，将数据导入 Matlab 软件，先导入数据 A，可以在命令行输入 A=[];，再将数据从 Excel 表格复制粘贴过来，如图 4.5.2 所示。

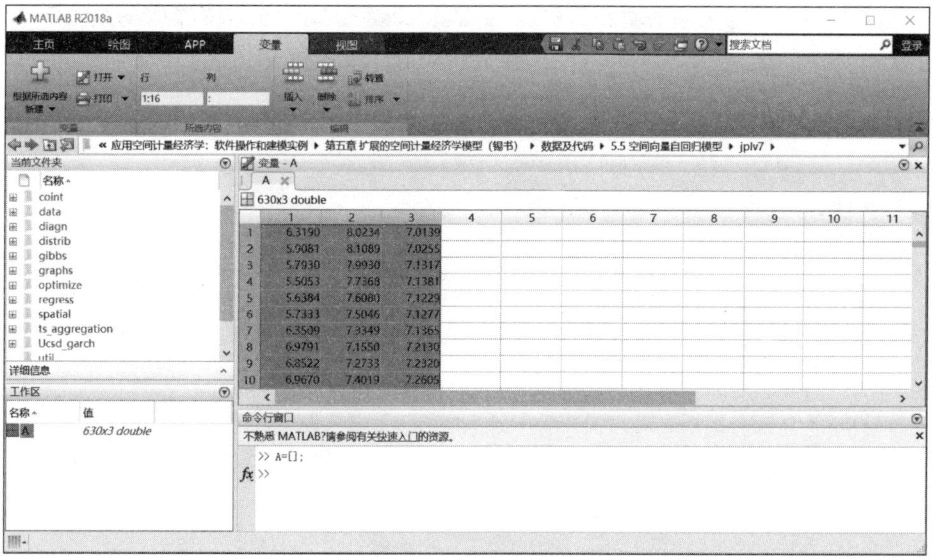

图 4.5.2　导入数据 A

类似地，再导入数据 W1，如图 4.5.3 所示。

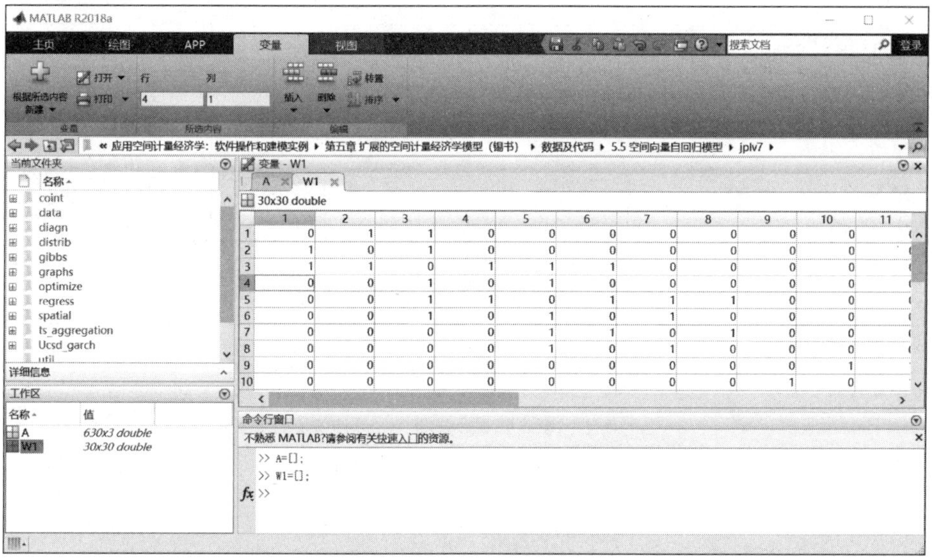

图 4.5.3　导入数据 W1

设置路径中添加文件夹，选择 Elhorst 所在的文件夹，如图 4.5.4 所示。

在添加并包含子文件夹中，选择 Elhorst 所在的文件夹，然后，单击“保存”按钮。

运行“4.5.1ECM.m”文件，可在写字板打开复制后粘贴到命令行窗口并执行，即可得到

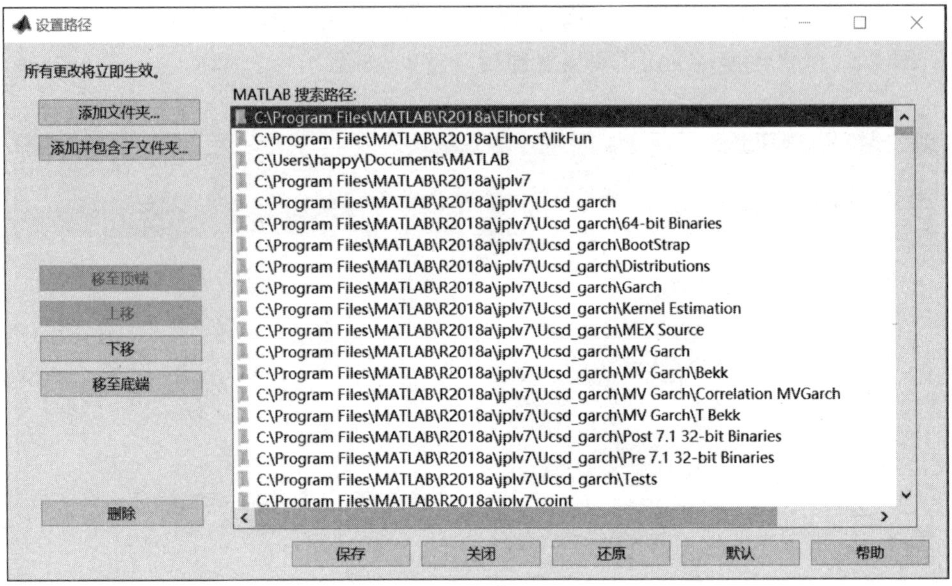

图 4.5.4　设置路径

模型(4.5.3)的估计结果，如表 4.5.1 所示；以及模型(4.5.4)的估计结果，如表 4.5.2 所示。

表 4.5.1　模型(4.5.3)的估计结果

变量	系数	渐近 t 统计	z 概率
CONSTANT	−1.021 186	−2.904 589	0.003 677
$\ln K$	1.776 454	29.081 574	0.000 000
$\ln L$	−0.640 757	−4.485 776	0.000 007
$\boldsymbol{W}\ln K$	−1.361 235	−15.255 194	0.000 000
$\boldsymbol{W}\ln L$	0.574 914	3.664 625	0.000 248
$\boldsymbol{W}$ dep. var.	0.699 956	24.109 575	0.000 000

表 4.5.2　空间影响效应下的面板协整检验

被解释变量 $\Delta\ln \text{Patent}_{it}$	OLS 估计	被解释变量 $\Delta\ln \text{Patent}_{it}$	OLS 估计
CONSTANT	0.045 959	$\ln K_{it}^*$	0.032 258
$\Delta\ln \text{Patent}_{it-1}$	0.105 452	$\ln L_{it}^*$	0.011 681
$\Delta\ln K_{it-1}$	0.307 004	$u_{i,t-1}$	−0.083 731
$\Delta\ln L_{it-1}$	−0.538 706	$u_{i,t-1}^*$	0.137 630
$\ln \text{Patent}_{it-1}^*$	−0.036 448		

图 4.5.1 的 Westerlund 检验结果表明，在省域层面上，专利申请授权数、人力资本和物质资本之间不存在长期的协整关系。这里 α_9 的估计值为 0.137 630，并不是小于零的数，这说明专利申请授权数、人力资本和物质资本之间不存在长期的协整关系，这与前面的检验结果一致。

4.6　动态空间回归模型

4.6.1　模型及估计

空间静态模型中增加解释变量或者被解释变量的时间滞后项或时空滞后项，模型就扩展成兼具个体差异效应和时间效应的动态空间回归模型。广义动态空间模型的一般表达式为(J. P. Elhorst，2012)

$$\boldsymbol{Y}_t=\delta\boldsymbol{W}\boldsymbol{Y}_t+\tau\boldsymbol{Y}_{t-1}+\eta\boldsymbol{W}\boldsymbol{Y}_{t-1}+\boldsymbol{\beta}_1\boldsymbol{X}_t+\boldsymbol{\beta}_2\boldsymbol{W}\boldsymbol{X}_t+\boldsymbol{\beta}_3\boldsymbol{X}_{t-1}+\boldsymbol{\beta}_4\boldsymbol{W}\boldsymbol{X}_{t-1}+\boldsymbol{Z}_t\boldsymbol{\theta}+\boldsymbol{v}_t$$

$$\boldsymbol{v}_t=\gamma\boldsymbol{\nu}_{t-1}+\rho\boldsymbol{W}\boldsymbol{\nu}_{t-1}+\boldsymbol{\mu}+\lambda_t\boldsymbol{\iota}_N+\boldsymbol{\varepsilon}_t,\quad \boldsymbol{\mu}=\kappa\boldsymbol{W}\boldsymbol{\mu}+\xi \tag{4.6.1}$$

其中，$\boldsymbol{Y}_t=(\boldsymbol{Y}_{1t},\boldsymbol{Y}_{2t},\cdots,\boldsymbol{Y}_{nt})'$是 T 时期 $N\times 1$ 列解释变量，$\boldsymbol{X}_t$ 表示 T 时期 $N\times K$ 阶的外生解释变量，$\boldsymbol{Z}_t$ 为 $N\times L$ 阶内生解释变量，$\boldsymbol{W}$ 为 $N\times N$ 空间权重矩阵，τ、δ、η 为因变量的时间滞后、空间滞后和时空滞后的待估参数，$\boldsymbol{\beta}_1,\boldsymbol{\beta}_2,\boldsymbol{\beta}_3,\boldsymbol{\beta}_4$ 为 $k\times 1$ 阶外生解释变量的待估参数，$\boldsymbol{\theta}$ 为模型 $L\times 1$ 阶内生解释变量，ν 是 $N\times 1$ 阶误差项，γ 为序列自相关系数，ρ 是空间相关系数，一般情况下误差项时空滞后项 $\boldsymbol{W}\boldsymbol{\nu}_{t-1}$ 不会出现在方程中，故不考虑误差项的时空滞后项；$\boldsymbol{\mu}$ 是 $N\times 1$ 阶反映空间特定效应 μ_i 的列向量，忽视空间特定效应会造成估计的偏误(Baltagi，2005)，λ 为时间特定效应，$\boldsymbol{\iota}_N$ 为 $N\times 1$ 阶向量，时间特定效应的缺失也会导致估计偏误，$\boldsymbol{\varepsilon}_t=(\varepsilon_{1t},\varepsilon_{2t},\cdots,\varepsilon_{Nt})^{\mathrm{T}}$ 和 ξ 代表独立同分布的扰动项，具有 0 均值和有限方差$\boldsymbol{\sigma}_\xi^2$。当模型中 $\delta=\eta=0$ 且$\boldsymbol{\beta}_2=\boldsymbol{\beta}_4=\boldsymbol{0}$ 时，模型为动态非空间回归模型；当 $\tau=\eta=0$ 且$\boldsymbol{\beta}_3=\boldsymbol{\beta}_4=\boldsymbol{0}$ 时，模型则为空间非动态模型。

广义动态空间回归模型中包含了一个或者若干个因变量或自变量时间滞后、空间滞后及时空双滞后项，或包含了误差序列自相关项、空间误差自相关、时空特定效应等，体现了：不同单元观测体的时间序列依赖性；不同单元的空间依赖性；不可观察的空间/时间效应；对现存文献进行梳理，发现模型估计有效性必须依托参数限定条件的前提条件。广义动态模型可以衍生出多种多样动态空间模型，每种都有其自身的优缺点，具体选择哪种模型要根据实际研究及数据的结构特点来定。当设定 $\gamma=\rho=\kappa=0$，$\boldsymbol{\beta}_3=\boldsymbol{\beta}_4=\boldsymbol{0}$ 时，模型变成动态空间杜宾模型。动态杜宾模型可以用于长短期的直接和间接效应估计。Anselin 等(2008)指出该模型存在识别问题。为了解决过度识别问题，Yu 等(2008)和 Lee 和 Yu(2010c)提出了要在原模型上增加限制条件，设置 $\beta_2=0$，消除了模型中的局部间接效应(人为地设定局部间接效应为零，因此，短期和长期中对于每个解释变量来说，间接效应相对于直接效应都是相同的)；Lesage 和 Pace(2009)提出了设置 $\delta=0$，消除了模型中的全局短期间接效应(矩阵退化为单位矩阵且把每个解释变量的短期全局间接效应设为零。换句话说，如果分析仅关注短期的空间溢出效应，这个模型不大合适)；Parent 和 Lesage(2010，2011)提出设置 $\eta=-\tau\delta$，这种设置的优势是可以将每个自变量对因变量影响的变化分解到空间效应和时间效应(把解释变量一个单位的变化对被解释变量的影响分解成一个空间效应和一个时间效应，即其在空间上的效应对每一个更高阶的近邻来说是按照因子来递减的；其在时间上的效应对每一个下一期的时间段来说是按照影响因子来递减的)。Franzese 和 Hays (2007)，Kukenova 和 Monteiro (2009)，Elhorst(2010d)，

Jacobs 等(2009)，Brady(2011)提出了假设 $\eta=0$，虽然该模型限制了直接和间接效应比率弹性，但是这种设置是限制条件最少的。

目前，对于包含时间和空间效应的动态模型，一般有三种方法进行估计(J. Paul Elhorst, 2011)：准似然函数或偏误修正的似然函数估计法，广义矩估计法及贝叶斯马尔科夫蒙特卡罗法。Yu 等(2008)提出偏误修正估计，Lee 和 Yu(2010d)将模型估计扩展到包含时间固定效应，详情可见 J. Paul. Elhorst(2012)的文章《动态空间面板模型及方法》。

Jihai Yu(2008)、J. Paul. Elhorst(2010，2012)分别针对具有固定效应的大样本和 T 小样本模型提出准似然估计法进行参数估计，准似然估计法在处理时空双固定大样本和小样本时，能够产生无偏、一致的参数估计，具体可以参考 J. Paul. Elhorst 及 Jinhai Yu 关于空间动态面板模型的文章。

截至目前，常用的动态空间模型简称 SDPD(空间动态面板数据)模型，包含时空固定项方程式为

$$\boldsymbol{Y}_{nt}=\delta\boldsymbol{W}\boldsymbol{Y}_{nt}+\tau\boldsymbol{Y}_{n,t-1}+\eta\boldsymbol{W}\boldsymbol{Y}_{n,t-1}+\boldsymbol{\beta}_1\boldsymbol{X}_{nt}+\boldsymbol{C}_{n0}+\alpha_{t0}\boldsymbol{\iota}_n+\boldsymbol{v}_{nt} \tag{4.6.2}$$

不包含时间项的方程：

$$\boldsymbol{Y}_{nt}=\delta\boldsymbol{W}\boldsymbol{Y}_{nt}+\tau\boldsymbol{Y}_{n,t-1}+\eta\boldsymbol{W}\boldsymbol{Y}_{n,t-1}+\boldsymbol{\beta}_1\boldsymbol{X}_{nt}+\boldsymbol{C}_{n0}+\boldsymbol{v}_{nt} \tag{4.6.3}$$

其中，$\boldsymbol{Y}_t$ 代表$(N\times T)\times 1$ 阶被解释变量，$\boldsymbol{W}$ 是 $N\times N$ 阶空间权重矩阵，δ、τ、η 是时/空效应项的待估参数，$\boldsymbol{C}$ 是 $N\times 1$ 阶空间特定效应，$\boldsymbol{\alpha}$ 代表时间特定效应，$\boldsymbol{v}$ 代表独立同分布的扰动项，具有 0 均值和有限方差 σ^2。该模型中包含了个体和时间效应，因变量的空间滞后、时间滞后和时空滞后项、外生变量及残差项。当模型中存在时间固定效应时最大似然估计法是有偏且不一致的(Nickell，1981；Hsiao，1986)。SDPD 模型可以分成包含/不包含时间效应，包含时间效应的也可通过 $\boldsymbol{J}_n=\boldsymbol{I}_n-\frac{1}{n}\boldsymbol{l}_n\boldsymbol{l}_n'$ 消除后再进行参数估计。

假设 $\boldsymbol{S}_n=\boldsymbol{S}_n(\delta_0)=\boldsymbol{I}_n-\delta_0\boldsymbol{W}_n$，$\boldsymbol{S}_n$ 是可逆的，$\widetilde{\boldsymbol{Y}}_{nt}=\boldsymbol{Y}_{nt}-\overline{\boldsymbol{Y}}_n$，其中 $\overline{\boldsymbol{Y}}_n=\frac{1}{T}\sum_{t=1}^{T}\boldsymbol{Y}_{nt}$，以此类推，且假设 $\boldsymbol{A}_n=\boldsymbol{S}_n^{-1}(\tau_0\boldsymbol{I}_n+\eta_0\boldsymbol{W}_n)$，那么方程式可转变为

$$\boldsymbol{Y}_{nt}=\boldsymbol{A}_n\boldsymbol{Y}_{n,t-1}+\boldsymbol{S}_n^{-1}\boldsymbol{X}_{nt}\boldsymbol{\beta}_0+\boldsymbol{S}_n^{-1}\boldsymbol{C}_{n0}+\alpha_{t0}\boldsymbol{S}_n^{-1}\boldsymbol{\iota}_n+\boldsymbol{S}_n^{-1}\boldsymbol{v}_{nt} \tag{4.6.4}$$

假设$\boldsymbol{\mu}_n=\sum_{h=0}^{\infty}\boldsymbol{A}_n^h\boldsymbol{S}_n^{-1}\boldsymbol{C}_{n0}$，$\boldsymbol{x}_n=\sum_{h=0}^{\infty}\boldsymbol{A}_n^h\boldsymbol{S}_n^{-1}\boldsymbol{x}_{n,t-h}$，$\boldsymbol{U}_{nt}=\sum_{h=0}^{\infty}\boldsymbol{A}_n^h\boldsymbol{S}_n^{-1}\boldsymbol{v}_{n,t-h}$，代入式(4.6.4)可得

$$\begin{aligned}\boldsymbol{Y}_{nt}&=\sum_{h=0}^{\infty}\boldsymbol{A}_n^h\boldsymbol{S}_n^{-1}(\boldsymbol{X}_{n,t-h}\boldsymbol{\beta}_1+\boldsymbol{C}_{n0}+\alpha_{t0}\boldsymbol{\iota}_n+\boldsymbol{v}_{n,t-h})\\&=\boldsymbol{\mu}_n+\boldsymbol{X}_{nt}\boldsymbol{\beta}_0+\boldsymbol{U}_{nt}+\alpha_{t0}\boldsymbol{\iota}_n\sum_{h=0}^{\infty}\left(\frac{\gamma_0+\eta_0}{1-\delta_0}\right)^h\end{aligned} \tag{4.6.5}$$

假设 $\boldsymbol{\theta}=(\boldsymbol{\kappa}',\boldsymbol{\delta}',\sigma^2)'$，$\boldsymbol{\zeta}=(\boldsymbol{\kappa}',\boldsymbol{\delta}',c_n')'$，其中 $\boldsymbol{\kappa}=(\tau,\eta,\boldsymbol{\beta}')'$，初始值为 $\boldsymbol{\theta}_0=(\boldsymbol{\kappa}_0',\boldsymbol{\delta}_0',\sigma_0^2)'$，$\boldsymbol{\zeta}_0=(\boldsymbol{\kappa}_0',\boldsymbol{\delta}_0',c_{n0}')'$，$\boldsymbol{\kappa}_0=(\boldsymbol{\tau}_0,\boldsymbol{\eta}_0,\boldsymbol{\beta}_0')'$，$z_{nt}=(\boldsymbol{Y}_{n,t-1},\boldsymbol{W}\boldsymbol{Y}_{n,t-1},\boldsymbol{X}_{nt})$，则似然函数的对数形式为

$$\ln L_{n,T}(\boldsymbol{\theta},\boldsymbol{c}_n)=-\frac{nt}{2}\ln 2\pi-\frac{nt}{2}\ln\sigma^2+T\ln|\boldsymbol{S}_n(\boldsymbol{\delta})|-\frac{1}{2\sigma^2}\sum_{t=1}^{T}\boldsymbol{V}_{nt}'(\boldsymbol{\zeta})\boldsymbol{V}_{nt}(\boldsymbol{\zeta}) \tag{4.6.6}$$

此时，$\boldsymbol{V}_{nt}(\boldsymbol{\zeta})=\boldsymbol{S}_n(\boldsymbol{\delta})\boldsymbol{Y}_{nt}-\boldsymbol{Z}_{nt}\boldsymbol{\kappa}-\boldsymbol{c}_n$，最大化对似然函数对数形式，满足一阶导数为 0，即可求出$\hat{\boldsymbol{\theta}}_{nT}$，$\hat{c}_{nT}$。方程一阶导数为$\frac{\partial \ln L_{n,T}(\boldsymbol{\theta},\boldsymbol{c}_n)}{\partial \boldsymbol{c}_n}=\frac{1}{\sigma^2}\sum_{t=1}^{T}\boldsymbol{V}_{nt}(\boldsymbol{\zeta})$，则 $\boldsymbol{c}_{n0}(\boldsymbol{\theta})$ 的估计的$\boldsymbol{\theta}$ 表达式为 $\hat{c}_{nt}(\boldsymbol{\theta})=\frac{1}{T}\sum_{t=1}^{r}[\boldsymbol{S}_n(\boldsymbol{\delta})\boldsymbol{Y}_{nt}-\boldsymbol{Z}_{nt}\boldsymbol{\tau}]$，集中似然函数为

$$\ln L_{n,T}(\boldsymbol{\theta})=-\frac{nt}{2}\ln 2\pi-\frac{nt}{2}\ln\sigma^2+T\ln|S_n(\boldsymbol{\delta})|-\frac{1}{2\sigma^2}\sum_{t=1}^{T}\widetilde{\boldsymbol{V}}_{nt}(\boldsymbol{\zeta})\widetilde{\boldsymbol{V}}_{nt}(\boldsymbol{\zeta}) \quad (4.6.7)$$

其中 $\widetilde{\boldsymbol{V}}_{nt}(\boldsymbol{\zeta})=\boldsymbol{S}_n(\boldsymbol{\delta})\widetilde{\boldsymbol{Y}}_{nt}-\widetilde{\boldsymbol{Z}}_{nt}\boldsymbol{\kappa}$，$\widetilde{\boldsymbol{Z}}_{nt}=(\boldsymbol{Y}_{n,t-1}-\overline{\boldsymbol{Y}}_{nT,-1},\boldsymbol{W}_n\boldsymbol{Y}_{n,t-1}-\boldsymbol{W}_n\overline{\boldsymbol{Y}}_{nT,-1},\boldsymbol{X}_{nt}-\overline{\boldsymbol{X}}_{nT})$，最大化该方程，则可求出参数。

当存在时间固定项时，可进行转换消除时间固定项，令 $\boldsymbol{J}_n=\boldsymbol{I}_n-\frac{1}{n}\boldsymbol{l}_n\boldsymbol{l}_n'$，其中 $\boldsymbol{I}_n=\boldsymbol{J}_n+\frac{1}{n}\boldsymbol{l}_n\boldsymbol{l}_n'$，$\boldsymbol{W}\boldsymbol{l}_n=\boldsymbol{l}_n$，$\boldsymbol{J}_n\boldsymbol{W}_n=\boldsymbol{J}_n\boldsymbol{W}_n\left(\boldsymbol{J}_n+\frac{1}{n}\boldsymbol{l}_n\boldsymbol{l}_n'\right)=\boldsymbol{J}_n\boldsymbol{W}_n\boldsymbol{J}_n$，又因为 $\boldsymbol{J}_n\boldsymbol{W}_n\boldsymbol{l}_n=\boldsymbol{J}_n\boldsymbol{l}_n=0$，因此式(4.6.1)可以改成：

$$\begin{aligned}\boldsymbol{J}_n\boldsymbol{Y}_{nt}=&\boldsymbol{\delta}(\boldsymbol{J}_n\boldsymbol{W})(\boldsymbol{J}_n\boldsymbol{Y}_{nt})+\tau(\boldsymbol{J}_n\boldsymbol{Y}_{n,t-1})+\eta(\boldsymbol{J}_n\boldsymbol{W})(\boldsymbol{J}_n\boldsymbol{Y}_{n,t-1})+\\&\boldsymbol{\beta}_1(\boldsymbol{J}_n\boldsymbol{X}_{nt})+\boldsymbol{J}_n\boldsymbol{c}_{n0}+\boldsymbol{J}_n\boldsymbol{v}_{nt}\end{aligned} \quad (4.6.8)$$

式中消除了时间固定项。为了消除变化后残差项的线性相关性，令$(\boldsymbol{F}_{n,n-1},\boldsymbol{l}_n/\sqrt{n})$为 $\boldsymbol{J}_n$ 特征根的正交化矩阵，其中 $\boldsymbol{F}_{n,n-1}$ 是代表 $n\cdot(n-1)$特征根 1 矩阵，$l_n/\sqrt{n}$ 代表 0，转换式子 $\boldsymbol{J}_n\boldsymbol{Y}_{nt}=\boldsymbol{Y}_{nt}^*$，其中 $\boldsymbol{Y}_{nt}^*=\boldsymbol{F}_{n,n-1}^*\boldsymbol{J}_n\boldsymbol{Y}_{nt}$ 是 $N-1$ 维，式子转变为

$$\boldsymbol{Y}_{nt}^*=\delta\boldsymbol{W}^*\boldsymbol{Y}_{nt}^*+\tau\boldsymbol{Y}_{n,t-1}^*+\eta\boldsymbol{W}^*\boldsymbol{Y}_{n,t-1}^*+\boldsymbol{\beta}_1\boldsymbol{X}_{nt}^*+\boldsymbol{c}_{n0}^*+\boldsymbol{v}_{nt}^* \quad (4.6.9)$$

则方程的似然函数估计为

$$\begin{aligned}\ln L_{n,T}(\boldsymbol{\theta},\boldsymbol{c}_n^*)=&-\frac{(n-1)t}{2}\ln 2\pi-\frac{(n-1)t}{2}\ln\sigma^2+\\&T\ln|\boldsymbol{S}_n(\boldsymbol{\delta})|-\frac{1}{2\sigma^2}\sum_{t=1}^{T}\boldsymbol{V}_{nt}^{*\prime}(\boldsymbol{\zeta})\boldsymbol{V}_{nt}^*(\boldsymbol{\zeta}^*)\end{aligned} \quad (4.6.10)$$

其中 $\boldsymbol{V}_{nt}^{*\prime}(\boldsymbol{\zeta})=(\boldsymbol{I}_{n-1}-\delta\boldsymbol{W}_n^*)-\boldsymbol{Z}_{nt}^*\boldsymbol{\kappa}-\boldsymbol{C}_n^*$，因$(\boldsymbol{I}_{n-1}-\delta\boldsymbol{W}_n^*)=\boldsymbol{F}_{n,n-1}'(\boldsymbol{I}_{n-1}-\delta\boldsymbol{W}_n)\boldsymbol{F}_{n,n-1}$ 则 $|\boldsymbol{I}_{n-1}-\delta\boldsymbol{W}_n^*|=\frac{1}{1-\delta}|\boldsymbol{I}_{n-1}-\delta\boldsymbol{W}_n|$，即可推理出 $\boldsymbol{V}_{nt}^{*\prime}(\boldsymbol{\zeta})=\boldsymbol{F}_{n,n-1}'[(\boldsymbol{I}_{n-1}-\delta\boldsymbol{W}_n)-\boldsymbol{Z}_{nt}\boldsymbol{\kappa}-\boldsymbol{c}_n]$，由于 $\boldsymbol{F}_{n,n-1}'\boldsymbol{W}_n\boldsymbol{I}_n=\boldsymbol{F}_{n,n-1}'\boldsymbol{I}_n=\boldsymbol{0}$，故 $\boldsymbol{V}_{nt}^{*\prime}(\boldsymbol{\zeta})\boldsymbol{V}_{nt}(\boldsymbol{\zeta})=[(\boldsymbol{I}_{n-1}-\delta\boldsymbol{W}_n)-\boldsymbol{Z}_{nt}\boldsymbol{\kappa}-\boldsymbol{c}_n]'\boldsymbol{J}_n[(\boldsymbol{I}_{n-1}-\delta\boldsymbol{W}_n)-\boldsymbol{Z}_{nt}\boldsymbol{\kappa}-\boldsymbol{c}_n]$，因 $\boldsymbol{F}_{n,n-1}\boldsymbol{F}_{n,n-1}'=\boldsymbol{J}_n$，故变化后的 $\boldsymbol{Y}_{nt}^*$ 方程的似然函数可以用 $\boldsymbol{Y}_{nt}$ 表达：

$$\begin{aligned}\ln L_{n,T}(\boldsymbol{\theta},\boldsymbol{c}_n^*)=&-\frac{(n-1)t}{2}\ln 2\pi-\frac{(n-1)t}{2}\ln\sigma^2-T\ln(1-\delta)+\\&T\ln|\boldsymbol{I}_n-\delta\boldsymbol{W}_n|-\frac{1}{2\sigma^2}\sum_{t=1}^{T}\boldsymbol{V}_{nt}^{*\prime}(\boldsymbol{\zeta})\boldsymbol{V}_{nt}(\boldsymbol{\zeta}^*)\end{aligned} \quad (4.6.11)$$

经过变化后方程的似然函数能够消除估计偏误。尽管如此，QML 参数估计的有效性均

需满足诸多假设，具体可参阅 Jihai Yu(2008，2010)的文章。

4.6.2 实例及操作

设数据样本时间跨度为连续 14 年 30 个省、区、市①，权重矩阵使用临近 0-1 矩阵，包含 4 个解释变量 x_{itk}($k=1,\cdots,4$；$i=1,2,\cdots,30$；$t=1,2,\cdots,14$)经济发展、对外开放、人力资本、外商直接投资，因变量 y_{it}($i=1,2,\cdots,30$；$t=1,2,\cdots,14$)为各省域的金融发展，建立包含时间和个体固定效应的动态空间模型，方程式表达如下：

$$\boldsymbol{Y}_{nt}=\delta \boldsymbol{W}\boldsymbol{Y}_{nt}+\tau \boldsymbol{Y}_{n,t-1}+\eta \boldsymbol{W}\boldsymbol{Y}_{n,t-1}+\boldsymbol{\beta}_1\boldsymbol{X}_{nt}+\boldsymbol{c}_{n0}+\alpha_{t0}\boldsymbol{\iota}_n+\boldsymbol{v}_{nt}$$

对该方程进行估计，在 Stata 中的操作步骤与操作命令如下：

```
cd "D:\shuju\4.6"                         /* 定义默认路径 */
use W30.dta
spatwmat using W30, name(w)               /* 将空间权重矩阵命名为 w */
use D:\shuju\4.6\4.6.1.dta
xtset id t
xsmle fin Pgdp open hum fdi, wmat(w) model(sar) dlag(3) fe robust nolog
```

对于上述的命令，我们并不陌生，在前边面板空间杜宾模型中已经使用过，当模型是动态的情况下，需要加入 dlag(#)，其中 dlag(1)表示只有时间滞后，dlag(2)表示只有空间滞后，dlag(3)表示时空滞后。按 Enter 键后对应的结果如图 4.6.1 所示。

```
Dynamic SAR with spatial fixed-effects              Number of obs =       420

Group variable: id                                Number of groups =        30
Time variable: t                                    Panel length =        14

R-sq:     within  = 0.4579
          between = 0.0047
          overall = 0.0006

Mean of fixed-effects =  0.8462

Log-pseudolikelihood =   565.7939
                                       (Std. Err. adjusted for 30 clusters in id)
```

fin	Coef.	Robust Std. Err.	z	P>|z|	[95% Conf.	Interval]
Main						
fin L1.	.0476697	.0246615	1.93	0.053	-.000666	.0960053
Wfin L1.	-.0187266	.0088832	-2.11	0.035	-.0361373	-.0013158
Pgdp	.0335121	.0347281	0.96	0.335	-.0345538	.1015779
open	.1517991	.0215322	7.05	0.000	.1095967	.1940015
hum	.0107222	.0058602	1.83	0.067	-.0007635	.0222079
fdi	-.0670569	.0040972	-16.37	0.000	-.0750873	-.0590266
Spatial						
rho	.0991365	.0096797	10.24	0.000	.0801646	.1181083
Variance						
sigma2_e	.0040134	.0002889	13.89	0.000	.0034471	.0045796

图 4.6.1 SDPD 模型估计结果

① 不包含西藏。

从结果可知，SDPD 模型估计结果中因变量的空间滞后和时空滞后系数估计值在 5% 水平均显著。金融发展不仅在空间上产生溢出效应，在时间上也具有前后项关联性，时空交互项的系数估计表明，$t-1$ 期邻近区域金融发展会对特定省份的金融发展产生一定的影响，进一步说明建立时间交互效应的动态空间模型能够有效描述金融发展空间和时间上的溢出效应。其中对动态空间模型的稳定性进行检验，即包含时间固定项的方程是否稳定，可知 tau＋rho＋eta＝0.879 1＜1 且通过 wald 检验（$p=0.014\ 2$），可知在 5%水平上拒绝原假设，方程是比较稳定的（tau＋rho＋eta＜1）；故选择带有时空固定项的动态空间杜宾模型，利用似然函数得出参数的估计值，并进行了直接和间接效应的长短期分解，在 Stata 中的命令如下：

```
xsmle fin Pgdp open hum fdi , wmat(w) model(sar) dlag(3) fe robust nolog effects
```

按 Enter 键后的结果整理如表 4.6.1 所示。

表 4.6.1　长短期直接间接效应结果

变量	长期			短期		
—	直接效应	溢出效应	整体效应	直接效应	溢出效应	整体效应
PGDP	0.037 9 (0.036 29)	0.030 7 (0.031 2)	0.068 6 (0.066 8)	0.039 0 (0.037 3)	0.023 9 (0.024 3)	0.062 9 (0.061 0)
OPEN	0.159 4 (0.020 8)	0.126 3 (0.026 2)	0.285 7 (0.039 9)	0.164 3 (0.021 5)	0.098 1 (0.021 2)	0.262 4 (0.035 5)
HUM	0.011 3 (0.005 8)	0.009 2 (0.005 6)	0.020 5 (0.011 2)	0.011 6 (0.006 0)	0.007 2 (0.004 4)	0.018 8 (0.010 2)
FDI	−0.071 0 (0.004 2)	−0.056 5 (0.010 9)	−0.127 4 (0.012 4)	−0.073 1 (0.004 4)	−0.043 9 (0.008 9)	−0.117 0 (0.010 4)

长短期效应既展示长期均衡的状态也能就短期变动进行分析，是识别长短期差异的重要分析工具，从表 4.6.1 中可知，长期效应未能通过检验多于短期未能通过检验的数量，故在整个作用系统中，长期均衡只是理论上的期许，未能在实际中达成，而区域金融发展的影响仍然以短期效应为主，对外开放和外商投资长短期效应都非常显著，外商投资和对外开放直接效应和溢出效应能够说明其中一个区域和邻近区域的对外开放度对其金融发展产生影响。

本 章 习 题

第5章　扩展空间计量经济学模型

本章介绍的空间计量经济学的扩展模型有空间杜宾面板异方差模型、空间离散选择模型、空间分位数回归模型、空间联立方程模型、空间向量自回归模型和全局向量自回归模型。

空间杜宾面板异方差模型相对于面板数据空间杜宾模型，考虑了由于空间单元大小以及经济特征的差异，造成的空间面板数据固定效应中存在异方差问题。所以，针对面板数据建立常用的空间杜宾模型时，异方差问题变得非常的常见。Gianfranco也认为空间单元在许多重要特征上存在差异，同方差是一个过强的假设，在许多空间的应用问题中并不成立。但目前国内关于面板数据空间杜宾模型的文献研究中，无论是理论方面还是应用方面都很少对异方差问题进行探讨，本章将对空间杜宾面板异方差模型的估计方法及其软件操作的步骤进行介绍。

空间离散选择模型相比于一般的离散选择模型而言，将个体间的空间相关性考虑了进去。在同一区域的家庭、企业等微观个体行为往往具备较大的空间相关性——这可以用相似偏好的理论来解释。因此，一般的离散选择模型可能忽略了空间因素，从而产生估计偏差。但空间离散选择模型的相关研究还比较少，理论和模型研究尚不成熟，本章主要介绍空间离散选择模型的最大似然估计法及其可行操作步骤。

地理经济的发展，使人们意识到，空间区位的邻近会使得周边的经济体产生不可忽视的相互影响，随着互联网、交通的发展，空间区位已经不再仅仅局限于地理上的毗邻，因此，假设存在一个更加广义的空间权重 w。一般地，该空间权重可能是经济关联权重、地理区位权重或者个体交互影响权重等。利用该权重，我们提出半参数空间分位数回归模型。该模型由于考虑了空间效应，能够捕捉到空间地理区位或者个体之间的交叉影响。因此，半参数空间分位数回归模型理论主要适用于地理经济、区域收入差距、生物医学和金融等研究。

空间联立方程模型是在传统联立方程的基础上将变量间的空间相关性考虑进去，这样模型不仅仅可以研究变量之间的内生性问题，还可以考虑变量之间的空间交互影响关系，极大地扩展了联立方程模型的使用范围和使用价值。目前，国内外已有大量学者开始运用空间联立方程进行研究，本章将主要介绍空间联立方程模型的估计方法和软件操作。

空间向量自回归模型与传统的向量自回归模型相比，其考虑了个体之间空间层面的影响。空间向量自回归模型的理论和应用研究在国际上也才刚刚起步，也渐渐进入了国内学者的视线当中。越来越多的学者将空间向量自回归模型用于研究空间个体间内生变量在时间上和空间上的影响。此外，空间向量自回归模型还可以分为横截面数据模型和面板数据模型。

全局向量自回归模型最早由 Pesaran 等(2004)提出，并由 Dess 等(2007)拓展。GVAR模型的优点是，与传统模型向量自回归模型相比，其构建了一个由各个经济体的VAR模型构成的全局系统，通过考虑不同经济体之间的内在联系，能够分析全局变量冲击对各经济体内生变量的影响以及不同经济体变量之间的相互溢出效应。

5.1 空间杜宾面板异方差模型

5.1.1 模型

空间计量模型包括空间杜宾面板模型使用的估计方法大多是极大似然法，而当存在异方差性时，估计量仍一致性，但不能保证有效性。

空间杜宾面板异方差模型就是空间杜宾面板模型的随机误差项有异方差的模型。利用 Stata 软件 xttest3 命令进行组间异方差性检验，但该命令只能在运行命令"xtreg"和"xtgls"之后才能使用。

5.1.2 实例及操作

应用 Munell(1990)所使用的数据进行空间杜宾面板模型的 Stata 软件操作实例：美国 48 州 1970—1974 年的变量有州产出 GSP，公共资本 PCA，就业量 EMP，失业率 UEMP，民营资本 PC。

1. 读取数据

使用 Stata 打开目录"D:\stata\shuju\chap05"中的"product.dta"数据文件，命令如下：

```
use "D:\stata\shuju\chap05\product.dta",clear
```

2. 数据处理

由于部分数据存在指数增长趋势，故首先将变量取对数，确保数据平稳性。在 Command 窗口中输入以下命令：

```
gen lngsp = log(gsp)
gen lnpcap = log(pcap)
gen lnpc = log(pc)
gen lnemp = log(emp)
```

并打开数据编辑器(预览)，能够得到生成的数据，如图 5.1.1 所示。

3. 读取空间权重矩阵

读取空间权重矩阵的命令为

```
Spmat use Matrix using Matrix.spmat
```

其中，Matrix.spmat 是存有空间权矩阵的 spmat 对象文件，读取后命名为 Matrix。

在 Command 窗口中输入命令。

```
spmat use usaww using usaww.spmat
```

4. 估计随机效应的空间杜宾模型

在 Stata 中，随机效应的空间杜宾模型命令为

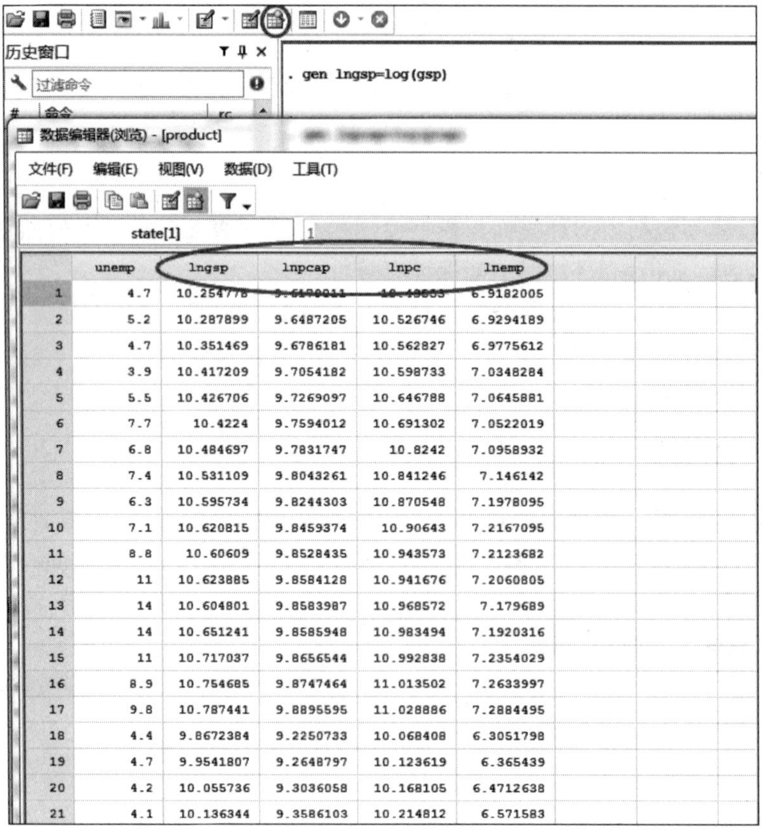

	unemp	lngsp	lnpcap	lnpc	lnemp
1	4.7	10.25477[illegible]	[illegible]	[illegible]	6.9182005
2	5.2	10.287899	9.6487205	10.526746	6.9294189
3	4.7	10.351469	9.6786181	10.562827	6.9775612
4	3.9	10.417209	9.7054182	10.598733	7.0348284
5	5.5	10.426706	9.7269097	10.646788	7.0645881
6	7.7	10.4224	9.7594012	10.691302	7.0522019
7	6.8	10.484697	9.7831747	10.8242	7.0958932
8	7.4	10.531109	9.8043261	10.841246	7.146142
9	6.3	10.595734	9.8244303	10.870548	7.1978095
10	7.1	10.620815	9.8459374	10.90643	7.2167095
11	8.8	10.60609	9.8528435	10.943573	7.2123682
12	11	10.623885	9.8584128	10.941676	7.2060805
13	14	10.604801	9.8583987	10.968572	7.179689
14	14	10.651241	9.8585948	10.983494	7.1920316
15	11	10.717037	9.8656544	10.992838	7.2354029
16	8.9	10.754685	9.8747464	11.013502	7.2633997
17	9.8	10.787441	9.8895595	11.028886	7.2884495
18	4.4	9.8672384	9.2250733	10.068408	6.3051798
19	4.7	9.9541807	9.2648797	10.123619	6.365439
20	4.2	10.055736	9.3036058	10.168105	6.4712638
21	4.1	10.136344	9.3586103	10.214812	6.571583

图 5.1.1　数据平稳性处理

```
xsmle Y X1 X2 X3, wmat(W), model(#) durbin(#) robust fe/re
```

其中，Y 为被解释变量，X1，X2，X3 是解释变量，wmat 是空间权重矩阵 **W**，model 是估计模型方法，分别有 SAR，SDM，SAC，SEM，GSPRE（广义空间面板随机效应）等，robust 表示采用聚类稳健的标准误估计，在 durbin(#)项中，# 为空间滞后项显著的变量，而 fe/re 分别表示固定效应/随机效应。

在 Command 中输入以下命令：

```
xsmle lngsp lnpcap lnpc lnemp unemp,wmat(usaww) model(sdm) robust nolog
```

在结果窗口中能得到随机效应的空间杜宾模型，如图 5.1.2 所示。

5. 去除不显著空间滞后项的随机效应空间杜宾模型估计

由图 5.1.2 知，空间自回归系数在 1%显著水平下为正。不过可以看到公共资本、私人资本和失业率三个变量的空间滞后项不显著，所以可以将这三个变量去掉，仅保留变量就业量。

在 Command 窗口中，输入以下命令：

```
xsmle lngsp lnpcap lnpc lnemp unemp, wmat(usaww) model(sdm) durbin(lnemp) robust nolog noeffects
```

```
. xsmle lngsp lnpcap lnpc lnemp unemp,wmat(usaww) model(sdm) robust nolog
Warning: All regressors will be spatially lagged

SDM with random-effects                          Number of obs =       816

Group variable: state                         Number of groups =        48
Time variable: year                               Panel length =        17

R-sq:     within  = 0.9460
          between = 0.9914
          overall = 0.9904

Log-pseudolikelihood =  1504.9525
                              (Std. Err. adjusted for 48 clusters in state)
```

lngsp	Coef.	Robust Std. Err.	z	P>|z|	[95% Conf.	Interval]
Main						
lnpcap	.0432196	.0456274	0.95	0.344	-.0462084	.1326475
lnpc	.2358736	.0818952	2.88	0.004	.0753619	.3963853
lnemp	.7460603	.0796744	9.36	0.000	.5899014	.9022193
unemp	-.0012839	.0029046	-0.44	0.658	-.0069768	.0044091
_cons	1.16052	.4802346	2.42	0.016	.219277	2.101762
Wx						
lnpcap	-.0937207	.0885388	-1.06	0.290	-.2672535	.0798122
lnpc	-.0215076	.0728552	-0.30	0.768	-.1643012	.121286
lnemp	-.3895887	.0946903	-4.11	0.000	-.5751783	-.2039991
unemp	-.0036868	.0038042	-0.97	0.332	-.0111429	.0037692
Spatial						
rho	.4873063	.0712461	6.84	0.000	.3476665	.6269462
Variance						
lgt_theta	-2.345212	.2519925	-9.31	0.000	-2.839108	-1.851316
sigma2_e	.0010299	.0002446	4.21	0.000	.0005504	.0015094

图 5.1.2　聚类稳健的标准误差估计随机效应的 SDM 估计结果

在结果窗口中能得到空间滞后杜宾模型，如图 5.1.3 所示。

6. 继续进行固定效应的空间杜宾模型估计

在 Command 中输入以下命令：

```
xsmle lngsp lnpcap lnpc lnemp unemp, wmat(usaww) model(sdm) durbin(lnemp) robust nolog
noeffects fe
```

在结果窗口中得到结果，如图 5.1.4 所示。

7. 判断应该是建立随机效应的空间杜宾模型还是固定效应的空间杜宾模型

将随机效应和固定效应的估计结果存储起来后再进行 Hausman 检验。

```
. xsmle lngsp lnpcap lnpc lnemp unemp,wmat(usaww) model(sdm) durbin(lnemp) robust nolog noeffects

SDM with random-effects                              Number of obs =       816

Group variable: state                             Number of groups =        48
Time variable: year                                   Panel length =        17

R-sq:    within  = 0.9436
         between = 0.9905
         overall = 0.9894

Log-pseudolikelihood =   1493.7188
                                  (Std. Err. adjusted for 48 clusters in state)
```

lngsp	Coef.	Robust Std. Err.	z	P>|z|	[95% Conf.	Interval]
Main						
lnpcap	.0269176	.0473241	0.57	0.569	-.0658358	.1196711
lnpc	.2077167	.0691193	3.01	0.003	.0722453	.3431881
lnemp	.7700824	.081884	9.40	0.000	.6095927	.9305722
unemp	-.0047394	.0027155	-1.75	0.081	-.0100617	.0005829
_cons	.8293663	.2337669	3.55	0.000	.3711915	1.287541
Wx						
lnemp	-.4698962	.0760811	-6.18	0.000	-.6190124	-.3207801
Spatial						
rho	.4914648	.0798067	6.16	0.000	.3350467	.647883
Variance						
lgt_theta	-2.43814	.2559763	-9.52	0.000	-2.939844	-1.936436
sigma2_e	.0010468	.0002513	4.16	0.000	.0005542	.0015394

图 5.1.3　去除不显著空间滞后项的随机效应空间杜宾模型估计结果

```
. xsmle lngsp lnpcap lnpc lnemp unemp,wmat(usaww) model(sdm) durbin(lnemp) robust nolog noeffects fe

SDM with spatial fixed-effects                       Number of obs =       816

Group variable: state                             Number of groups =        48
Time variable: year                                   Panel length =        17

R-sq:    within  = 0.9457
         between = 0.9856
         overall = 0.9845

Mean of fixed-effects =  1.0970

Log-pseudolikelihood =   1650.1735
                                  (Std. Err. adjusted for 48 clusters in state)
```

lngsp	Coef.	Robust Std. Err.	z	P>|z|	[95% Conf.	Interval]
Main						
lnpcap	-.0244994	.0475762	-0.51	0.607	-.1177472	.0687483
lnpc	.1775736	.0797905	2.23	0.026	.0211872	.3339601
lnemp	.7326914	.0940439	7.79	0.000	.5483688	.9170141
unemp	-.0037328	.0027181	-1.37	0.170	-.0090602	.0015946
Wx						
lnemp	-.395842	.0931682	-4.25	0.000	-.5784483	-.2132358
Spatial						
rho	.5184857	.0744087	6.97	0.000	.3726473	.6643242
Variance						
sigma2_e	.0009515	.0002346	4.06	0.000	.0004917	.0014113

图 5.1.4　去除不显著空间滞后项的固定效应的空间杜宾模型估计结果

存储随机效应和固定效应的估计结果，并对其表格比较输出，在 Command 窗口中输入以下命令：

```
qui xsmle lngsp lnpcap lnpc lnemp unemp, wmat(usaww) model(sdm) durbin(lnemp) r2 nolog
noeffects re
est sto re
qui xsmle lngsp lnpcap lnpc lnemp unemp, wmat(usaww) model(sdm) durbin(lnemp) r2 nolog
noeffects fe
est sto fe
```

在结果窗口中得到结果，如图 5.1.5 所示。

```
. esttab fe re , b se r2 star( * 0.1  ** 0.05 *** 0.01)
```

	(1) lngsp	(2) lngsp
Main		
lnpcap	-0.0245	0.0269
	(0.0236)	(0.0224)
lnpc	0.178***	0.208***
	(0.0216)	(0.0202)
lnemp	0.733***	0.770***
	(0.0288)	(0.0252)
unemp	-0.00373***	-0.00474***
	(0.000805)	(0.000821)
_cons		0.829***
		(0.158)
Wx		
lnemp	-0.396***	-0.470***
	(0.0412)	(0.0361)
Spatial		
rho	0.518***	0.491***
	(0.0311)	(0.0322)
Variance		
sigma2_e	0.000952***	0.00105***
	(0.0000481)	(0.0000554)
lgt_theta		-2.438***
		(0.132)
N	816	816
R-sq	0.985	0.989

Standard errors in parentheses
* p<0.1, ** p<0.05, *** p<0.01

图 5.1.5　随机效应和固定效应模型的显著性情况

然后进行 Hausman 检验，在 Command 窗口输入以下命令：

```
hausman fe re
```

在结果窗口中得到结果，如图 5.1.6 所示。

```
. hausman fe re

                 ---- Coefficients ----
             |      (b)          (B)            (b-B)     sqrt(diag(V_b-V_B))
             |      fe           re          Difference          S.E.
-------------+----------------------------------------------------------------
      lnpcap |   -.0244994     .0269176       -.0514171        .0073629
        lnpc |    .1775736     .2077167       -.0301431        .0077758
       lnemp |    .7326914     .7700824        -.037391        .0139211
       unemp |   -.0037328    -.0047394        .0010066               .
------------------------------------------------------------------------------
                          b = consistent under Ho and Ha; obtained from xsmle
           B = inconsistent under Ha, efficient under Ho; obtained from xsmle

    Test:  Ho:  difference in coefficients not systematic

                  chi2(4) = (b-B)'[(V_b-V_B)^(-1)](b-B)
                          =   -55.17    chi2<0 ==> model fitted on these
                                        data fails to meet the asymptotic
                                        assumptions of the Hausman test;
                                        see suest for a generalized test
```

图 5.1.6　Hausman 检验结果

从图 5.1.6 中，我们看到 Hausman 统计量为负数，故应采用固定效应的空间杜宾模型。统计量为负数，表明模型不能满足 Hausman 检验的渐近假设。

这时，我们最好先对模型的设定进行分析，看看是否有遗漏变量的问题，或者某些变量是非平稳的，等等。在确定模型的设定没有问题的情况下，再进行 Hausman 检验。如果仍然拒绝原假设，我们就认为随机效应模型的基本假设(个体效应与解释变量不相关)得不到满足。此时，需要采用工具变量法或是使用固定效应模型。

5.2　空间离散选择模型

5.2.1　模型及估计

在经济社会中，经常遇到多元选择问题。决策者按照效用最大化的原则在多个方案中进行选择。例如出行方式，决策者在多种方案中(飞机、火车、汽车等)，根据决策者的条件(年龄、收入、职业、身体状况等)进行选择。但是，一般的离散选择模型可能忽略了空间因素，从而产生估计偏差。因此，本节介绍空间离散模型的最大似然估计法。假设整个社会有有限个体 N，$|N|=n$，每个个体从可选集 M，$|M|=m$ 中选择一个决策方案。且 $N\cap M=\phi$。空间自变量被理解为个体选择的偏好。假设所有决策者的决策没有社会影

响，每个决策者之间是相互独立的。设：u_{qj} 为代表性决策者 q 从 j 个可选方案中获得的决策的随机效用。则 $\boldsymbol{u}_j=(u_{1j},u_{2j},\cdots,u_{nj})'$为 $n\times 1$ 效用向量。$\boldsymbol{v}_j=(v_{1j},v_{2j},\cdots,v_{nj})'$为个体影响决策行为效用的因素向量。

设$\boldsymbol{\varepsilon}_j=(\varepsilon_{1j},\varepsilon_{2j},\cdots,\varepsilon_{nj})'$为个体的随机扰动项。基本的空间离散选择模型为

$$\boldsymbol{u}_j=\rho \boldsymbol{W}\boldsymbol{u}_j+\boldsymbol{\beta}\boldsymbol{v}_j+\boldsymbol{\varepsilon}_j,\quad j\in M \tag{5.2.1}$$

其中，ρ 为空间效用系数，$\boldsymbol{\beta}$ 为参数向量，$\boldsymbol{W}$ 为非负空间权重矩阵，其为行标准化矩阵，使最大特征值为 1。$w_{ij}\neq 0\Leftrightarrow w_{ji}\neq 0$ 表示个体 i 与 j 之间存在效用的影响。规定 $w_{ii}=0$。决策规则由个体的决策组成，即决策向量 $\boldsymbol{y}_j=(y_{1j},y_{2j},\cdots,y_{nj})'$为 $n\times 1$ 离散选择向量。

其中：

$$y_{qj}=\begin{cases}1, & u_{qj}\geqslant u_{qi},i\in M\\ 0, & \text{其他}\end{cases} \tag{5.2.2}$$

对应的对数似然函数为

$$L(\boldsymbol{\theta};\boldsymbol{y})=\ln p(\boldsymbol{y}\mid\boldsymbol{\beta},\rho) \tag{5.2.3}$$

联合概率密度函数为

$$p(y\mid\boldsymbol{\beta},\rho)=\int\ldots\int\left(\prod_{q=1}^{n}\prod_{i=1}^{m}I(u_{qk(q)}\geqslant u_{qi})\right)f_{\varepsilon}(\varepsilon_{11},\cdots,\varepsilon_{nm})\,\mathrm{d}\varepsilon \tag{5.2.4}$$

其中，$\mathrm{d}\varepsilon=\mathrm{d}\varepsilon_{11}\cdots\mathrm{d}\varepsilon_{1m}\cdots\mathrm{d}\varepsilon_{n1}\cdots\mathrm{d}\varepsilon_{nm}$，将式(5.2.4)代入式(5.2.3)，通过最大化式(5.2.3)得到回归结果 $\hat{\beta}$ 和 $\hat{\rho}$。

5.2.2 实例及操作

对于空间离散选择模型的估计，我们可以选择 spregcs 命令：

```
spregcs y x1 x2, wmfile(w) model(#), run(tobit)              //空间截面数据的离散模型估计
spregxt y x1 x2, nc(#) wmfile(w) model(#) run(xttobit)   //空间面板数据的离散模型估计
```

其中，y 为被解释变量，x1 和 x2 为解释变量，w 为空间权重矩阵，model(#)，其中#为空间模型设定，nc(#)中的#表示截面样本个数，有 SAR、SEM、SDM、LAG 和 Durbin 模型，run(#)为模型的估计方法，其中离散选择模型估计方法可以选择 tobit 模型估计方法。

如果没有 spregcs 命令，可以在 Command 窗口中，输入以下命令，进行安装：

```
ssc install spregcs
```

下面采用 spregcs 自带数据进行空间离散选择模型的估计。

在 Command 窗口中，输入以下命令：

```
spregcs ys x1 x2 , wmfile(SPWcs) model(durbin) run(tobit)
```

可在结果窗口中得到结果，如图 5.2.1 所示。

在没有考虑空间权重下，进行离散选择模型估计，并在 Command 窗口中输入以下命令：

```
. clear all

. sysuse spregcs.dta, clear

. spregcs ys x1 x2 , wmfile(SPWcs) model(durbin) run(tobit)

==============================================================================
*** Binary (0/1) Weight Matrix: 49x49 (Non Normalized)
------------------------------------------------------------------------------
* Spatial Durbin Regression (SDM): Model(durbin) - Run(tobit)
==============================================================================
  ys = x1 + x2 + w1x_x1 + w1x_x2
------------------------------------------------------------------------------
 Sample Size         =          49
 Wald Test           =     39.7969   |   P-Value > Chi2(4)        =     0.0000
 F-Test              =      9.9492   |   P-Value > F(4 , 44)      =     0.0000
 R2  (R-Squared)     =      0.4690   |   Raw Moments R2           =     0.8191
 R2a (Adjusted R2)   =      0.4208   |   Raw Moments R2 Adj       =     0.8026
 Root MSE (Sigma)    =     16.0360   |   Log Likelihood Function =  -179.8469
------------------------------------------------------------------------------
- R2h= 0.4919   R2h Adj=  0.4457  F-Test =   10.65 P-Value > F(4 , 44)  0.0000
- R2v= 0.6685   R2v Adj=  0.6384  F-Test =   22.18 P-Value > F(4 , 44)  0.0000
------------------------------------------------------------------------------
          ys |      Coef.   Std. Err.      t    P>|t|     [95% Conf. Interval]
-------------+----------------------------------------------------------------
          x1 |  -.7086871   .1802563    -3.93   0.000     -1.07197   -.3454044
          x2 |  -.8361282   .5324102    -1.57   0.123     -1.90913     .236874
      w1x_x1 |  -.0951969   .0739359    -1.29   0.205    -.2442049    .0538111
      w1x_x2 |   .0464892   .1922603     0.24   0.810     -.340986    .4339644
       _cons |   80.23602   9.155215     8.76   0.000      61.7849    98.68715
------------------------------------------------------------------------------
```

图 5.2.1　空间离散选择模型估计结果

tobit ys x1 x2

可在结果窗口中得到结果，如图 5.2.2 所示。

```
. tobit ys x1 x2

Iteration 0:   log likelihood = -204.27213
Iteration 1:   log likelihood = -204.27213

Tobit regression                                Number of obs     =         49
                                                   Uncensored     =         49
Limits: lower = -inf                               Left-censored  =          0
        upper = +inf                               Right-censored =          0

                                                LR chi2(2)        =      28.19
                                                Prob > chi2       =     0.0000
Log likelihood = -204.27213                     Pseudo R2         =     0.0645

------------------------------------------------------------------------------
          ys |      Coef.   Std. Err.      t    P>|t|     [95% Conf. Interval]
-------------+----------------------------------------------------------------
          x1 |  -.5148601   .1411552    -3.65   0.001    -.7988279   -.2308924
          x2 |  -1.138072   .4570243    -2.49   0.016    -2.057486   -.2186576
       _cons |   65.15603   6.477202    10.06   0.000     52.12558    78.18648
-------------+----------------------------------------------------------------
   var(e.ys)|   244.6334   49.42341                      162.9312    367.3054
------------------------------------------------------------------------------
```

图 5.2.2　普通离散选择模型估计结果

显然，与普通离散选择模型的结果相比较，空间离散选择模型的估计效果有明显的提升。

对于空间面板数据的离散选择模型估计，Stata 软件提供了 spregxt 命令，有兴趣的读者可以安装这些命令包后，进行相应模型的估计。

5.3　空间分位数回归模型

分位数回归(quantile regression，QR)方法不同于经典模型估计方法，它可以估计出被解释变量不同分位点下模型参数的估计，而不同分位点下模型的估计是不同的。与传统的 OLS 只得到均值方程相比，它可以更加详细地描述变量的统计分布。而空间分位数回归和普通分位数回归的区别在于，空间分位数的解释变量中有空间权重矩阵与被解释变量的乘积变量，因此该变量具有内生性。本节首先简要介绍分位数回归的相关理论，再介绍空间分位数回归的模型及其估计。

5.3.1　模型及估计

分位数回归由 Koenker 和 Bassett 于 1978 年提出，与经典回归模型显著不同。经典线性回归模型为

$$Y_i = \boldsymbol{X}_i\boldsymbol{\beta} + u_i,\quad i=1,2,\cdots,n \tag{5.3.1}$$

总体回归函数为

$$E(Y_i \mid \boldsymbol{X}_i) = \boldsymbol{X}_i\boldsymbol{\beta},\quad i=1,2,\cdots,n \tag{5.3.2}$$

建立了被解释变量 Y 的条件均值与解释变量 $\boldsymbol{X}$ 之间的关系，在线性模型中，参数 $\boldsymbol{\beta}$ 揭示了 $\boldsymbol{X}$ 的变化对 Y 的条件均值的直接影响。因此，经典线性回归模型也称均值回归。而分位数回归则利用解释变量 $\boldsymbol{X}$ 和被解释变量 Y 的条件分位数进行建模，试图揭示解释变量随被解释变量 Y 分布的位置、刻度和形状的影响。

假定一个随机变量 Y 具有如下的概率分布函数：

$$F(Y) = \text{Prob}(Y \leqslant y) \tag{5.3.3}$$

则对于 $0<\theta<1$，Y 的 θ 分位数可以被定义为

$$Q(\theta) = \inf\{y: F(y) \geqslant \theta\} \tag{5.3.4}$$

给定 Y 的 n 个观测值，传统的经验分布函数给定为

$$F_n(y) = \frac{1}{n}\sum_i I(Y_i \leqslant y) \tag{5.3.5}$$

式中，$I(z)$是一个指示函数，若括号部分为真则其值为 1，否则为 0。相对应的分位数被定义为

$$Q_n(\theta) = \inf\{y: F_n(y) \geqslant \theta\} \tag{5.3.6}$$

等价地，式(5.3.6)可以转化为求一个最优化问题：

$$Q_n(\theta) = \arg\min_{\xi}\left\{\sum_{i:Y_i\geqslant\xi}\theta \mid Y_i - \xi \mid + \sum_{i:Y_i<\xi}(1-\theta) \mid Y_i - \xi \mid\right\}$$

$$=\arg\min_{\xi}\left\{\sum_{i}\rho_{\theta}(Y_i-\xi)\right\} \tag{5.3.7}$$

式中，$\rho_{\theta}(\mu)=\mu[\theta-1(\mu<0)]$是“校验函数”，其对正值和负值进行不对称的加权。

分位数回归是对如上简单形式的扩展。如果 Y 的条件分位数由 k 个解释变量 $\boldsymbol{X}$ 线性组合表示，即 Y 的 θ 条件分位数被定义为

$$Q(\theta \mid \boldsymbol{X}_i,\boldsymbol{\beta}(\theta))=\boldsymbol{X}'_i\boldsymbol{\beta}(\theta) \tag{5.3.8}$$

式中，$\boldsymbol{\beta}(\theta)$是与 θ 分位相关的系数向量。于是，分位数回归参数估计量为

$$\hat{\beta}_n(\theta)=\operatorname{argmin}_{\beta(\theta)}\left\{\sum_{i}\rho_{\theta}(Y_i-\boldsymbol{X}'_i\boldsymbol{\beta}(\theta))\right\} \tag{5.3.9}$$

分位数回归估计方法，即求得式(5.3.9)参数估计量的方法有两类：一类是直接优化法，如单纯形法、内点法等；另一类是参数化方法，如结合 MCMC 的贝叶斯估计方法。分位数回归适用于分析一个包含因变量分布改变的问题，分位数回归允许在不同分位点上的因变量在解释变量作用下存在不同的分布。

空间分位数回归模型大致可分为参数回归模型、半参数回归模型和非参数回归模型。

在空间模型的分位数回归中，一般将 SAR 模型中的 WY 当作一个内生变量，因此空间分位数回归和普通分位数回归的区别在于解释变量具有内生性。当数据集很大且包含了多个区域而不是一块地区时，空间分位数回归并不是空间模型中的最好选择。当因变量由于空间的变化平滑地改变时，非参数步骤是一个更好的选择，本书只进行参数回归的模型讲解。

混合空间自回归(mixed regressive-spatial autoregression ,MSAR)模型可以写成

$$\boldsymbol{Y}_n=\lambda_0\boldsymbol{W}_n\boldsymbol{Y}_n+\boldsymbol{X}_n\boldsymbol{\beta}_0+\boldsymbol{\varepsilon}_n \tag{5.3.10}$$

其中，$\boldsymbol{X}_n$ 是 $n\times k$ 解释变量矩阵，每一行为一 k 维向量，$\boldsymbol{Y}_n$ 是因变量，$\boldsymbol{W}_n$ 是 $n\times n$ 矩阵，表示了每个 $\boldsymbol{Y}$ 和它相邻区位的空间信息。

空间分位数估计的最小化问题可以转化为$(\hat{\boldsymbol{\lambda}}_{\tau},\hat{\boldsymbol{\beta}}_{\tau})=\underset{(\lambda_{\tau},\boldsymbol{\beta}_{\tau})}{\arg\min}\sum_{i}|y_i-\boldsymbol{x}_i\boldsymbol{\beta}_{\tau}|h_i$，其中$(y_1,\cdots,y_n)'=\boldsymbol{Y}_n-\lambda_{\tau}\boldsymbol{W}_n\boldsymbol{Y}_n$，当 $y_i-x_i\beta>0$ 时，权重 h_i 定义为 $h_i=\tau$；当 $y_i-x_i\beta\leqslant 0$ 时，权重 h_i 定义为 $h_i=1-\tau$。

对于模型的估计，因为 WY 出现在模型的右边，因此通常情况下最小二乘估计是不适合的。MSAR 模型存在几类估计方法。其中一类是常用的极大似然估计，极大似然估计有着较好的性质，但是由于涉及计算一个稀疏矩阵的逆，当样本量很大时，计算上比较困难，另外一个估计是 Kelejian 和 Prucha(1999)提出的两阶段最小二乘估计，这个方法需要引入工具变量。2SLS 估计计算简单，但是相对于极大似然估计效率较低。另一类称为广义矩估计，广义矩估计计算量比 2SLS 大，但是比 MLE 估计计算量小，效率较 2SLS 高。这些估计方法都是基于扰动项独立同分布的假设，但很多时候误差项存在非齐次性，扰动项独立同分布的假设并不合适，上述估计方法都会受到影响。

接下来，我们将引进分位数约束下的空间自回归模型及其估计方法。

根据式(5.3.10)中 MSAR 模型的形式，结合通常的分位数回归假定，得到如下模型

$$\boldsymbol{Y}_n=\lambda_{0\tau}\boldsymbol{W}_n\boldsymbol{Y}_n+\boldsymbol{X}_n\boldsymbol{\beta}_{0\tau}+\boldsymbol{\varepsilon}_n \tag{5.3.11}$$

其中，$\boldsymbol{\varepsilon}_i$ 的 τ 分位数等于 0，空间滞后参数 $\lambda_{0\tau}$ 以及参数 $\boldsymbol{\beta}_{0\tau}$ 都依赖于参数 τ。例如，考察房价水平($\boldsymbol{Y}$)，显然某区域房价水平会受到邻近区域房价水平以及房屋造价($\boldsymbol{X}$)的影响。且有理由相信，邻近地区房价对于高水平房价(高分位点 $\tau=0.9$)的影响与低水平房价(低分位点 $\tau=0.1$)的影响不同，也就意味着空间相依参数 λ 应该随 τ 变化。同理，造价对高水平房价以及低水平房价的影响也应该存在差异，这意味着 $\boldsymbol{\beta}$ 应该随着考察分位点 τ 的不同而变化。

模型(5.3.11)并不是对 $\boldsymbol{Y}_n$ 的条件分位数建模，因此对模型的解释并不像普通的分位数回归那样直接。实际上，可以将模型看成一类特殊的结构方程模型(将 $\lambda_{0\tau}$，$\boldsymbol{\beta}_{0\tau}$ 看作结构参数)。因此，可采用 Amemiya(1982)，Chen 和 Portnoy(1996)的两阶段估计方法进行估计。Su 和 Yang(2007)利用 Chernozhukov 和 Hansen(2006)的工具变量分位数回归(IVQR)方法估计模型。本书介绍 IVQR 估计方法，因为其与通常的分位数回归联系更紧密，拥有更好的有限样本性质，且计算较容易。IVQR 估计方法简述如下。

用 $\bar{Y}_{n,i}$ 表示 $\boldsymbol{W}_n\boldsymbol{Y}_n$ 的第 i 个元素，那么模型(5.3.11)中的参数($\lambda_{0\tau}$，$\boldsymbol{\beta}_{0\tau}$)的估计可通过下式得到

$$(\hat{\lambda}_{0\tau},\hat{\boldsymbol{\beta}}_{0\tau})=\arg\min_{\lambda,\boldsymbol{\beta}}\frac{1}{n}\sum_{i=1}^{n}\rho_{\tau}(Y_{n,i}-\lambda\bar{Y}_{n,i}-\boldsymbol{X}_{n,i}\boldsymbol{\beta}) \tag{5.3.12}$$

但由于 $\bar{Y}_{n,i}$ 的内生性，这样直接得到的估计通常不具有相合性。

在真实参数 $\lambda_{0\tau}$、$\boldsymbol{\beta}_{0\tau}$，模型(5.3.12)可以重新写为

$$\boldsymbol{Y}_n-\lambda_{0\tau}\boldsymbol{W}_n\boldsymbol{Y}_n=\boldsymbol{X}_n\boldsymbol{\beta}_{0\tau}+\boldsymbol{\varepsilon}_n \tag{5.3.13}$$

记 $\boldsymbol{Y}_n-\lambda_{0\tau}\boldsymbol{W}_n\boldsymbol{Y}_n$ 的第 i 个元素为 $Y^*_{n,i}(\lambda_{0,\tau})$，$\boldsymbol{X}_n$ 的第 i 行所形成的向量记为 $\boldsymbol{X}_{n,i}$，那么模型(5.3.13)可以写成

$$Y^*_{n,i}(\lambda_{0,\tau})=\boldsymbol{X}_{n,i}\boldsymbol{\beta}_{0\tau}+\varepsilon_{n,i},\quad i=1,\cdots,n \tag{5.3.14}$$

可以看出，变换后的 $Y^*_{n,i}(\lambda_{0,\tau})$ 相互独立，并且有 $P(Y^*_{n,i}(\lambda_{0,\tau})<\boldsymbol{X}_{n,i}\boldsymbol{\beta}_{0\tau}|X_{n,i})=\tau$。也就是说，如果参数 $\lambda_{0\tau}$ 已知，那么可以将式(5.3.14)看作标准的线性分位数回归模型，对参数 $\boldsymbol{\beta}_{0\tau}$ 进行估计。当 $\lambda_{0\tau}$ 未知，对任意 $\lambda\in(-1,1)$，有如下表达式

$$\boldsymbol{Y}_n-\lambda\boldsymbol{W}_n\boldsymbol{Y}_n=(\lambda_{0\tau}-\lambda)\boldsymbol{W}_n\boldsymbol{Y}_n+\boldsymbol{X}_n\boldsymbol{\beta}_{0\tau}+\boldsymbol{\varepsilon}_n \tag{5.3.15}$$

或记为

$$Y^*_{n,i}(\lambda)=(\lambda_{0\tau}-\lambda)\bar{Y}_{n,i}+\boldsymbol{X}_{n,i}\boldsymbol{\beta}_{0\tau}+\varepsilon_{n,i} \tag{5.3.16}$$

可以看出，如果 $\lambda\neq\lambda_{0\tau}$，那么受 $(\lambda_{0\tau}-\lambda)\bar{Y}_{n,i}$ 的影响，$Y^*_{n,i}(\lambda)$ 的条件分位数不再是 $\boldsymbol{X}_{n,i}\boldsymbol{\beta}_{0\tau}$，这也间接说明了不能直接用普通分位数直接估计 $\lambda_{0\tau}$、$\boldsymbol{\beta}_{0\tau}$。Su 和 Yang(2007)

设存在 $\bar{Y}_{n,i}$ 的工具变量 $\boldsymbol{Z}_{n,i}$，且

$$P_r(Y_{n,i}\leqslant\lambda_{0\tau}\bar{Y}_{n,i}+\boldsymbol{X}_{n,i}\boldsymbol{\beta}_{0\tau}\mid\boldsymbol{X}_{n,i},Z_{n,i})=\tau \tag{5.3.17}$$

或者等价表示为

$$0\in\arg\min_{g\in G}E\rho_{\tau}[\boldsymbol{Y}_{n,i}-\lambda_{0\tau}\bar{\boldsymbol{Y}}_{n,i}-\boldsymbol{X}_{n,i}\boldsymbol{\beta}_{0\tau}-g(\boldsymbol{X}_{n,i},\boldsymbol{Z}_{n,i})] \tag{5.3.18}$$

其中，G 是关于$(\boldsymbol{X}_{n,i},\boldsymbol{Z}_{n,i})$的可测函数类。例如，$g$ 可以取线性函数，进而定义加权分位数回归的样本估计目标函数

$$Q_{n\tau}(\lambda,\boldsymbol{\beta},\boldsymbol{\gamma}) \equiv \frac{1}{n}\sum_{i=1}^{n}\rho_{r}(Y_{n,i}-\lambda_{0\tau}\bar{Y}_{n,i}-\boldsymbol{X}_{n,i}\boldsymbol{\beta}_{0\tau}-\boldsymbol{Z}_{n,i}\boldsymbol{\gamma})v_{n,i} \tag{5.3.19}$$

其中，$v_{n,i}>0$ 为权重，对于线性模型，$v_{n,i}$ 可以取 1。在一定的条件下，如果 γ 接近于 0，那么$(\lambda,\boldsymbol{\beta})$就应该接近于真实参数$(\lambda_{0\tau},\boldsymbol{\beta}_{0\tau})$。Liang 和 Yang(2007)采用如下步骤进行估计。

(1) 给定 λ，计算 $\boldsymbol{Y}_{n,i}-\lambda\bar{\boldsymbol{Y}}_{n,i}$ 对$(\boldsymbol{X}_{n,i}^{t},\boldsymbol{Z}_{n,i}^{t})^{t}$ 的普通线性回归：

$$(\hat{\boldsymbol{\beta}}(\lambda,\tau)^{t},\hat{\boldsymbol{\gamma}}(\lambda,\tau)^{t})^{t}=\underset{\boldsymbol{\beta},\boldsymbol{\gamma}}{\operatorname{argmin}}\sum_{i=1}^{n}\rho_{\tau}(Y_{n,i}-\lambda\bar{Y}_{n,i}-\boldsymbol{X}_{n,i}^{t}\boldsymbol{\beta}-\boldsymbol{Z}_{n,i}^{t}\boldsymbol{\gamma}) \tag{5.3.20}$$

(2) 关于 λ，最小化 $\hat{\gamma}(\lambda,\tau)$的模型，得到 IVQR 估计 $\lambda_{0\tau}$，也就是

$$\hat{\lambda}_{0\tau}=\underset{\gamma}{\operatorname{argmin}}\ \|\hat{\gamma}(\lambda,\tau)\|_{\hat{A}} \tag{5.3.21}$$

其中，$\|\gamma\|_{A}=\gamma'\boldsymbol{A}\gamma$，$\hat{A}=A+O_{p}(1)$，$\boldsymbol{A}$ 是选定的一正定矩阵。

(3) 计算 $Y_{n,i}-\hat{\lambda}(\tau)\bar{Y}_{n,i}$ 对$(\boldsymbol{X}_{n,i}^{t},\boldsymbol{Z}_{n,i}^{t})^{t}$ 的普通线性回归，得到参数$\boldsymbol{\beta}_{0\tau}$ 的估计

$$\hat{\boldsymbol{\beta}}(\tau)=\hat{\boldsymbol{\beta}}(\hat{\lambda}(\tau),\tau) \tag{5.3.22}$$

需要注意的是，IVQR 估计过程中，矩阵权重 $\boldsymbol{A}$ 的选择影响到估计的效率。$\boldsymbol{A}$ 的一个自然选择是$\sqrt{n}[\hat{\boldsymbol{\gamma}}(\lambda,\tau)-\boldsymbol{\gamma}_{0}(\lambda,\tau)]$渐进分布协方差之逆。在运用中，工具变量 $\boldsymbol{Z}_{n}$ 通常由$(\boldsymbol{W}_{n}\boldsymbol{X}_{n},\boldsymbol{W}_{n}^{2}\boldsymbol{X}_{n},\cdots)$线性无关列组成，并且应当包含 $\boldsymbol{W}_{n}\boldsymbol{X}_{n}$ 的全部线性无关列。模拟研究表明，在许多情况下，IVQR 估计方法的表现要优于 2SLS 和 GMM 方法，特别是异方差出现的情况。

5.3.2 实例及操作

经济发展水平受到城乡收入差距、人力资本、外商直接投资等因素的影响。本例选取 2015 年我国 30 个省区市(不包含西藏)的数据，建立如下模型：

$$\ln \mathbf{RGDP}=\rho \boldsymbol{W}\ln \mathbf{RGDP}+\boldsymbol{\beta X}+\boldsymbol{u}$$

其中，RGDP 为经济发展水平(以人均 GDP 作为代理变量)，X 为控制变量，包括 FDI、FD，分别表示外商直接投资(各省份实际利用外商直接投资额占地区生产总值比重)、金融发展(各省份金融机构贷款总额占地区生产总值的比重)。

W 是邻接空间权重矩阵，即

$$\boldsymbol{W}_{ij}=\begin{cases}0, & \text{第 } i \text{ 区域与第 } j \text{ 区域地理位置相邻}\\ 1, & \text{第 } i \text{ 区域与第 } j \text{ 区域地理位置不相邻}\end{cases}$$

还没有找到相应的软件包估计空间分位数回归模型，我们把上述空间模型视为多元线性回归模型，其中解释变量 **W** ln **RGDP** 为内生解释变量，本例采用对外开放度 W OPEN(各省份进出口总额占地区生产总值比重来衡量)作为 **W** ln **BGDP** 的工具变量，对回归模型进行分位数回归估计。为了简化起见，下面把 RGDP 和 FDI 的对数仍然记为

RGDP 和 FDI。

Stata 的 IVQR 语法为

ivqreg 被解释变量解释变量(内生解释变量变量＝工具变量),q(分位数)

在命令窗口输入：

```
ivqreg RGDP FDI FD ( WRGDP = WOPEN ),q(0.3)
```

结果如表 5.3.1 所示。

表 5.3.1　0.3 分位点下的估计结果

RGDP	系数	样本标准差	z	p	95%置信区间	
W GDP	0.113 911	0.118 581 2	0.96	0.337	−0.118 503 8	0.346 325 8
FDI	3.908 18	3.646 947	1.07	0.284	−3.239 704	11.056 06
FD	0.080 586 9	0.224 906	0.36	0.720	−0.360 220 7	0.521 394 5
CONSTANT	5.714 497	0.354 211 6	16.13	0.000	5.020 255	6.408 739

在命令窗口输入：

```
ivqreg RGDP FDI FD ( WRGDP = WOPEN ),q(0.5)
```

结果如表 5.3.2 所示。

表 5.3.2　0.5 分位点下的估计结果

RGDP	系数	样本标准差	z	p	95%置信区间	
W GDP	0.076 66	0.097 045 5	0.79	0.430	−0.113 544 5	0.266 866 8
FDI	8.414 328	2.984 62	2.82	0.005	2.564 58	14.264 08
FD	0.430 771 9	0.184 060 5	2.34	0.019	0.070 019 9	0.791 523 9
CONSTANT	5.677 253	0.289 882 8	19.58	0.000	5.109 093	6.245 413

在命令窗口输入：

```
ivqreg RGDP FDI FD ( WRGDP = WOPEN ),q(0.7)
```

结果如表 5.3.3 所示。

表 5.3.3　0.7 分位点下的估计结果

RGDP	系数	样本标准	z	p	95%置信区间	
W GDP	−0.063 172 4	0.109 498 8	−0.58	0.564	−0.277 786 2	0.151 441 3
FDI	8.616 606	3.367 621	2.56	0.011	2.016 191	15.217 02
FD	0.559 285	0.207 68	2.69	0.007	0.152 239 6	0.966 330 4
CONSTANT	6.890 491	0.327 081 9	21.07	0.000	6.249 422	7.531 56

从回归结果可以看出，在不同分位数时，回归的结果不同，从回归系数中可以发现外商直接投资、金融发展对经济发展水平呈现正相关，但随着分位数的不同而系数不同，原因可能是经济发展水平较低的省份，经济发展水平对外商直接投资以及金融发展程度的依赖性更强。

5.4 空间联立方程模型

5.4.1 模型

1. 空间相关性时的空间联立方程模型

我们考虑一个有关 n 个跨地区单位因素的空间联立方程模型系统：

$$\boldsymbol{Y}_n = \boldsymbol{Y}_n \boldsymbol{B} + \boldsymbol{X}_n \boldsymbol{C} + \overline{\boldsymbol{Y}}_n \boldsymbol{\Lambda} + \boldsymbol{U}_n \tag{5.4.1}$$

其中，$\boldsymbol{Y}_n=(\boldsymbol{y}_{1,n}\cdots,\boldsymbol{y}_{m,n})$，$\boldsymbol{X}_n=(\boldsymbol{x}_{1,n},\cdots,\boldsymbol{x}_{k,n})$，$\boldsymbol{U}_n=(\boldsymbol{u}_{1,n},\cdots,\boldsymbol{u}_{m,n})$，$\overline{\boldsymbol{Y}}_n=(\overline{\boldsymbol{y}}_{1,n}\cdots,\overline{\boldsymbol{y}}_{m,n})$，$\overline{\boldsymbol{y}}_{j,n}=\boldsymbol{W}_n\boldsymbol{y}_{j,n}$，$j=1,\cdots,m$。

式中，$\boldsymbol{y}_{j,n}$ 表示的是在第 j 个方程中的 n 个有关被解释变量的跨地区观测值的向量；$\boldsymbol{x}_{l,n}$ 表示的是在第 l 个方程中的 n 个有关外生变量的跨地区观测值的向量；$\boldsymbol{u}_{j,n}$ 表示的是在第 j 个方程中的 n 个扰动项向量；$\boldsymbol{W}_n$ 表示的是已知常量 $n\times n$ 的权重矩阵；$\boldsymbol{B}$，$\boldsymbol{C}$ 和 $\boldsymbol{\Lambda}$ 分别表示 $m\times m$，$k\times m$，$m\times m$ 的参数矩阵。

在模型中有关外生变量的空间溢出效应通过向量 $\boldsymbol{y}_{j,n}$，$j=1,\cdots,m$ 来体现。向量 $\overline{\boldsymbol{y}}_{j,n}$ 通常被表示为 $\boldsymbol{y}_{j,n}$ 的空间滞后形式。$\overline{\boldsymbol{y}}_{j,n}$ 的第 i 个元素可以表示为

$$\overline{y}_{ij,n} = \sum_{r=1}^{n} \omega_{ir,n} y_{rj,n} \tag{5.4.2}$$

如果 i 地区和 r 地区元素的相关性十分显著，那么我们通常认为加权矩阵是非零矩阵($\omega_{ir,n}$)。在这种情况下，i 地区元素和 r 地区元素通常会被看成是相邻的。在相邻元素之间，通常会在地理位置或者技术相关性等某些方面是非常接近的。

同时我们认为$\boldsymbol{\Lambda}$ 不是对角矩阵，则第 j 个内生变量由自己的空间滞后和其他内生变量的空间滞后同时决定。

2. 空间自相关和空间残差相关的空间联立方程模型

除了允许内生变量的决定因素可以是其本身的空间滞后项，还可以认为随机干扰项也受到扰动项本身的空间滞后效应所影响。我们假设扰动项是由以下空间自回归过程产生的：

$$\boldsymbol{U}_n = \overline{\boldsymbol{U}}_n \boldsymbol{R} + \boldsymbol{E}_n \tag{5.4.3}$$

其中，$\boldsymbol{E}_n=(\boldsymbol{\varepsilon}_{1,n},\cdots,\boldsymbol{\varepsilon}_{m,n})$；$\boldsymbol{R}=\mathrm{diag}_{j=1}^{m}(\rho_j)$；$\overline{\boldsymbol{U}}_n=(\overline{\boldsymbol{u}}_{1,n},\cdots,\overline{\boldsymbol{u}}_{m,n})$；$\overline{\boldsymbol{u}}_{j,n}=\boldsymbol{W}_n\boldsymbol{u}_{j,n}$，$j=1,\cdots,m$。$\boldsymbol{\varepsilon}_{j,n}$ 表示 $n\times 1$ 的信息向量，ρ_j 代表第 j 个方程的空间自回归参数。向量 $\overline{\boldsymbol{u}}_{j,n}$ 通常被表示为 $\boldsymbol{u}_{j,n}$ 的空间滞后形式。不同于$\boldsymbol{\Lambda}$ 假设为对角矩阵，此处我们假定 $\boldsymbol{R}$ 为对角矩阵，所以扰动变量矩阵的决定因素只有该扰动变量的滞后项。但是，从下面对于信息变量$\boldsymbol{\varepsilon}_{j,n}$，$j=1,\cdots,m$ 的假设可以发现，扰动项不仅和各个元素存在空间相关，而且方程之

间的扰动项也存在空间相关。

下面，我们将对式(5.4.1)与式(5.4.2)进行变形，以更清晰的形式展现内生变量所包含的各种效应。我们假设

$$\begin{aligned} &\boldsymbol{y}_n=\operatorname{vec}(\boldsymbol{Y}_n),\quad \bar{\boldsymbol{y}}_n=\operatorname{vec}(\bar{\boldsymbol{Y}}_n),\quad \boldsymbol{x}_n=\operatorname{vec}(\boldsymbol{X}_n)\\ &\boldsymbol{u}_n=\operatorname{vec}(\boldsymbol{U}_n),\quad \bar{\boldsymbol{u}}_n=\operatorname{vec}(\bar{\boldsymbol{U}}_n),\quad \boldsymbol{\varepsilon}_n=\operatorname{vec}(\boldsymbol{E}_n) \end{aligned} \tag{5.4.4}$$

值得注意的是 $\bar{\boldsymbol{y}}_n=(\boldsymbol{I}_m\otimes\boldsymbol{W}_n)\boldsymbol{y}_n$，并且，如果 $\boldsymbol{A}_1$ 和 $\boldsymbol{A}_2$ 两者是可以相乘的矩阵，那么有 $\operatorname{vec}(\boldsymbol{A}_1\boldsymbol{A}_2)=(\boldsymbol{A}_2'\otimes\boldsymbol{I})\operatorname{vec}(\boldsymbol{A}_1)$，式(5.4.1)与式(5.4.2)可以变为

$$\begin{aligned} &\boldsymbol{y}_n=\boldsymbol{B}_n^*\boldsymbol{y}_n=\boldsymbol{C}_n^*\boldsymbol{x}_n+\boldsymbol{u}_n\\ &\boldsymbol{u}_n=\boldsymbol{R}_n^*\boldsymbol{u}_n+\boldsymbol{\varepsilon}_n \end{aligned} \tag{5.4.5}$$

其中，$\boldsymbol{B}_n^*=[(\boldsymbol{B}'\otimes\boldsymbol{I}_n)+(\boldsymbol{\Lambda}'\otimes\boldsymbol{W}_n)]$，$\boldsymbol{C}_n^*=(\boldsymbol{C}'\otimes\boldsymbol{I}_n)$，$\boldsymbol{R}_n^*=(\boldsymbol{R}'\otimes\boldsymbol{W}_n)=\operatorname{diag}_{j=1}^m(\rho_j\boldsymbol{W}_n)$，$\boldsymbol{R}=\operatorname{diag}_{j=1}^m(\rho_j)$。

最后，我们将对式(5.4.1)进行排他性的限制。我们将$\boldsymbol{\beta}_j$，$\boldsymbol{\gamma}_j$ 和 $\boldsymbol{\lambda}_j$ 依次看成 $\boldsymbol{B}$，$\boldsymbol{C}$ 和 $\boldsymbol{\Lambda}$ 的第 j 列非零向量。$\boldsymbol{Y}_{j,n}$，$\boldsymbol{X}_{j,n}$ 和 $\bar{\boldsymbol{Y}}_{j,n}$ 分别代表内生变量，外生变量和内生变量的滞后变量，我们将式(5.4.1)和式(5.4.2)表示成为

$$\begin{aligned} &\boldsymbol{y}_{j,n}=\boldsymbol{Z}_{j,n}\boldsymbol{\delta}_j+\boldsymbol{u}_{j,n}\\ &\boldsymbol{u}_{j,n}=\rho_j\boldsymbol{W}_n\boldsymbol{u}_{j,n}+\boldsymbol{\varepsilon}_{j,n} \end{aligned} \tag{5.4.6}$$

其中，$\boldsymbol{Z}_{j,n}=(\boldsymbol{Y}_{j,n},\boldsymbol{X}_{j,n},\bar{\boldsymbol{Y}}_{j,n})$，$\boldsymbol{\delta}_j=(\boldsymbol{\beta}_j',\boldsymbol{\gamma}_j',\boldsymbol{\lambda}_j')$。

3. 空间联立方程模型的假设

空间联立方程模型主要有以下 7 个假设。

假设 1：空间权重矩阵 $\boldsymbol{W}_n$ 的对角线上的元素都是 0。

假设 2：矩阵$(\boldsymbol{I}_{mn}-\boldsymbol{B}_n^*)$和$(\boldsymbol{I}_n-\rho_j\boldsymbol{W}_n)$是非奇异矩阵，且$|\rho_j|<1$，$j=1,\cdots,m$。

假设 3：矩阵 $\boldsymbol{W}_n$，$(\boldsymbol{I}_{mn}-\boldsymbol{B}_n^*)^{-1}$ 和$(\boldsymbol{I}_n-\rho_j\boldsymbol{W}_n)^{-1}$ 的行和列之和限定为绝对值。

假设 4：当 n 足够大时，外生回归矩阵 $\boldsymbol{X}_n$ 是满列秩的。除此之外，矩阵 $\boldsymbol{X}_n$ 的每一个元素限定为绝对值。

下面一个假设定义了信息过程的基本特征。下面我们令 $\boldsymbol{V}_n=(\boldsymbol{v}_{1,n},\cdots,\boldsymbol{v}_{m,n})$是一个 $n\times m$ 的基本信息矩阵，同时令 $\boldsymbol{v}_n=\operatorname{vec}(\boldsymbol{V}_n)$。

假设 5：信息向量$\boldsymbol{\varepsilon}_n$ 可以表示为

$$\boldsymbol{\varepsilon}_n=(\boldsymbol{\Sigma}_*'\otimes\boldsymbol{I}_n)\boldsymbol{v}_n \tag{5.4.7}$$

这里假设$\boldsymbol{\Sigma}_*$ 是一个 $n\times m$ 的非奇异矩阵，并设随机变量$\{v_{ij,n}: i=1,\cdots,n,j=1,\cdots,m\}$，对于每个 n，都是均值为 0 方差为 1 的分布，且每个分布不取决于 n。同时，我们假设$\boldsymbol{\Sigma}=\boldsymbol{\Sigma}_*'\boldsymbol{\Sigma}_*$，因此矩阵$\boldsymbol{\Sigma}$ 对角线上的元素都限定为某个常数 $b<\infty$。

向量$\boldsymbol{\varepsilon}_n(i)$和$\boldsymbol{v}_n(i)$分别表示矩阵 $\boldsymbol{E}_n$ 和矩阵 $\boldsymbol{V}_n$ 的第 i 行向量。可以发现 $\boldsymbol{E}_n=\boldsymbol{V}_n\boldsymbol{\Sigma}$，即$\boldsymbol{\varepsilon}_n(i)=\boldsymbol{v}_n(i)\boldsymbol{\Sigma}$。根据假设 5 可以知道：所有信息向量$\{\boldsymbol{\varepsilon}_n(i): 1\leqslant i\leqslant n\}$相互独立且服从均值为 0、方差协方差矩阵为$\boldsymbol{\Sigma}$ 的分布。因此，我们可以发现扰动过程的信息向量在空间上是不相关的。然而，与传统联立方程模型类似，模型允许这种同一截

面单位的信息在方程之间也是相关的。这一性质可以从 $E\boldsymbol{\varepsilon}_n=0$ 和 $E\boldsymbol{\varepsilon}_n\boldsymbol{\varepsilon}'_n=\boldsymbol{\Sigma}\otimes\boldsymbol{I}_n$ 观察得到。

我们建议的估计方法是工具变量法。令 $\boldsymbol{H}_n$ 为一个 $n\times p$ 的工具变量矩阵。事实上，矩阵 $\boldsymbol{H}_n$ 将多次作为线性独立列向量组（$\boldsymbol{X}_n,\boldsymbol{W}_n\boldsymbol{X}_n,\cdots,\boldsymbol{W}_n^s\boldsymbol{X}_n$）的一个子集，这里的 $s(s\geqslant 1)$ 是一个大小有限的整数，通常小于或者等于 2，所以接下来的假设是关于工具变量的。

假设 6：工具变量矩阵 $\boldsymbol{H}_n$（非随机的）至少包括了线性独立列向量组（$\boldsymbol{X}_n,\boldsymbol{W}_n\boldsymbol{X}_n$）。矩阵 $\boldsymbol{H}_n$ 的每一个元素都限定为绝对值。进一步认为矩阵 $\boldsymbol{H}_n$ 有以下特征：

(1) $\boldsymbol{Q}_{HH}=\lim\limits_{n\to\infty}n^{-1}\boldsymbol{H}'_n\boldsymbol{H}_n$ 是有限可逆矩阵。

(2) $\boldsymbol{Q}_{HZ_j}=\lim\limits_{n\to\infty}n^{-1}\boldsymbol{H}'_nE(\boldsymbol{Z}_{j,n})$ 是有限矩阵且是列满秩的，其中 $j=1,\cdots,m$。

(3) $\boldsymbol{Q}_{HWZ_j}=\lim\limits_{n\to\infty}n^{-1}\boldsymbol{H}'_n\boldsymbol{W}_nE(\boldsymbol{Z}_{j,n})$ 是有限矩阵且是列满秩的，其中 $j=1,\cdots,m$。

(4) $\boldsymbol{Q}_{HZ_j}-\rho_j\boldsymbol{Q}_{HWZ_j}$ 是列满秩的，其中 $j=1,\cdots,m$。

(5) $\boldsymbol{\Xi}_j=\lim\limits_{n\to\infty}n^{-1}\boldsymbol{H}'_n(\boldsymbol{I}_n-\rho_j\boldsymbol{W}_n)^{-1}(\boldsymbol{I}_n-\rho_j\boldsymbol{W}'_n)^{-1}\boldsymbol{H}_n$ 是有限可逆矩阵，$j=1,\cdots,m$。

接下来的假设是为了确保自回归参数 $\rho_1,\cdots,\rho_m$ 是“显著地特别”[详细内容参见 Kelejian 和 Prucha(1999)]。

假设 7：假设 $j=1,\cdots,m$，有

$$\boldsymbol{\Gamma}_{j,n}=n^{-1}E\begin{bmatrix}2\boldsymbol{u}'_{j,n}\bar{\boldsymbol{u}}_{j,n} & -\bar{\boldsymbol{u}}'_{j,n}\bar{\boldsymbol{u}}_{j,n} & n\\ 2\bar{\bar{\boldsymbol{u}}}'_{j,n}\bar{\boldsymbol{u}}_{j,n} & -\bar{\bar{\boldsymbol{u}}}'_{j,n}\bar{\bar{\boldsymbol{u}}}_{j,n} & \mathrm{tr}(\boldsymbol{W}'_n\boldsymbol{W}_n)\\ \boldsymbol{u}'_{j,n}\bar{\bar{\boldsymbol{u}}}_{j,n}+\bar{\boldsymbol{u}}'_{j,n}\bar{\boldsymbol{u}}_{j,n} & -\bar{\bar{\boldsymbol{u}}}'_{j,n}\bar{\boldsymbol{u}}_{j,n} & 0\end{bmatrix}\tag{5.4.8}$$

其中，$\bar{\boldsymbol{u}}'_{j,n}=\boldsymbol{W}_n\boldsymbol{u}_{j,n}$，$\bar{\bar{\boldsymbol{u}}}'_{j,n}=\boldsymbol{W}_n\bar{\boldsymbol{u}}_{j,n}$，$\bar{\boldsymbol{u}}_{j,n}=\boldsymbol{W}_n^2\boldsymbol{u}_{j,n}$。我们令 $\eta_{j,n}$ 是矩阵$\boldsymbol{\Gamma}'_{j,n}\boldsymbol{\Gamma}_{j,n}$ 的最小特征值，再假设 $\eta_{j,n}\geqslant\eta>0$，所以矩阵$\boldsymbol{\Gamma}'_{j,n}\boldsymbol{\Gamma}_{j,n}$ 的最小特征值是大于 0 的。类似地，我们定义 $\bar{\varepsilon}_{j,n}=\boldsymbol{W}_n\varepsilon_{j,n}$，$\bar{\bar{\varepsilon}}_{j,n}=\boldsymbol{W}_n^2\varepsilon_{j,n}$。

4. 空间联立方程模型的检验

本部分将介绍回归残差的标准检验的基本架构，讨论如何将该检验与空间联立方程相联系，并将该检验运用到该模型中。空间自相关的 Moran 或者 Cliff-Ord 统计检验以残差 $\hat{u}$ 的形式可以表示成

$$I=\frac{\sum\limits_{i=1}^{n}\sum\limits_{j=1}^{n}\hat{u}_i\hat{u}_jw_{ij}}{\sum\limits_{i=1}^{n}\hat{u}_i^2}(n/s)=\frac{\hat{\boldsymbol{u}}'\boldsymbol{W}\hat{\boldsymbol{u}}}{\hat{\boldsymbol{u}}'\hat{\boldsymbol{u}}}(n/s)\tag{5.4.9}$$

其中，$\boldsymbol{W}$ 是一个 $n\times n$ 的权重矩阵，对所观察数据地理单元之间的空间上的相互关系或者邻接关系进行测量。最简单的情形是，$\boldsymbol{W}$ 是由 1(临近)和 0(不临近)组成的矩阵。通常，权重矩阵 $\boldsymbol{W}$ 会进行行标准化，使得 $\boldsymbol{W}$ 是非对称矩阵，在式(5.4.9)中 n 表示观察变量的个数，s 表示权重矩阵中所有元素之和。在行标准化的权重矩阵 $\boldsymbol{W}$ 中 s 和 n 是相等的。因此(n/s)会在式(5.4.9)中消失。

由于式(5.4.9)是一个扩展形式,因此不考虑 $\boldsymbol{W}$ 是否进行标准化,也可以得出

$$c=\frac{\hat{\boldsymbol{u}}'\boldsymbol{W}\hat{\boldsymbol{u}}}{\hat{\boldsymbol{u}}'\hat{\boldsymbol{u}}} \tag{5.4.10}$$

在标准的回归形式中,且在空间自相关的原假设下,c 的分布是服从渐进正态分布,而且一阶和二阶可以进行 z-score 检验。这种形式的检验被广泛地运用到空间计量分析中。该分布形式主要依赖的是幂等矩阵 $\boldsymbol{W}$ 的形式,对于一般的权重矩阵有如下形式:

$$E(c)=(n/s)\,\frac{\mathrm{tr}(\boldsymbol{MW})}{(n-k)} \tag{5.4.11}$$

$$\mathrm{Var}(c)=(n/s)^2\,\frac{\{\mathrm{tr}(\boldsymbol{MWMW}')+\mathrm{tr}(\boldsymbol{MW})^2+[\mathrm{tr}(\boldsymbol{MW})]^2\}}{(n-k)(n-k+2)-[E(c)]^2} \tag{5.4.12}$$

这里 z-score 检验的形式为

$$z=\frac{c-E(c)}{\mathrm{Var}(c)^{\frac{1}{2}}} \tag{5.4.13}$$

分布函数形式为

$$\begin{aligned} p(c<q)&=p\left(\frac{\boldsymbol{u}'\boldsymbol{MWMu}}{\boldsymbol{u}'\boldsymbol{Mu}}<q\right)=p\,[(\boldsymbol{u}'\boldsymbol{MWMu}-q\boldsymbol{u}'\boldsymbol{Mu})<0] \\ &=p[\boldsymbol{u}'\boldsymbol{M}(\boldsymbol{W}-q\boldsymbol{I})\boldsymbol{Mu}<0] \end{aligned} \tag{5.4.14}$$

这是正态变量的二次形式,$\boldsymbol{M}(\boldsymbol{W}-q\boldsymbol{I})\boldsymbol{M}$ 是核。

5. 空间联立方程模型的估计

该部分我们将对空间联立方程模型的参数进行有限信息和全要素信息的工具变量估计,并推导出这些估计量的有限分布。

1) 有限信息的工具变量估计:广义空间二阶最小二乘估计

该部分介绍的是一个可以求解 j 维方程的参数估计的广义空间二阶最小二乘估计方法。GS2SLS 估计方法是由三步构成的。

第一步:我们运用两阶段最小二乘估计和工具矩阵 $\boldsymbol{H}_n$ 去估计式(5.4.5)的模型参数向量$\boldsymbol{\delta}_j$。根据两阶段最小二乘估计得出$\boldsymbol{\delta}_j$ 的估计,可以对扰动项 $\boldsymbol{u}_{j,n}$ 进行求解。

第二步:我们运用广义矩估计方法,根据第一步估计得出的扰动项去估计自回归参数 ρ_j。

第三步:运用 Cochrane-Orcutt-type 转换,用求解出的 ρ_j 去解释扰动项 $\boldsymbol{u}_{j,n}$ 的空间自回归性。

GL2SLS 估计的$\boldsymbol{\delta}_j$ 的结果将由这个转换模型的 $2S\rho_jS$ 和工具矩阵 $\boldsymbol{H}_n$ 估计出来。

下面将详细解释广义空间二阶最小二乘估计。

首先看方程(5.4.5),令 $\widetilde{\boldsymbol{Z}}_{j,n}=\boldsymbol{P}_H\boldsymbol{Z}_{j,n}$,其中 $\boldsymbol{P}_H=\boldsymbol{H}_n(\boldsymbol{H}'_n\boldsymbol{H}_n)^{-1}\boldsymbol{H}'_n$,这里的 $\boldsymbol{H}_n$ 是上述假设 6 中定义的一个矩阵。对于 $\boldsymbol{H}_n$ 的假设我们有 $\widetilde{\boldsymbol{Z}}_{j,n}=(\widetilde{\boldsymbol{Y}}_{j,n},\boldsymbol{X}_{j,n},\widetilde{\widetilde{\boldsymbol{Y}}}_{j,n})$,其中 $\widetilde{\boldsymbol{Y}}_{j,n}=\boldsymbol{P}_H\boldsymbol{Y}_{j,n}$,$\widetilde{\widetilde{\boldsymbol{Y}}}_{j,n}=\boldsymbol{P}_H\widetilde{\boldsymbol{Y}}_{j,n}$。$\boldsymbol{\delta}_j$ 的两阶段最小二乘估计量表示为

$$\tilde{\boldsymbol{\delta}}_{j,n}=(\tilde{\boldsymbol{Z}}'_{j,n}\boldsymbol{Z}_{j,n})^{-1}\tilde{\boldsymbol{Z}}'_{j,n}\boldsymbol{y}_{j,n} \tag{5.4.15}$$

两阶段最小二乘估计的残差为

$$\tilde{\boldsymbol{u}}_{j,n}=\boldsymbol{y}_{j,n}-\boldsymbol{Z}_{j,n}\tilde{\boldsymbol{\delta}}_{j,n} \tag{5.4.16}$$

为了下面的叙述方便，我们令 $u_{ij,n}$ 和 $\tilde{u}_{ij,n}$ 表示 $\boldsymbol{u}_{j,n}$ 和 $\tilde{\boldsymbol{u}}_{j,n}$ 的第 i 个元素，令 $z_{ij,n}$ 表示 $\boldsymbol{Z}_{j,n}$ 第 r 行向量。

定理 5.4.1 根据假设 1～假设 6，有 $\tilde{\boldsymbol{\delta}}_{j,n}=\boldsymbol{\delta}_n+\boldsymbol{O}_P(n^{-1/2})$。因此 $\tilde{\boldsymbol{\delta}}_{j,n}$ 是 $\boldsymbol{\delta}_j$ 的一致估计量。此外

$$|\tilde{u}_{ij,n}-u_{ij,n}|\leqslant \|\boldsymbol{z}_{ij,n}\|\ \|\boldsymbol{\delta}_n-\tilde{\boldsymbol{\delta}}_{j,n}\| \tag{5.4.17}$$

其中，$n^{-1}\sum_{i=1}^{n}\|\boldsymbol{z}_{ij,n}\|^{2+\phi}=\boldsymbol{O}_P(1),\phi>0$。

定理的具体证明过程可以参考 Kelejian，Prucha（2004）。

定理表明了两阶段最小二乘回归估计的残差与一个扰动过程的空间自回归参数的广义矩估计量有关。这个发现将用来证明广义矩估计量 ρ_j 的一致性。

下面将介绍有关空间自回归系数的估计。

第二步中，我们运用广义矩估计法估计每个方程中扰动过程的空间自回归参数。从方程（5.4.2）中发现

$$\boldsymbol{u}_{j,n}-\rho_j\bar{\boldsymbol{u}}_{j,n}=\boldsymbol{\varepsilon}_{j,n} \tag{5.4.18}$$

方程两边同时乘以 $\boldsymbol{W}_n$ 得到

$$\bar{\boldsymbol{u}}_{j,n}-\rho_j\bar{\bar{\boldsymbol{u}}}_{j,n}=\bar{\boldsymbol{\varepsilon}}_{j,n} \tag{5.4.19}$$

这两种关系意味着（$j=1,\cdots,m$）

$$\begin{aligned}
n^{-1}\boldsymbol{\varepsilon}'_{j,n}\boldsymbol{\varepsilon}_{j,n}&=n^{-1}\boldsymbol{u}'_{j,n}\boldsymbol{u}_{j,n}+\rho_j^2n^{-1}\bar{\boldsymbol{u}}'_{j,n}\bar{\boldsymbol{u}}_{j,n}-2\rho_jn^{-1}\boldsymbol{u}'_{j,n}\bar{\boldsymbol{u}}_{j,n},\\
n^{-1}\bar{\boldsymbol{\varepsilon}}'_{j,n}\bar{\boldsymbol{\varepsilon}}_{j,n}&=n^{-1}\bar{\boldsymbol{u}}'_{j,n}\bar{\boldsymbol{u}}_{j,n}+\rho_j^2n^{-1}\bar{\bar{\boldsymbol{u}}}'_{j,n}\bar{\bar{\boldsymbol{u}}}_{j,n}-2\rho_jn^{-1}\bar{\bar{\boldsymbol{u}}}'_{j,n}\bar{\boldsymbol{u}}_{j,n},\\
n^{-1}\boldsymbol{\varepsilon}'_{j,n}\bar{\boldsymbol{\varepsilon}}_{j,n}&=n^{-1}\boldsymbol{u}'_{j,n}\bar{\boldsymbol{u}}_{j,n}+\rho_j^2n^{-1}\bar{\boldsymbol{u}}'_{j,n}\bar{\bar{\boldsymbol{u}}}_{j,n}-\rho_jn^{-1}(\boldsymbol{u}'_{j,n}\bar{\bar{\boldsymbol{u}}}_{j,n}+\bar{\boldsymbol{u}}'_{j,n}\bar{\boldsymbol{u}}_{j,n})
\end{aligned} \tag{5.4.20}$$

由假设 5，$E(n^{-1}\boldsymbol{\varepsilon}'_{j,n}\boldsymbol{\varepsilon}_{j,n})=\sigma_{jj}$，这里 σ_{jj} 是矩阵 $\boldsymbol{\Sigma}$ 的 j 维对角元素。而 $\bar{\boldsymbol{\varepsilon}}_{j,n}=\boldsymbol{W}_n\boldsymbol{\varepsilon}_{j,n}$ 是根据假设 1～5 中的 $E(n^{-1}\bar{\boldsymbol{\varepsilon}}'_{j,n}\bar{\boldsymbol{\varepsilon}}_{j,n})=\sigma_{jj}n^{-1}\mathrm{tr}(\boldsymbol{W}'_n\boldsymbol{W}_n)$ 和 $E(n^{-1}\boldsymbol{\varepsilon}'_{j,n}\bar{\boldsymbol{\varepsilon}}_{j,n})=\sigma_{jj}n^{-1}\mathrm{tr}(\boldsymbol{W}_n)=0$ 得到的。令 $\boldsymbol{\alpha}_j=(\rho_j,\rho_j^2,\sigma_{jj})$，$\boldsymbol{\gamma}_{j,n}=n^{-1}[E(\boldsymbol{u}'_{j,n}\boldsymbol{u}_{j,n})E(\bar{\boldsymbol{u}}'_{j,n}\bar{\boldsymbol{u}}_{j,n})E(\boldsymbol{u}'_{j,n}\bar{\boldsymbol{u}}_{j,n})]$，我们可以得到

$$\boldsymbol{\gamma}_{j,n}=\boldsymbol{\Gamma}_{j,n}\boldsymbol{\alpha}_j,\quad j=1,\cdots,m \tag{5.4.21}$$

如果 $\boldsymbol{\Gamma}_{j,n}$ 和 $\boldsymbol{\gamma}_{j,n}$ 已知，而 ρ_j 和 σ_{jj} 由 $\boldsymbol{\alpha}_j=\boldsymbol{\Gamma}_{j,n}^{-1}\boldsymbol{\gamma}_{j,n}$ 来决定。下面我们定义 $\boldsymbol{\Gamma}_{j,n}$ 和 $\gamma_{j,n}$ 两个变量的方程：

$$\boldsymbol{G}_{j,n}=n^{-1}\begin{bmatrix}2\tilde{\boldsymbol{u}}'_{j,n},\tilde{\bar{\boldsymbol{u}}}_{j,n} & -\tilde{\bar{\boldsymbol{u}}}'_{j,n}\tilde{\bar{\boldsymbol{u}}}_{j,n} & n\\ 2\tilde{\bar{\bar{\boldsymbol{u}}}}'_{j,n}\tilde{\bar{\boldsymbol{u}}}_{j,n} & -\tilde{\bar{\bar{\boldsymbol{u}}}}'_{j,n}\tilde{\bar{\bar{\boldsymbol{u}}}}_{j,n} & \mathrm{tr}(\boldsymbol{W}'_n\boldsymbol{W}_n)\\ \tilde{\boldsymbol{u}}'_{j,n}\tilde{\bar{\bar{\boldsymbol{u}}}}_{j,n}+\tilde{\bar{\boldsymbol{u}}}'_{j,n}\tilde{\bar{\boldsymbol{u}}}_{j,n} & -\tilde{\bar{\boldsymbol{u}}}'_{j,n}\tilde{\bar{\bar{\boldsymbol{u}}}}_{j,n} & 0\end{bmatrix} \tag{5.4.22}$$

$$\boldsymbol{g}_{j,n}=n^{-1}[\tilde{\boldsymbol{u}}'_{j,n}\tilde{\boldsymbol{u}}_{j,n},\tilde{\tilde{\boldsymbol{u}}}'_{j,n}\tilde{\tilde{\boldsymbol{u}}}_{j,n},\tilde{\boldsymbol{u}}'_{j,n}\tilde{\tilde{\boldsymbol{u}}}_{j,n}]$$

这里 $\tilde{\boldsymbol{u}}_{j,n}=\boldsymbol{W}_n\tilde{\boldsymbol{u}}_{j,n},\tilde{\tilde{\boldsymbol{u}}}_{j,n}=\boldsymbol{W}_n\tilde{\boldsymbol{u}}_{j,n},\tilde{\tilde{\boldsymbol{u}}}_{j,n}=\boldsymbol{W}_n^2\tilde{\boldsymbol{u}}_{j,n}$，则有

$$\boldsymbol{g}_{j,n}=\boldsymbol{G}_{j,n}\boldsymbol{\alpha}_j+\boldsymbol{\zeta}_{j,n} \tag{5.4.23}$$

其中，$\boldsymbol{\zeta}_{j,n}$ 是回归残差的一个向量。(ρ_j,σ_{jj})的广义矩估计量是$(\tilde{\rho}_j,\tilde{\sigma}_{jj})$，它是由方程(5.4.23)的非线性最小二乘估计量得到的。

$$(\tilde{\rho}_j,\tilde{\sigma}_{jj})=\underset{\rho_j\in[-a,a],\sigma_{jj}\in[0,b]}{\operatorname{argmin}}(\boldsymbol{g}_{j,n}-\boldsymbol{G}_{j,n}\boldsymbol{\alpha}_j)'(\boldsymbol{g}_{j,n}-\boldsymbol{G}_{j,n}\boldsymbol{\alpha}_j) \tag{5.4.24}$$

其中 $a>1$ 是一个常数。下面的定理描绘了$(\tilde{\rho}_j,\tilde{\sigma}_{jj})$的一致性。

定理 5.4.2　根据假设 1～假设 5 和假设 7，则有$(\tilde{\rho}_j,\tilde{\sigma}_{jj})-(\rho_j,\sigma_{jj})\xrightarrow{p}0(j=1,\cdots,m)$当 $n\to\infty$时。

上述的定理证明了广义矩估计量$\tilde{\boldsymbol{\rho}}_{j,n}$ 的一致性。在小样本的情况下，广义矩估计和最大似然估计对 $\rho_{j,n}$ 的估计是接近的。

下面介绍广义空间 2SLS 估计。

我们令 u 是标量，定义 $\boldsymbol{y}^*_{j,n}(u)=\boldsymbol{y}_{j,n}-u\boldsymbol{W}_n\boldsymbol{y}_{j,n}$ 和，$\boldsymbol{Z}^*_{j,n}(u)=\boldsymbol{Z}_{j,n}-u\boldsymbol{W}_n\boldsymbol{Z}_{j,n}$ 运用 Cochrane-Orcutt-type 转换得到

$$\boldsymbol{y}^*_{j,n}(\rho_j)=\boldsymbol{Z}^*_{j,n}(\rho_j)\boldsymbol{\delta}_j+\boldsymbol{\varepsilon}_{j,n} \tag{5.4.25}$$

这里假设 ρ_j 是已知的。广义二阶最小二乘法估计量$\boldsymbol{\delta}_j$ 定义为$\hat{\boldsymbol{\delta}}_j$，是基于式(5.4.25)的 2SLS 估计量。例如：

$$\hat{\delta}_{j,n}=[\hat{\boldsymbol{Z}}^*_{j,n}(\rho_j)'\hat{\boldsymbol{Z}}^*_{j,n}(\rho_j)]^{-1}\hat{\boldsymbol{Z}}^*_{j,n}(\rho_j)'\boldsymbol{y}^*_{j,n}(\rho_j) \tag{5.4.26}$$

其中，$\hat{\boldsymbol{Z}}^*_{j,n}(\rho_j)=\boldsymbol{P}_H\boldsymbol{Z}^*_{j,n}(\rho_j),\boldsymbol{P}_H=\boldsymbol{H}_n(\boldsymbol{H}'_n\boldsymbol{H}_n)^{-1}\boldsymbol{H}'_n$，我们将具有有效性的广义空间二阶最小二乘(FGS2SLS)估计量 δ_j 定义为 $\hat{\delta}^F_{j,n}$，且广义矩估计量 $\bar{\rho}_j$ 代替其中的数值：

$$\hat{\delta}^F_{j,n}=[\hat{\boldsymbol{Z}}^*_{j,n}(\bar{\rho}_j)'\hat{\boldsymbol{Z}}^*_{j,n}(\bar{\rho}_j)]^{-1}\hat{\boldsymbol{Z}}^*_{j,n}(\bar{\rho}_j)'\boldsymbol{y}^*_{j,n}(\bar{\rho}_j) \tag{5.4.27}$$

下面这个定理关注的是 $\hat{\delta}_{j,n}$ 和 $\hat{\delta}^F_{j,n}$ 的渐近分布。

定理 5.4.3　在假设 1～假设 7 的前提下，当 $n\to\infty$时，

$$n^{1/2}(\hat{\delta}^F_{j,n}-\hat{\delta}_{j,n})\xrightarrow{P}0$$

$$n^{1/2}(\hat{\delta}^F_{j,n}-\hat{\delta}_j)\xrightarrow{D}N(0,\Omega_j) \tag{5.4.28}$$

其中

$$\begin{aligned}\Omega_j&=\sigma_{jj}[p\lim_{n\to\infty}n^{-1}\hat{\boldsymbol{Z}}^*_{j,n}(\bar{\rho}_j)'\hat{\boldsymbol{Z}}^*_{j,n}(\bar{\rho}_j)]^{-1}\\&=\sigma_{jj}[p\lim_{n\to\infty}n^{-1}\hat{\boldsymbol{Z}}^*_{j,n}(\rho_j)'\hat{\boldsymbol{Z}}^*_{j,n}(\rho_j)]^{-1}\\&=\sigma_{jj}[(\boldsymbol{Q}_{HZ_j}-\rho_j\boldsymbol{Q}_{HWZ_j})'\boldsymbol{Q}_{HH}^{-1}(\boldsymbol{Q}_{HZ_j}-\rho_j\boldsymbol{Q}_{HWZ_j})]\end{aligned} \tag{5.4.29}$$

这个定理表明可行的 GS2SLS 估计量拥有相同的渐近分布。这个定理还认为 $\bar{\rho}_{j,n}$ 可以被 ρ_j 的任何的一致估计量所代替，因此 ρ_j 是一个冗余参数。

2）广义空间三阶最小二乘估计

广义空间三阶最小二乘估计(GL3SLS)是在广义空间二阶最小二乘估计的基础上进行的，所以之前关于广义空间二阶最小二乘估计的假设在这里是成立的。

GS2SLS 估计量考虑了潜在的空间相关性，但是运用的是有限的信息，并没有考虑方程之间的潜在相关性，需要对信息向量$\boldsymbol{\varepsilon}_i$ 进行分析。为了利用所有的系统信息，将式(5.4.25)表述为

$$\boldsymbol{y}_n^*(\boldsymbol{\rho})=\boldsymbol{Z}_n^*(\boldsymbol{\rho})\boldsymbol{\delta}+\varepsilon_n \tag{5.4.30}$$

其中，$\boldsymbol{y}_n^*(\rho)=(\boldsymbol{y}_{1,n}^*(\rho_1)',\cdots,\boldsymbol{y}_{m,n}^*(\rho_m)')'$，$\boldsymbol{Z}_n^*(\boldsymbol{\rho})=\mathrm{diag}_{j=1}^m(\boldsymbol{Z}_{j,n}^*(\boldsymbol{\rho}_j))$ 且$\boldsymbol{\rho}=(\rho_1,\cdots,\rho_m)'$，$\boldsymbol{\delta}=(\delta_1,\cdots,\delta_m)'$。又因为 $E\varepsilon_n=0$ 和 $E\varepsilon_n\boldsymbol{\varepsilon}'_n=\Sigma\otimes\boldsymbol{I}_n$，如果$\boldsymbol{\rho}$ 和$\boldsymbol{\Sigma}$ 是已知的，则有关$\boldsymbol{\delta}$ 的一个自然地系统工具变量将表示为

$$\breve{\delta}=[\hat{\boldsymbol{Z}}_n^*(\rho)'(\Sigma^{-1}\otimes\boldsymbol{I}_n)\hat{\boldsymbol{Z}}_n^*(\rho)]^{-1}\hat{\boldsymbol{Z}}_n^*(\rho)'(\Sigma^{-1}\otimes\boldsymbol{I}_n)\boldsymbol{y}_n^*(\rho) \tag{5.4.31}$$

这里 $\hat{\boldsymbol{Z}}_n^*(\rho)=\mathrm{diag}_{j=1}^m(\hat{\boldsymbol{Z}}_{j,n}^*(\rho_j))$，$\hat{\boldsymbol{Z}}_{j,n}^*(\rho_j)=P_H\boldsymbol{Z}_{j,n}^*(\rho_j)$。为了与之前的有限信息的估计量对应，我们在这里将上述估计量称为广义空间三阶最小二乘估计量。

要想得到$\breve{\boldsymbol{\delta}}_n$ 的一个可行的估计值是需要$\boldsymbol{\rho}$ 和$\boldsymbol{\Sigma}$ 的估计值的。正如我们得到的$\boldsymbol{\rho}$ 的估计值 $\bar{\boldsymbol{\rho}}_n=(\bar{\rho}_{1,n},\cdots,\bar{\rho}_{m,n})'$，其中 $\bar{\rho}_{j,n}$ 表示的是 ρ_j 的广义矩估计量。我们现在来看一下$\boldsymbol{\Sigma}$。鉴于式(5.4.25)，令$\tilde{\boldsymbol{\varepsilon}}_{j,n}=\boldsymbol{y}_{j,n}^*(\bar{\rho}_j)-\boldsymbol{Z}_{j,n}^*(\bar{\rho}_j)\delta_{j,n}^F$，并定义了$\hat{\boldsymbol{\sigma}}_{jl,n}=n^{-1}\tilde{\boldsymbol{\varepsilon}}'_{j,n}\tilde{\boldsymbol{\varepsilon}}_{l,n}(j=1,\cdots,m)$，而且，$\hat{\boldsymbol{\sigma}}_{jl,n}$ 是$m\times m$ 矩阵$\hat{\boldsymbol{\Sigma}}_n$ 的第(j,l)个元素。下面的引理表明了$\hat{\boldsymbol{\Sigma}}_n$ 是$\boldsymbol{\Sigma}$ 的已知估计量。

引理 1　在假设 1～假设 7 的基础上，有

$$p\lim_{n\to\infty}\hat{\boldsymbol{\Sigma}}_n=\boldsymbol{\Sigma} \tag{5.4.32}$$

与 GS3SLS 相一致的估计量$\breve{\boldsymbol{\delta}}_n$，我们现在定义一个可行广义空间三阶最小二乘(feasible generalized spatial three stage least squares，FGS3SLS)估计量：

$$\breve{\boldsymbol{\delta}}_n^F=[\hat{\boldsymbol{Z}}_n^*(\bar{\rho}_n)'(\hat{\boldsymbol{\Sigma}}_n^{-1}\otimes\boldsymbol{I}_n)\hat{\boldsymbol{Z}}_n^*(\bar{\rho}_n)]^{-1}\hat{\boldsymbol{Z}}_n^*(\bar{\rho}_n)'(\hat{\boldsymbol{\Sigma}}_n^{-1}\otimes\boldsymbol{I}_n)\boldsymbol{y}_n^*(\bar{\rho}_n) \tag{5.4.33}$$

下面这个定理表明了$\breve{\boldsymbol{\delta}}_n$ 和$\breve{\boldsymbol{\delta}}_n^F$ 具有相同的渐近分布。

定理 5.4.4　在假设 1～假设 7 的前提下，当 n→∞时，有

$$n^{1/2}(\hat{\boldsymbol{\delta}}_n^F-\hat{\boldsymbol{\delta}}_n)\xrightarrow{P}\boldsymbol{0}$$

$$n^{1/2}(\hat{\boldsymbol{\delta}}_n^F-\hat{\boldsymbol{\delta}})\xrightarrow{D}N(\boldsymbol{0},\boldsymbol{\Omega}) \tag{5.4.34}$$

其中

$$\begin{aligned}\boldsymbol{\Omega}&=[p\lim_{n\to\infty}n^{-1}\hat{\boldsymbol{Z}}_n^*(\bar{\boldsymbol{\rho}}_n)'(\hat{\boldsymbol{\Sigma}}_n^{-1}\otimes\boldsymbol{I}_n)\hat{\boldsymbol{Z}}_n^*(\bar{\boldsymbol{\rho}}_n)]^{-1}\\&=[p\lim_{n\to\infty}n^{-1}\hat{\boldsymbol{Z}}_n^*(\boldsymbol{\rho})'(\hat{\boldsymbol{\Sigma}}_n^{-1}\otimes\boldsymbol{I}_n)\hat{\boldsymbol{Z}}_n^*(\boldsymbol{\rho})]^{-1}\\&=[\mathrm{diag}_{j=1}^m(\boldsymbol{Q}_{HZ_j}-\boldsymbol{\rho}_j\boldsymbol{Q}_{HWZ_j})'(\boldsymbol{\Sigma}^{-1}\otimes\boldsymbol{Q}_{HH}^{-1})\,\mathrm{diag}_{l=1}^m(\boldsymbol{Q}_{HZ_l}-\boldsymbol{\rho}_l\boldsymbol{Q}_{HWZ_l})]^{-1}\end{aligned} \tag{5.4.35}$$

这个定理表明真正的和可行的 *GS3SLS* 估计量拥有相同的渐进分布。我们注意到这个定理还认为$\bar{\boldsymbol{\rho}}_n$ 和 $\hat{\boldsymbol{\Sigma}}_n$ 可以被 $\boldsymbol{\rho}$ 和$\boldsymbol{\Sigma}$ 的任何的一致估计量所代替，因此 $\boldsymbol{\rho}$ 和$\boldsymbol{\Sigma}$ 是一个冗余参数。比较式(5.4.31)和式(5.4.34)表明，*GS3SLS* 估计量$\breve{\boldsymbol{\delta}}_n^F$ 相对于 *GS2SLS* 估计量$\breve{\boldsymbol{\delta}}_n$ 是有效的。该定理也表明$\breve{\boldsymbol{\delta}}_n^F$ 在小样本的情况下分布近似为

$$\breve{\boldsymbol{\delta}}_n^F \sim N(\boldsymbol{\delta}, [\hat{\boldsymbol{Z}}_n^*(\bar{\rho}_n)'(\hat{\boldsymbol{\Sigma}}_n^{-1} \otimes \boldsymbol{I}_n)\hat{\boldsymbol{Z}}_n^*(\bar{\boldsymbol{\rho}}_n)]^{-1}) \tag{5.4.36}$$

假设我们有兴趣进行以下假设检验：原假设 H_0：$h(\boldsymbol{\delta})=0$，备择假设为 H_1：$h(\boldsymbol{\delta})\neq 0$，其中 h 为可微函数，那么这个定理通常可以来构建 *Wald* 检验的假设。特别地，我们可以用这种方法来检验内生变量或者外生变量的空间滞后阶数。*Kelejian and Prucha*(2001*a*)给出了一个更一般的用来度量空间自相关的全局指标 *Moran's* Ⅰ统计量。

在运用空间联立方程模型的过程中，需要有经济理论作为基础，从而揭示出一个经济系统的各部分、各因素之间的数量特征和数值特征。

5.4.2　实例及操作

对于空间联立方程模型的估计，我们可以选择 spregcs 命令：

```
spregcs y1 x1 x2, var2(y2 x3 x4) wmfile(w) model(gs3sls/gs3slsar), eq(#) mfx(lin) order(#)
//空间截面数据的联立模型估计
```

其中，y1 为联立方程中第一个方程的被解释变量，x1 和 x2 为解释变量，var2 中，y2 为联立方程中第二个方程的被解释变量，x3，x4 为解释变量。eq(#)表示第#个方程进行假设检验，mfx 表示采用何种形式进行边际弹性估计，order 表示选择的滞后阶数，model 表示选择估计的方法为 GS3SLS 或 GS3SLSAR(广义空间自回归)。

如果没有 spregcs 命令，可以在 Command 窗口中，输入以下命令，进行安装：

```
Install spregcs
```

下面采用 spregcs 自带数据进行空间离散选择模型的估计。

在 Command 窗口中，输入以下命令：

```
spregcs y1 x1 x2 , var2(y2 x3 x4) wmfile(SPWcs) model(gs3slsar) eq(1) mfx(lin) order(1)
```

可在结果窗口中得到第 1 个方程的估计结果，如图 5.4.1 所示。

类似地，在 Command 窗口中，输入以下命令：

```
spregcs y1 x1 x2 , var2(y2 x3 x4) wmfile(SPWcs) model(gs3slsar) eq(2) mfx(lin) order(1)
```

可在结果窗口中得到第 2 个方程的估计结果，这里就不列出。

```
. spregcs y1 x1 x2 , var2(y2 x3 x4) wmfile(SPWcs) model(gs3slsar) eq(1) mfx(lin) order(

==============================================================================
*** Binary (0/1) Weight Matrix: 49x49 (Non Normalized)
------------------------------------------------------------------------------
==============================================================================
* Generalized Spatial Autoregressive Three Stage Least Squares (GS3SLSAR)
==============================================================================
  y1 = w1y_y1 + w1y_y2 + y2 + x1 + x2
------------------------------------------------------------------------------
  y2 = w1y_y1 + w1y_y2 + y1 + x3 + x4
------------------------------------------------------------------------------

Three-stage least-squares regression
----------------------------------------------------------------------
Equation          Obs  Parms        RMSE    "R-sq"       F-Stat        P
----------------------------------------------------------------------
y1_1               49      6    9.346371    0.9726       303.61   0.0000
y2_2               49      6    7.887182    0.9758       427.33   0.0000
----------------------------------------------------------------------

------------------------------------------------------------------------------
             |      Coef.   Std. Err.      t    P>|t|     [95% Conf. Interval]
-------------+----------------------------------------------------------------
y1_1         |
    w1y_y1_1 |   .0781669   .1887109     0.41   0.680     -.296978    .4533118
    w1y_y2_1 |  -.0501719   .1818715    -0.28   0.783    -.4117204    .3113767
        y2_1 |   .9291299   .1277321     7.27   0.000     .6752069    1.183053
        x1_1 |  -.0410844    .062679    -0.66   0.514    -.1656862    .0835174
        x2_1 |  -.0456533   .2468039    -0.18   0.854    -.5362831    .4449766
      _cons1 |  -2.769441    9.22219    -0.30   0.765    -21.10255    15.56367
-------------+----------------------------------------------------------------
y2_2         |
    w1y_y1_2 |  -.0141661   .1483526    -0.10   0.924    -.3090813    .2807492
    w1y_y2_2 |  -.0030614   .1419169    -0.02   0.983    -.2851828    .2790601
        y1_2 |   .6845834   .2295339     2.98   0.004     .2282852    1.140882
        x3_2 |   .0219986   .0938323     0.23   0.815    -.1645338     .208531
        x4_2 |   .2023505   .0958847     2.11   0.038     .0117381    .3929629
      _cons2 |   5.571119   4.159419     1.34   0.184    -2.697533    13.83977
------------------------------------------------------------------------------
Endogenous variables:  y1_1 y2_2 w1y_y1_1 w1y_y2_1 y2_1 w1y_y1_2 w1y_y2_2
    y1_2
Exogenous variables:   x1_1 x2_1 _cons1 x3_2 x4_2 _cons2 w1x_1_x1_1
    w1x_1_x2_1 w1x_2_x3_2 w1x_2_x4_2
------------------------------------------------------------------------------
                     Yij = LHS Y(i) in Eq.(j)
EQ1: R2= 0.9726 - R2 Adj.= 0.9694  F-Test =  298.118   P-Value> F(5, 42)
    LLF=  -175.842   AIC =  363.684    SC =  375.035   Root MSE =  9.3464
---------------------------------------------------------------------------
EQ2: R2= 0.9758 - R2 Adj.= 0.9730  F-Test =  338.404   P-Value> F(5, 42)
    LLF=  -167.525   AIC =  347.049    SC =  358.400   Root MSE =  7.8872
------------------------------------------------------------------------------
```

图 5.4.1　空间联立方程模型估计结果

- Overall System R2 - Adjusted R2 - F Test - Chi2 Test

Name	R2	Adj_R2	F	P-Value	Chi2	P-Value
Berndt	0.9799	0.9776	429.6043	0.0000	191.5111	0.0000
McElroy	0.9869	0.9853	661.4608	0.0000	212.3128	0.0000
Judge	0.7366	0.7059	24.6051	0.0000	65.3638	0.0000

```
Number of Parameters         =        12
Number of Equations          =         2
Degrees of Freedom F-Test    =     (10, 88)
Degrees of Freedom Chi2-Test =        10
Log Determinant of Sigma     =    -6.0511
Log Likelihood Function      =  -287.3068
```

```
==============================================================================
y1 = w1y_y1 + w1y_y2 + y2 + x1 + x2
------------------------------------------------------------------------------
Sample Size         =        49
Wald Test           =  187.9016   |   P-Value > Chi2(5)       =     0.0000
F-Test              =   37.5803   |   P-Value > F(5 , 43)     =     0.0000
R2  (R-Squared)     =    0.6952   |   Raw Moments R2          =     0.9446
R2a (Adjusted R2)   =    0.6597   |   Raw Moments R2 Adj      =     0.9381
Root MSE (Sigma)    =    9.7603   |   Log Likelihood Function =  -175.8422
------------------------------------------------------------------------------
- R2h= 0.7117   R2h Adj=  0.6782  F-Test =   21.23 P-Value > F(5 , 43)  0.0000
- R2v= 0.9450   R2v Adj=  0.9386  F-Test =  147.85 P-Value > F(5 , 43)  0.0000
```

y1	Coef.	Std. Err.	t	P>|t|	[95% Conf.	Interval]
w1y_y1	.0781669	.1887109	0.41	0.681	-.3024049	.4587387
w1y_y2	-.0501719	.1818715	-0.28	0.784	-.4169507	.3166069
y2	.9291299	.1277321	7.27	0.000	.6715336	1.186726
x1	-.0410844	.062679	-0.66	0.516	-.1674887	.0853199
x2	-.0456533	.2468039	-0.18	0.854	-.5433807	.4520742
_cons	-2.769441	9.22219	-0.30	0.765	-21.36776	15.82888

```
Rho Value  =  0.0782        F Test =     0.172     P-Value > F(1, 43)    0.6808
------------------------------------------------------------------------------
==============================================================================
```

* Marginal Effect - Elasticity - Standardized Beta (Model= gs3slsar): Linear *

Variable	Margin	Elasticity	St_Beta	Mean
y1				
w1y_y1	0.0782	0.3792	0.3662	170.4034
w1y_y2	-0.0502	-0.2648	-0.2430	185.4260
y2	0.9291	1.0256	0.8918	38.7779
x1	-0.0411	-0.0450	-0.0453	38.4362
x2	-0.0457	-0.0187	-0.0156	14.3749

Mean of Dependent Variable =   35.1288

图 5.4.1 （续）

5.5 空间向量自回归模型

5.5.1 模型及估计

传统的经济计量方法是以经济理论为基础来描绘变量之间关系的模型。但是，经济理论通常并不足以对变量之间的动态关系提供一个严密的说明，而且内生变量既可以出现在方程的左侧又可以出现在方程的右侧，使得估计和推断变得更加复杂。向量自回归模型是基于数据和统计性质建立的模型，VAR 模型能把系统中每一个内生变量作为系统中所有内生变量的滞后值的函数来构造模型，从而将单变量自回归模型推广到多元时间序列变量组成的“向量”自回归模型，能够很好地解决上述问题。空间向量自回归(SpVAR)模型引入了空间和时间滞后两个维度，研究变量之间空间的相互关系。与传统的向量自回归模型和结构向量自回归(SVAR)模型有着很大的区别。

向量自回归模型通常用于预测相互联系的时间序列系统及分析随机扰动对变量系统的动态冲击，从而解释各种经济冲击对经济变量形成的影响。空间向量自回归模型在向量自回归的基础上引入空间权重矩阵 $\boldsymbol{W}$，在预测相互联系的时间序列系统及分析随机扰动对变量系统的动态冲击时，更加准确。

1. 向量自回归模型

首先，我们简单回顾一下 VAR 模型和 SVAR 模型。

VAR 模型的方程为

$$\boldsymbol{y}_t = \boldsymbol{A}_1 \boldsymbol{y}_{t-1} + \cdots + \boldsymbol{A}_p \boldsymbol{y}_{t-p} + \boldsymbol{B}\boldsymbol{x}_t + \boldsymbol{\varepsilon}_t, \quad t = 1,2,\cdots,T \tag{5.5.1}$$

其中，$\boldsymbol{y}_t$ 是 k 维内生变量向量，$\boldsymbol{x}_t$ 是 d 维外生变量向量，p 是滞后阶数，T 是样本个数。$k \times k$ 维矩阵 $\boldsymbol{A}_1,\cdots,\boldsymbol{A}_p$ 和 $k \times d$ 维矩阵 $\boldsymbol{B}$ 是要被估计的系数矩阵。$\boldsymbol{\varepsilon}_t$ 是 k 维扰动向量，它们相互之间可以同期相关，但不与自己的滞后期相关，即不与等式右边的变量相关，假设 $\boldsymbol{\Sigma}$ 是 $\boldsymbol{\varepsilon}_t$ 的协方差矩阵，是一个 $k \times k$ 维的正定矩阵。

从式(5.5.1)可以看出，VAR 模型没有给出变量之间当期相关关系的确切形式，模型的右端不含有内生变量，而这些当期相关关系隐藏在误差项的相关结构中，SVAR 模型是在 VAR 模型的基础上加入了变量之间的当期关系。

$$\boldsymbol{B}_0 \boldsymbol{y}_t = \boldsymbol{\Gamma}_1 \boldsymbol{y}_{t-1} + \cdots + \boldsymbol{\Gamma}_p \boldsymbol{y}_{t-p} + \boldsymbol{u}_t, t = 1,2,\cdots,T \tag{5.5.2}$$

其中 $\boldsymbol{B}_0 = \begin{bmatrix} 1 & -b_{12} & \cdots & -b_{1k} \\ -b_{21} & 1 & \cdots & -b_{2k} \\ \vdots & \vdots & \ddots & \vdots \\ -b_{k1} & -b_{2k} & \cdots & 1 \end{bmatrix}$，$\boldsymbol{\Gamma}_i = \begin{bmatrix} \gamma_{11}^{(i)} & \gamma_{12}^{(i)} & \cdots & \gamma_{1k}^{(i)} \\ \gamma_{21}^{(i)} & \gamma_{22}^{(i)} & \cdots & \gamma_{2k}^{(i)} \\ \vdots & \vdots & \ddots & \vdots \\ \gamma_{k1}^{(i)} & \gamma_{k2}^{(i)} & \cdots & \gamma_{kk}^{(i)} \end{bmatrix}$，$i = 1, 2, \cdots, p$，

$\boldsymbol{u}_t = \begin{bmatrix} u_{1t} \\ u_{2t} \\ \vdots \\ u_{kt} \end{bmatrix}$

2. 空间向量自回归模型

在结构向量自回归模型的基础上，引入空间和时间滞后两个维度，就演变成为空间向量自回归模型。

在接下来的讨论中，空间影响因素用 n 表示，$n=1,2,\cdots,N$；时间序列用 t 表示，$t=1,2,\cdots,T$；内生变量用 $\boldsymbol{Y}_k$ 表示，$k=1,2,\cdots,K$；内生变量用 X_p 表示，$p=1,2,\cdots,P$；滞后阶数用 j 表示，$j=1,2,\cdots,q$。

1) 截面数据

上面一部分我们在模型中只包含一个地区，没有包含外生变量（$N=1,P=0$），本部分我们的模型中包括多个地区（$N>1$），但此处我们先讨论数据为截面数据的情况，即时间只有一期（$T=1$）。$\boldsymbol{Y}_k$ 是一个 $N\times 1$ 的向量，$Y_k^*=\boldsymbol{WY}_k$ 表示空间滞后效应，$\boldsymbol{W}$ 是一个权重矩阵，其中的元素 w_{ni} 是已知的且 $w_{nn}=0$。

SpVAR 模型在截面数据下的数学表达式为

$$Y_{kn}=\sum_{p=1}^{P}\gamma_{kp}X_{pn}+\sum_{i=1}^{K}\theta_{ki}Y_{in}^*+e_{kn} \tag{5.5.3}$$

其中，θ_{kk} 是空间滞后系数，θ_{ki} 是跨空间滞后系数，$e_k=\boldsymbol{\Phi W}e_k+\boldsymbol{\varepsilon}_k$，这里$\boldsymbol{\Phi}$ 是一个 $K\times N$ 的空间自回归系数矩阵，$\boldsymbol{\varepsilon}_k$ 是一个 $N\times 1$ 的独立同分布的残差向量。

方程(5.5.3)可以写成矩阵形式：

$$\boldsymbol{Y}=\boldsymbol{\Gamma}^*\boldsymbol{X}+\Theta^*\boldsymbol{W}^*\boldsymbol{Y}+e \tag{5.5.4}$$

$$e=\boldsymbol{\Phi}^*\boldsymbol{W}^*e+\varepsilon \tag{5.5.5}$$

其中，$\boldsymbol{Y}$ 是一个 $NK\times 1$ 的内生变量向量，$\boldsymbol{X}$ 是一个 $NP\times 1$ 的内生变量向量，$\boldsymbol{\Gamma}^*=I_N\otimes\boldsymbol{\Gamma}$ 是一个 $NK\times NP$ 的块对角矩阵，$\boldsymbol{\Gamma}$ 是一个包含 γ 系数的 $K\times P$ 对角矩阵。$\boldsymbol{\Theta}^*=I_K\otimes\Theta$ 是一个 $NK\times NK$ 的块对角矩阵，$\boldsymbol{\Theta}$ 是一个包含 θ 系数的 $K\times K$ 对角矩阵。$\boldsymbol{W}^*=I_K\otimes\boldsymbol{W}$ 是一个 $NK\times NK$ 的块对角矩阵，$\boldsymbol{W}$ 是一个对角矩阵。$\boldsymbol{\Phi}^*=I_K\otimes\boldsymbol{\Phi}$ 是一个 $NK\times NK$ 的块对角矩阵，$\boldsymbol{\Phi}$ 是一个包含空间自回归系数的对角矩阵。

为了结构参数的识别需要，变量 $\boldsymbol{X}$ 不是完全共线性的，并且 $w_{ni}<1$。如果没有变量 $\boldsymbol{X}$，空间滞后系数就无法被识别。因此，就像在没有外生变量的情况下，SVAR 模型的系数无法被确定一样，空间向量自回归模型中的空间滞后系数在没有外生变量的情况下是不确定的。

在方程(5.5.4)中，被解释变量的空间滞后项依赖于 $\boldsymbol{e}$，因此方程(5.5.3)最小二乘估计量是有偏且不一致的。解决这个问题的方法是改写方程(5.5.4)

$$(\boldsymbol{I}_{NK}-\boldsymbol{\Theta}^*\boldsymbol{W}^*)\boldsymbol{Y}=\boldsymbol{\Gamma}^*\boldsymbol{X}+\boldsymbol{e} \tag{5.5.6}$$

式(5.5.6)的参数通过最大似然估计出是非线性的，前提是$\boldsymbol{\Gamma}$ 和$\boldsymbol{\Theta}$ 是可以识别的。

方程(5.5.6)解决了空间脉冲响应分析的问题。这表明在空间 i 中 $\boldsymbol{X}_p$ 对空间 n 中的 $\boldsymbol{Y}_k$ 的影响（h_{pkni}）：

$$\boldsymbol{Y}=\boldsymbol{H}(\boldsymbol{X}+\boldsymbol{e}) \tag{5.5.7}$$

$$\boldsymbol{H}=(\boldsymbol{I}_{NK}-\boldsymbol{\Theta}^*\boldsymbol{W}^*)^{-1} \tag{5.5.8}$$

在没有空间滞后的情况下 $h_{pkni}=0, i\neq n$。这种情况下，在空间 j 对 X_k 的冲击不会对除了空间 j 的其他空间造成影响。

2）面板数据

SpVAR 模型在面板数据下的数学表达式为

$$Y_{knt}=u_{kn}+\sum_{i=1}^{K}(\alpha_{ki}Y_{\text{int}}+\beta_{kj}Y_{\text{int}-1}+\theta_{ki}Y_{\text{int}}^{*}+\lambda_{ki}Y_{\text{int}-1}^{*})+\varepsilon_{knt} \tag{5.5.9}$$

式中，空间影响因素用 n 表示，$n=1,2,\cdots,N$；时间序列用 t 表示，$t=1,2,\cdots,T$；内生变量用 Y_k 表示，$k=1,2,\cdots,K$；内生变量用 X_p 表示，$p=1,2,\cdots,P$；滞后阶数用 j 表示，$j=1,2,\cdots,q$。u_{kn}、α_{ki}、β_{kj}、λ_{ki} 为要估计的系数，Y_{int}^{*} 是 Y_{int} 的空间滞后项。

我们也可以用 $K\times K$ 矩阵 $\boldsymbol{A}$、$\boldsymbol{B}$、$\boldsymbol{\Theta}$、$\boldsymbol{\Lambda}$ 来取代 α_{ki}、β_{kj}、θ_{ki}、λ_{ki}，将式(5.5.9)写成矩阵的形式：

$$\boldsymbol{Y}_t=\boldsymbol{u}+\boldsymbol{A}^{*}\boldsymbol{Y}_{\text{t}}+\boldsymbol{B}^{*}\boldsymbol{Y}_{t-1}+\boldsymbol{\Theta}^{*}\boldsymbol{Y}_t^{*}+\boldsymbol{\Lambda}^{*}\boldsymbol{Y}_{t-1}^{*}+\boldsymbol{\varepsilon}_t \tag{5.5.10}$$

式中，$\boldsymbol{Y}$、$\boldsymbol{u}$ 是 $NK\times 1$ 的列向量，$\boldsymbol{A}^{*}=\boldsymbol{I}_N\otimes\boldsymbol{A}$，$\boldsymbol{B}^{*}=\boldsymbol{I}_N\otimes\boldsymbol{B}$，$\boldsymbol{\Lambda}^{*}=\boldsymbol{I}_N\otimes\boldsymbol{\Lambda}$ 都是分块 $NK\times NK$ 矩阵。$\boldsymbol{\varepsilon}_t$ 是残差扰动项，这里我们需要对残差扰动项做以下假设：

$$E(\boldsymbol{\varepsilon}_t\boldsymbol{\varepsilon}_t')=\begin{bmatrix}\sigma_1^2 & 0 & \cdots & 0\\ 0 & \sigma_2^2 & \cdots & 0\\ \vdots & \vdots & \ddots & \vdots\\ 0 & 0 & \cdots & \sigma_K^2\end{bmatrix}_{K\times K}=\boldsymbol{\Omega}_0$$

$$E(\boldsymbol{\varepsilon}_t\boldsymbol{\varepsilon}_\tau')=0,t\neq\tau \tag{5.5.11}$$

$$E(\Delta\boldsymbol{\varepsilon}_t\Delta\boldsymbol{\varepsilon}_t')=\begin{bmatrix}2\sigma_1^2 & 0 & \cdots & 0\\ 0 & 2\sigma_2^2 & \cdots & 0\\ \vdots & \vdots & \ddots & \vdots\\ 0 & 0 & \cdots & 2\sigma_K^2\end{bmatrix}_{K\times K}=2\boldsymbol{\Omega}_0$$

$$E(\Delta\boldsymbol{\varepsilon}_t\Delta\boldsymbol{\varepsilon}_\tau')=\begin{bmatrix}-\sigma_1^2 & 0 & \cdots & 0\\ 0 & -\sigma_2^2 & \cdots & 0\\ \vdots & \vdots & \ddots & \vdots\\ 0 & 0 & \cdots & -\sigma_K^2\end{bmatrix}_{K\times K}=-\boldsymbol{\Omega}_0,\quad |t-\tau|=1$$

$$E(\Delta\boldsymbol{\varepsilon}_t\Delta\boldsymbol{\varepsilon}_\tau')=0,\ |t-\tau|>1$$

将方程(5.5.10)进行移项合并，可变换为

$$\begin{gathered}\boldsymbol{Y}_t=\boldsymbol{\Pi}_0+\boldsymbol{\Pi}_1\boldsymbol{Y}_{t-1}+\boldsymbol{\Pi}_2\boldsymbol{Y}_{t-1}^{*}+\boldsymbol{v}_t\\ \boldsymbol{M}=(\boldsymbol{I}_{NK}-\boldsymbol{A}^{*})^{-1}\end{gathered} \tag{5.5.12}$$

其中，$\boldsymbol{\Pi}_0=\boldsymbol{M}\boldsymbol{u}$，$\boldsymbol{\Pi}_1=\boldsymbol{M}\boldsymbol{B}^{*}$，$\boldsymbol{\Pi}_2=\boldsymbol{M}\boldsymbol{\Lambda}^{*}$，$\boldsymbol{v}=\boldsymbol{M}\boldsymbol{\varepsilon}$。

由式(5.5.10)可知，空间向量自回归模型中 $\boldsymbol{A}$ 有 $K(K-1)$ 个未知的结构参数，$\boldsymbol{B}$、

$\boldsymbol{\Lambda}$、$\boldsymbol{\Theta}$ 分别有 K^2 个未知的结构参数，并且 $\boldsymbol{\Sigma}_\varepsilon$ 有 NK 个未知变量，故模型的未知参数有 $K(K-1)+3K^2+K=4K^2$ 个。在方程(5.5.12)中，$\boldsymbol{\Pi}_0$、$\boldsymbol{\Pi}_1$、$\boldsymbol{\Pi}_2$ 共有 $3K^2$ 个参数，并且 $\boldsymbol{\Sigma}_v$ 有 $\frac{1}{2}K(K+1)$ 个参数，所以我们要对模型施加 $\frac{1}{2}K(K-1)$ 个约束。

然而，在式(5.5.12)中，如果 Π_1 统计显著，说明存在时间动态；如果 Π_2 统计显著，说明存在空间动态；如果 Π_3 统计显著，说明存在时间-空间动态。

3. 空间向量自回归模型的估计

空间向量自回归模型将所有的变量都认定为是内生的，解释变量除了自身的滞后期，还包括空间权重矩阵表示的空间因素项，在估计这类模型中要解决的最重要问题是内生性问题。为了更好地解决内生性问题，我们选取广义矩估计的方法。

广义矩估计的方法首先是将方程(5.5.12)进行差分以去掉固定效应，虽然差分变换可以消除模型的固定效应，但是模型本身还存在固有的内生性，因此有效的解决办法是找到合适的工具变量，我们选用滞后的解释变量作为差分方程中相应变量的工具变量，从而获得一致估计量。空间向量自回归模型的估计中我们采用类似于结构向量自回归模型的广义矩估计方法。

对式(5.5.12)进行一阶差分可得

$$\begin{aligned}\Delta\boldsymbol{Y}_t&=\boldsymbol{Y}_t-\boldsymbol{Y}_{t-1}=\boldsymbol{\Pi}_1(\boldsymbol{Y}_{t-1}-\boldsymbol{Y}_{t-2})+\boldsymbol{\Pi}_2(\boldsymbol{Y}^*_{t-1}-\boldsymbol{Y}^*_{t-2})+\boldsymbol{v}_t-\boldsymbol{v}_{t-1}\\&=\boldsymbol{\Pi}_1\Delta\boldsymbol{Y}_{t-1}+\boldsymbol{\Pi}_2\Delta\boldsymbol{Y}^*_{t-1}+\Delta\boldsymbol{v}_t\end{aligned}\tag{5.5.13}$$

因为 $\boldsymbol{v}_t=\boldsymbol{M}\boldsymbol{\varepsilon}_t$，$\Delta\boldsymbol{v}_t=\boldsymbol{M}\Delta\boldsymbol{\varepsilon}_t$，所以对于模型(5.5.12)中的残差扰动项及其元素 $\boldsymbol{v}_t$ 和 $\Delta\boldsymbol{v}_t$ 满足如下条件：

(a) $E(\boldsymbol{v}_t\boldsymbol{v}_t')=E[(\boldsymbol{M}\boldsymbol{\varepsilon}_t)(\boldsymbol{M}\boldsymbol{\varepsilon}_t)']=\boldsymbol{M}E(\boldsymbol{\varepsilon}_t\boldsymbol{\varepsilon}_t')\boldsymbol{M}'=\boldsymbol{M}\boldsymbol{\Omega}_0\boldsymbol{M}'$

$$=\begin{bmatrix}\sigma^2_{11}&\sigma^2_{12}&\cdots&\sigma^2_{1K}\\\sigma^2_{21}&\sigma^2_{22}&\cdots&\sigma^2_{2K}\\\vdots&\vdots&\ddots&\vdots\\\sigma^2_{K1}&\sigma^2_{K2}&\cdots&\sigma^2_{KK}\end{bmatrix}_{K\times K}=\boldsymbol{\Omega}_1\tag{5.5.14}$$

(b) $E(\boldsymbol{v}_t\boldsymbol{v}_\tau')=E[(\boldsymbol{M}\boldsymbol{\varepsilon}_t)(\boldsymbol{M}\boldsymbol{\varepsilon}_\tau)']=\boldsymbol{M}E(\boldsymbol{\varepsilon}_t\boldsymbol{\varepsilon}_\tau')\boldsymbol{M}'=\boldsymbol{0},\quad t\neq\tau$　(5.5.15)

(c) $E(\Delta\boldsymbol{v}_t\Delta\boldsymbol{v}_t')=\boldsymbol{M}E(\Delta\boldsymbol{\varepsilon}_t\Delta\boldsymbol{\varepsilon}_t')\boldsymbol{M}'=2\boldsymbol{M}\boldsymbol{\Omega}_0\boldsymbol{M}'=2\boldsymbol{\Omega}_1$　(5.5.16)

(d) $E(\Delta\boldsymbol{v}_t\Delta\boldsymbol{v}_\tau')=\boldsymbol{M}E(\Delta\boldsymbol{\varepsilon}_t\Delta\boldsymbol{\varepsilon}_\tau')\boldsymbol{M}'=-\boldsymbol{M}\boldsymbol{\Omega}_0\boldsymbol{M}'=-\boldsymbol{\Omega}_1,\quad |t-\tau|=1$　(5.5.17)

(e) $E(\Delta\boldsymbol{v}_t\Delta\boldsymbol{v}_\tau')=\boldsymbol{0},\quad |t-\tau|>1$　(5.5.18)

虽然差分变换可以消除模型的固定效应，但是模型本身还是存在固有的内生性。我们先对式(5.5.13)进行转置：

$$\begin{aligned}(\Delta\boldsymbol{Y}_t)'&=(\boldsymbol{Y}_t-\boldsymbol{Y}_{t-1})'=(\Delta\boldsymbol{Y}_{t-1})'\boldsymbol{\Pi}_1'+(\Delta\boldsymbol{Y}^*_{t-1})'\boldsymbol{\Pi}_2'+(\Delta\boldsymbol{v}_t)'\\&=[(\Delta\boldsymbol{Y}_{t-1})',(\Delta\boldsymbol{Y}^*_{t-1})']\begin{bmatrix}\boldsymbol{\Pi}_1'\\\boldsymbol{\Pi}_2'\end{bmatrix}+(\Delta\boldsymbol{v}_t)'\end{aligned}\tag{5.5.19}$$

我们选择一组滞后的解释变量作为工具变量：

$\begin{bmatrix} \boldsymbol{Y}_{t-2},\boldsymbol{Y}_{t-3},\cdots,\boldsymbol{Y}_1 \\ \boldsymbol{Y}_{t-2}^*,\boldsymbol{Y}_{t-3}^*,\cdots,\boldsymbol{Y}_1^* \end{bmatrix}$ 作为 $\begin{bmatrix} (\boldsymbol{Y}_{t-1}-\boldsymbol{Y}_{t-2}) \\ (\boldsymbol{Y}_{t-1}^*-\boldsymbol{Y}_{t-2}^*) \end{bmatrix}$ 的工具变量；

$\begin{bmatrix} (\boldsymbol{Y}_{t-2}-\boldsymbol{Y}_{t-3}),(\boldsymbol{Y}_{t-3}-\boldsymbol{Y}_{t-4}),\cdots,(\boldsymbol{Y}_2-\boldsymbol{Y}_1) \\ (\boldsymbol{Y}_{t-2}^*-\boldsymbol{Y}_{t-3}^*),(\boldsymbol{Y}_{t-3}^*-\boldsymbol{Y}_{t-4}^*),\cdots,(\boldsymbol{Y}_2^*-\boldsymbol{Y}_1^*) \end{bmatrix}$ 作为 $\begin{bmatrix} \boldsymbol{Y}_{t-1} \\ \boldsymbol{Y}_{t-1}^* \end{bmatrix}$ 的工具变量。

对于 PsVAR 模型的估计，利用三种 GMM 估计方法：差分 GMM、水平 GMM 和系统 GMM 来估计模型，下面将详细解释差分 GMM 方法来对模型进行估计。

在式(5.5.18)的基础上，令

$$\boldsymbol{Y}^D=\begin{bmatrix} (\Delta\boldsymbol{Y}_4)' \\ (\Delta\boldsymbol{Y}_5)' \\ \vdots \\ (\Delta\boldsymbol{Y}_T)' \end{bmatrix}=\begin{bmatrix} \Delta Y_{41} & \Delta Y_{42} & \cdots & \Delta Y_{4K} \\ \Delta Y_{51} & \Delta Y_{52} & \cdots & \Delta Y_{5K} \\ \vdots & \vdots & \ddots & \vdots \\ \Delta Y_{T1} & \Delta Y_{T2} & \cdots & \Delta Y_{TK} \end{bmatrix}_{(T-3)\times K} \tag{5.5.20}$$

$$\boldsymbol{Y}_{(-1)}^D=\begin{bmatrix} (\Delta\boldsymbol{Y}_3)' \\ (\Delta\boldsymbol{Y}_4)' \\ \vdots \\ (\Delta\boldsymbol{Y}_{T-1})' \end{bmatrix}=\begin{bmatrix} \Delta Y_{31} & \Delta Y_{32} & \cdots & \Delta Y_{3K} \\ \Delta Y_{41} & \Delta Y_{42} & \cdots & \Delta Y_{4K} \\ \vdots & \vdots & \ddots & \vdots \\ \Delta Y_{T-1,1} & \Delta Y_{T-1,2} & \cdots & \Delta Y_{T-1,K} \end{bmatrix}_{(T-3)\times K} \tag{5.5.21}$$

$$\boldsymbol{Y}_{(-1)}^{D^*}=\begin{bmatrix} (\Delta\boldsymbol{Y}_3^*)' \\ (\Delta\boldsymbol{Y}_4^*)' \\ \vdots \\ (\Delta\boldsymbol{Y}_{T-1}^*)' \end{bmatrix}=\begin{bmatrix} \Delta Y_{31}^* & \Delta Y_{32}^* & \cdots & \Delta Y_{3K}^* \\ \Delta Y_{41}^* & \Delta Y_{42}^* & \cdots & \Delta Y_{4K}^* \\ \vdots & \vdots & \ddots & \vdots \\ \Delta Y_{T-1,1}^* & \Delta Y_{T-1,2}^* & \cdots & \Delta Y_{T-1,K}^* \end{bmatrix}_{(T-3)\times K} \tag{5.5.22}$$

$$\boldsymbol{u}^D=\begin{bmatrix} (\Delta\boldsymbol{u}_4)' \\ (\Delta\boldsymbol{u}_5)' \\ \vdots \\ (\Delta\boldsymbol{u}_T)' \end{bmatrix}=\begin{bmatrix} \Delta u_{41} & \Delta u_{42} & \cdots & \Delta u_{4K} \\ \Delta u_{51} & \Delta u_{52} & \cdots & \Delta u_{5K} \\ \vdots & \vdots & \ddots & \vdots \\ \Delta u_{T1} & \Delta u_{T2} & \cdots & \Delta u_{TK} \end{bmatrix}_{(T-3)\times K} \tag{5.5.23}$$

则有

$$\begin{gathered} \boldsymbol{Y}^D=\boldsymbol{Y}_{(-1)}^D\boldsymbol{\Pi}_1'+\boldsymbol{Y}_{(-1)}^{D^*}\boldsymbol{\Pi}_2'+\boldsymbol{u}^D \\ (T-3)\times K=[(T-3)\times K][K\times K]+[(T-3)\times K][K\times K] \end{gathered} \tag{5.5.24}$$

令 $\boldsymbol{X}^D=[\boldsymbol{Y}_{(-1)}^D,\boldsymbol{Y}_{(-1)}^{D^*}]_{(T-3)\times 2K}$，$\boldsymbol{\Pi}=\begin{bmatrix} \boldsymbol{\Pi}_1' \\ \boldsymbol{\Pi}_2' \end{bmatrix}_{2K\times K}$ 则将上述方程(5.5.24)简化为

$$\boldsymbol{Y}^D=\boldsymbol{X}^D\boldsymbol{\Pi}+\boldsymbol{u}^D \tag{5.5.25}$$

根据前面的分析，我们把各个内生变量所对应的工具变量设定为：$\Delta\boldsymbol{Y}_{t-1}$ 对应的工具变量为$[Y_1',Y_2',\cdots,Y_{t-2}']'$，共 $K(t-2)$个；$\Delta\boldsymbol{Y}_{t-1}^*$ 对应的工具变量为$[Y_1^{*\prime},Y_2^{*\prime},\cdots,Y_{t-2}^{*\prime}]'$，共 $K(t-2)$个。

所以 $\boldsymbol{X}^D$ 对应的工具变量为

$$
Q^D=\begin{bmatrix}[Y_1',Y_2',Y_1^{*\prime},Y_2^{*\prime}]' & 0 & \cdots & 0\\ 0 & [Y_1',Y_2',Y_3',Y_1^{*\prime},Y_2^{*\prime},Y_3^{*\prime}]'' & \cdots & 0\\ 0 & 0 & \cdots & 0\\ \vdots & \vdots & \ddots & \vdots\\ 0 & 0 & \cdots & [Y_1',Y_2',\cdots,Y_{T-2}',Y_1^{*\prime},Y_2^{*\prime},\cdots,Y_{T-2}^{*\prime}]'\end{bmatrix} \tag{5.5.26}
$$

这是一个 $KT(T-3)\times(T-3)$ 的矩阵。于是模型(5.5.24)两边同时乘以工具变量矩阵，模型转换为

$$
\begin{aligned}Q^D Y^D &= Q^D Y^D_{(-1)}\Pi'_1+Q^D Y^{D^*}_{(-1)}\Pi'_2+Q^D u^D\\ &= Q^D X^D \Pi+Q^D u^D\end{aligned} \tag{5.5.27}
$$

对上面的模型(5.5.26)应用向量化算子，用 vec 表示该算法，可以将方程化为

$$
(Q^D\otimes I_K)\mathrm{vec}(Y^{D'})=(Q^D X^D\otimes I_K)\mathrm{vec}(\Pi')+(Q^D\otimes I_K)\mathrm{vec}(u^{D'}) \tag{5.5.28}
$$

由于 $\Pi=\begin{bmatrix}\Pi'_1\\ \Pi'_2\end{bmatrix}_{2K\times K}$ 所以 $\mathrm{vec}(\Pi')=\mathrm{vec}([\Pi_1,\Pi_2])$，它是一个 $2K^2\times1$ 的列向量，是我们的模型需要估计的参数，其中前面的 K^2 个值是 Π_1 矩阵对应的元素，后面的 K^2 个值是 Π_2 矩阵对应的元素。而 $(Q^D\otimes I_K)$ 是 $K^2T(T-3)\times K(T-3)$ 的矩阵，$\mathrm{vec}(Y^{D'})$ 是 $K(T-3)\times1$ 的列向量，$(Q^D\otimes I_K)\mathrm{vec}(Y^{D'})$ 是 $K^2T(T-3)\times1$ 的列向量，$(Q^D X^D\otimes I_K)$ 是 $K^2T(T-3)\times 2K^2$ 的矩阵，$(Q^D\otimes I_K)$ 是 $K^2T(T-3)\times1$ 的列向量，$\mathrm{vec}(u^{D'})$ 是 $K(T-3)\times1$ 的列向量。

对于模型(5.5.27)中的残差扰动项 $\mathrm{vec}(u^{D'})$ 及其元素 $u^{D'}$，根据先前的定义及假设(a)～(e)可得

$$
\mathrm{vec}(u^{D'})=\mathrm{vec}\left(\begin{bmatrix}(\Delta u_4)'\\(\Delta u_5)'\\ \vdots\\(\Delta u_T)'\end{bmatrix}\right)=\begin{bmatrix}(\Delta u_4)\\(\Delta u_5)\\ \vdots\\(\Delta u_T)\end{bmatrix}=\begin{bmatrix}\Delta u_{41}\\ \vdots\\ \Delta u_{4K}\\ \vdots\\ \Delta u_{T1}\\ \vdots\\ \Delta u_{TK}\end{bmatrix}_{(T-3)K\times1} \tag{5.5.29}
$$

$$
E\{[\mathrm{vec}(u^{D'})][\mathrm{vec}(u^{D'})]'\}=E\left\{\begin{bmatrix}(\Delta u_4)\\(\Delta u_5)\\ \vdots\\(\Delta u_T)\end{bmatrix}[\Delta u'_4\quad \Delta u'_5\quad \cdots\quad \Delta u'_T]\right\}
$$

$$
=\begin{bmatrix}
E(\Delta \boldsymbol{u}_4 \Delta \boldsymbol{u}'_4) & E(\Delta \boldsymbol{u}_4 \Delta \boldsymbol{u}'_5) & \cdots & E(\Delta \boldsymbol{u}_4 \Delta \boldsymbol{u}'_T) \\
E(\Delta \boldsymbol{u}_5 \Delta \boldsymbol{u}'_4) & E(\Delta \boldsymbol{u}_5 \Delta \boldsymbol{u}'_5) & \cdots & E(\Delta \boldsymbol{u}_5 \Delta \boldsymbol{u}'_T) \\
\vdots & \vdots & \ddots & \vdots \\
E(\Delta \boldsymbol{u}_T \Delta \boldsymbol{u}'_4) & E(\Delta \boldsymbol{u}_T \Delta \boldsymbol{u}'_5) & \cdots & E(\Delta \boldsymbol{u}_T \Delta \boldsymbol{u}'_T)
\end{bmatrix}
$$

$$
=\begin{bmatrix}
2\boldsymbol{\Omega}_1 & -\boldsymbol{\Omega}_1 & 0 & \cdots & 0 & 0 & 0 \\
-\boldsymbol{\Omega}_1 & 2\boldsymbol{\Omega}_1 & -\boldsymbol{\Omega}_1 & \cdots & 0 & 0 & 0 \\
0 & -\boldsymbol{\Omega}_1 & 2\boldsymbol{\Omega}_1 & \cdots & 0 & 0 & 0 \\
\vdots & \vdots & \vdots & \vdots & \vdots & \vdots & \vdots \\
0 & 0 & 0 & 0 & -\boldsymbol{\Omega}_1 & 2\boldsymbol{\Omega}_1 & -\boldsymbol{\Omega}_1 \\
0 & 0 & 0 & 0 & 0 & -\boldsymbol{\Omega}_1 & 2\boldsymbol{\Omega}_1
\end{bmatrix}_{K(T-3)\times K(T-3)}
$$

$$
=\boldsymbol{\Sigma}^{-1} \tag{5.5.30}
$$

4. 空间向量自回归模型的脉冲响应

在 SpVAR 模型中将模拟外生冲击的时空动态效应。显然在 SpVAR 模型中脉冲响应分析将比在 VAR 模型中更加复杂。其主要原因是：冲击将在时间和空间两个维度上传播。

我们先从一个空间变量（$K=1, P=0$）的情况下开始，它的冲击在空间不具有相关性，此时的 SpVAR 模型为

$$
Y_{nt}=\beta Y_{nt-1}+\theta\sum_{i\neq n}^{N} w_{ni} Y_{it}+\lambda\sum_{i\neq n}^{N} w_{ni} Y_{it-1}+\varepsilon_{nt} \tag{5.5.31}
$$

空间滞后阶数由 θ 和 λ 描述，如果这两个参数为 0，方程（5.5.31）则变成自回归过程。将方程（5.5.31）写成矩阵形式为

$$
\boldsymbol{Y}_t=\beta \boldsymbol{I}_N \boldsymbol{Y}_{t-1}+\theta \boldsymbol{W}\boldsymbol{Y}_t+\lambda \boldsymbol{W}\boldsymbol{Y}_{t-1}+\boldsymbol{\varepsilon}_t \tag{5.5.32}
$$

其中，$\boldsymbol{Y}$ 是 $N\times 1$ 的向量。方程（5.5.32）写成时间滞后算子的形式为

$$
\begin{aligned}
(\boldsymbol{A}+\boldsymbol{B}L)\boldsymbol{Y}_t &= \boldsymbol{\varepsilon}_t \\
\boldsymbol{A} &= \boldsymbol{I}_N-\theta \boldsymbol{W} \\
\boldsymbol{B} &= -(\beta \boldsymbol{I}_N+\lambda \boldsymbol{W})
\end{aligned} \tag{5.5.33}
$$

脉冲响应分析是源于方程（5.5.32）的 VMA 表达式（Vector Moving Average Representation），也就是说，根据$\boldsymbol{\varepsilon}$ 的当期值和滞后值来表达 $\boldsymbol{Y}_t$。将方程（5.5.32）两边同时除以 $\boldsymbol{C}=\boldsymbol{A}+\boldsymbol{B}L$ 得

$$
\boldsymbol{Y}_t=\boldsymbol{C}^{-1}\boldsymbol{\varepsilon}_t \tag{5.5.34}
$$

假设数据是平稳的，则 $|r_i|<1$。N 个特征值将由下列方程得到

$$
|\boldsymbol{C}^{-1}-r\boldsymbol{I}_N|=0 \tag{5.5.35}
$$

由于 A、B 是由 θ 和 λ 决定的，是不可避免的，SpVAR 模型的特征值是由空间滞后系数确定的。这也意味着，SpVAR 模型的平稳条件不同于 VAR 模型的平稳条件。

更一般地，特征值的个数为 NKq。因此在一个典型的 SpVAR 模型中特征值的个数是很庞大的。根据定义，在 VAR 模型中 $N=1$，因此在 SpVAR 模型中特征值的个数是 VAR 模型的 N 倍。假如，在实证的例子中 $N=1, K=4, q=1$，则有 36 个特征值。

举例来说，我们令 $N=2, K=q=1$，还有 $w_{12}=w_{21}=1$，在这个模型中

$$\begin{aligned} Y_{1t} &= \beta Y_{1,t-1} + \theta Y_{2t} + \lambda Y_{2,t-1} + \varepsilon_{1t} \\ Y_{2t} &= \beta Y_{2,t-1} + \theta Y_{1t} + \lambda Y_{1,t-1} + \varepsilon_{2t} \end{aligned} \tag{5.5.36}$$

特征方程为

$$\begin{aligned} & ar^2 + br + c = 0 \\ & a = 1 - \theta^2 \\ & b = -2(\beta + \theta\lambda) \\ & c = \beta^2 - \lambda^2 \end{aligned} \tag{5.5.37}$$

方程(5.5.37)有两个特征值 r_1 和 r_2：

$$r_1 = \frac{(1-\theta)(\beta-\lambda)}{1-\theta^2}, \quad r_2 = \frac{(1+\theta)(\beta+\lambda)}{1-\theta^2} \tag{5.5.38}$$

由于平稳性的要求，$|r_1|<1$ 和 $|r_2|<1$。很明显，平稳性并不是简单地取决于 β，事实上 β 的绝对值可能都小于 1，而 Y 仍然是不平稳的。

假设是平稳的，则有

$$Y_{1t} = \frac{\varepsilon_{1t} - \pi\varepsilon_{1t-1} + (\theta\varepsilon_{2t} + \lambda)\varepsilon_{2t-1}}{(1-r_1L)(1-r_2L)} + A_1 r_1^t + A_2 r_2^t \tag{5.5.39}$$

其中，A 取决于初始条件，因为根是在单位圆内的，这些项趋于 0。将式(5.5.39)分解成部分分式之和：

$$Y_{1t} = \frac{1}{r_1 - r_2}\sum_{\tau=0}^{\infty}[r_1^{1+\tau}(\varepsilon_{1,t-1} - \beta\varepsilon_{1,t-\tau-1}) - r_2^{1+\tau}(\theta\varepsilon_{2,t-1} - \lambda\varepsilon_{1,t-\tau-1})] + C_1 r_1^t + C_2 r_2^t \tag{5.5.40}$$

其中，C 是由初始条件决定的任意常数，由方程(5.5.40)，空间 2 当期和滞后的冲击会影响到空间 1。如果没有空间影响，即 $\theta=\lambda=0$，方程(5.5.40)将简化为

$$Y_{1t} = \sum_{\tau=0}^{\infty}\beta^i\varepsilon_{1,t-\tau} + C_1\beta^t \tag{5.5.41}$$

5.5.2　实例及操作

改革开放以来，中国在经济增长方面取得了巨大的成就，中国产业结构也借助良好的经济环境转型升级。但与此同时，中国较大的城乡收入差距也一直是国内外学者关注的焦点。虽然最近两年随着国家对“三农”的支持力度加大等，中国城乡收入比略有下降，但是近 5 年中国城乡居民收入比平均仍高达 3.082∶1。城乡收入差距、产业结构升级以及经济增长之间互为影响，这种复杂的关系为我们看清经济形势以及制定经济政策造成了无形的阻碍。因此，本例题选取三者之间的影响机制。

本文利用2000—2014年中国30个省(区、市)(由于西藏有数据缺失，因此未将其列入研究对象)的面板数据建立包含城乡收入差距、产业结构升级、经济增长在内的面板空间向量自回归模型，分析三个内生变量之间的冲击时空传导以及政府财政能力在这个宏观经济体系中的作用。面板空间向量自回归模型集空间面板以及VAR模型为一体，在估计之前需要对变量的平稳性、因果关系及空间相关性进行相应检验。平稳性检验结果表明，城乡收入差距、产业结构升级、经济增长以及政府财政分权都是一阶单整序列，且四者之间存在着长期的协整关系；D-H面板Granger检验表明，城乡收入差距、产业结构升级与经济增长之间都至少在5%显著水平下拒绝自身不是对方的Granger原因的原假设，即三者之间确实存在着两两互为因果的关系。同时，我们也进行了空间相关性检验，检验结果表明，这三个内生变量之间存在显著的空间相关关系。我们分别用IGAP、ISU、ln GDP表示产业结构的高级化程度、城乡收入差距、实际GDP的对数值。

其具体操作步骤如下。

第一步：在SPVAR.m文件中，对变量进行命名并用数据对其赋值，如图5.5.1所示。其中：空间权重命名为w，变量命名为pc。

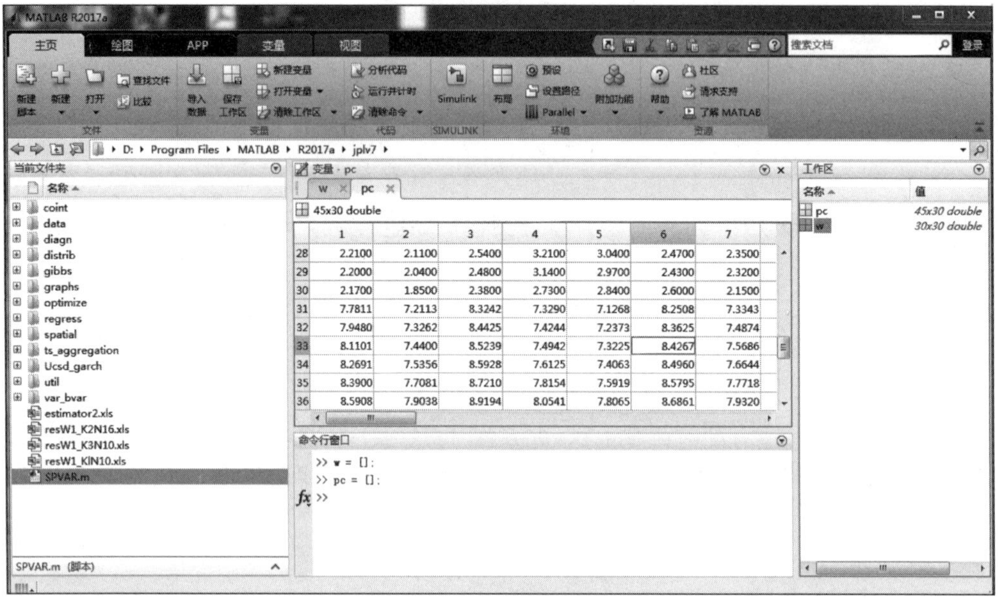

图5.5.1　变量命名及赋值

第二步：对SPVAR文件中全局变量参数进行设置，如图5.5.2所示。

第三步：在SPVAR程序中，对保存估计结果的Excel文件命名，如图5.5.3所示。

第四步：对SPVAR程序中，选择需要进行脉冲分析的省份及脉冲分析的变量并赋值，其中ind为省份参数，imp为脉冲分析的变量，如图5.5.4所示。

第五步：对SPVAR程序中，对脉冲估计结果的Excel文件命名，如图5.5.5所示。

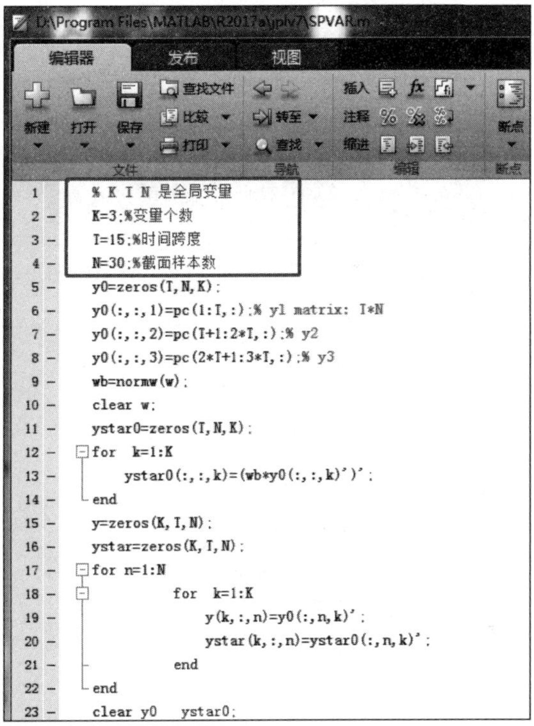

```
% K I N 是全局变量
K=3;%变量个数
I=15;%时间跨度
N=30;%截面样本数
y0=zeros(I,N,K);
y0(:,:,1)=pc(1:I,:);% y1 matrix: I*N
y0(:,:,2)=pc(I+1:2*I,:);% y2
y0(:,:,3)=pc(2*I+1:3*I,:);% y3
wb=normw(w);
clear w;
ystar0=zeros(I,N,K);
for  k=1:K
    ystar0(:,:,k)=(wb*y0(:,:,k)')';
end
y=zeros(K,I,N);
ystar=zeros(K,I,N);
for n=1:N
        for  k=1:K
            y(k,:,n)=y0(:,n,k)';
            ystar(k,:,n)=ystar0(:,n,k)';
        end
end
clear y0   ystar0;
```

图 5.5.2　设定全局变量参数

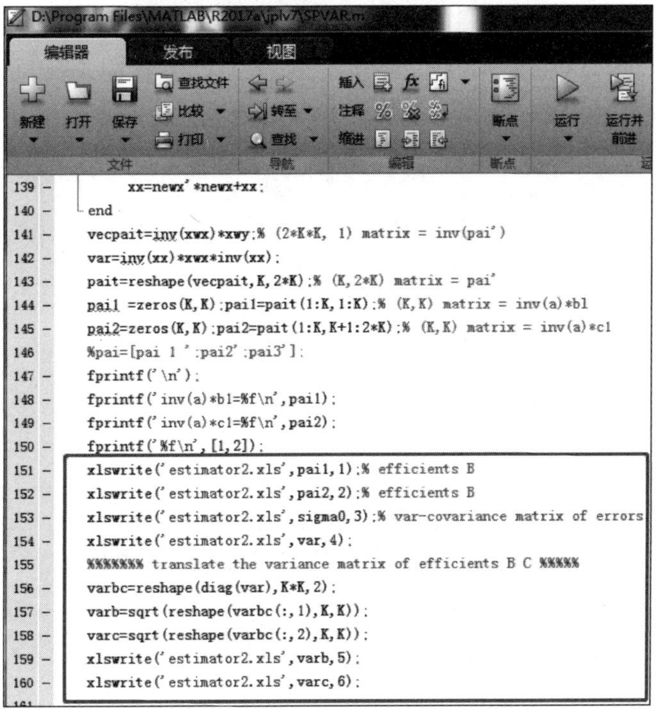

```
    xx=newx'*newx+xx;
end
vecpait=inv(xwx)*xwy;% (2*K*K, 1) matrix = inv(pai')
var=inv(xx)*xwx*inv(xx);
pait=reshape(vecpait,K,2*K);% (K,2*K) matrix = pai'
pai1 =zeros(K,K);pai1=pait(1:K,1:K);% (K,K) matrix = inv(a)*b1
pai2=zeros(K,K);pai2=pait(1:K,K+1:2*K);% (K,K) matrix = inv(a)*c1
%pai=[pai 1 ';pai2';pai3'];
fprintf('\n');
fprintf('inv(a)*b1=%f\n',pai1);
fprintf('inv(a)*c1=%f\n',pai2);
fprintf('%f\n',[1,2]);
xlswrite('estimator2.xls',pai1,1);% efficients B
xlswrite('estimator2.xls',pai2,2);% efficients B
xlswrite('estimator2.xls',sigma0,3);% var-covariance matrix of errors
xlswrite('estimator2.xls',var,4);
%%%%%%% translate the variance matrix of efficients B C %%%%%
varbc=reshape(diag(var),K*K,2);
varb=sqrt(reshape(varbc(:,1),K,K));
varc=sqrt(reshape(varbc(:,2),K,K));
xlswrite('estimator2.xls',varb,5);
xlswrite('estimator2.xls',varc,6);
```

图 5.5.3　对保存估计结果的 Excel 文件命名

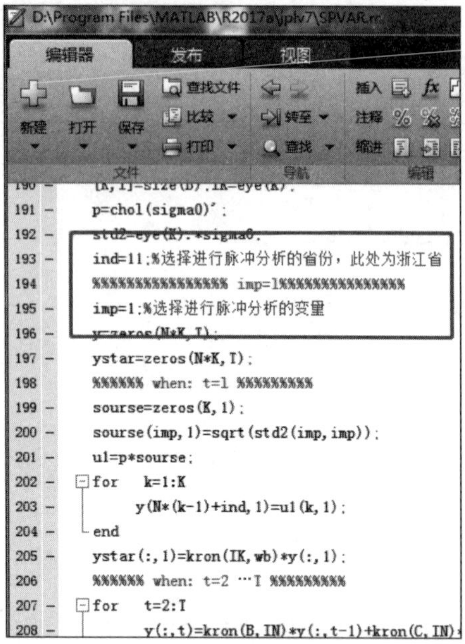

图 5.5.4　选择需要进行脉冲分析的省份及脉冲分析的变量并赋值

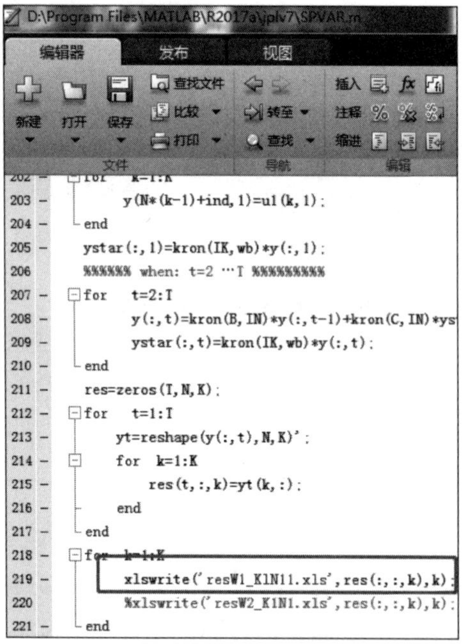

图 5.5.5　对脉冲估计结果的 Excel 文件命名

第六步：参数设置完成后，单击“运行”按钮，即可得到 SPVAR 模型，估计结果以 Excel 文档存储，如图 5.5.6 所示。

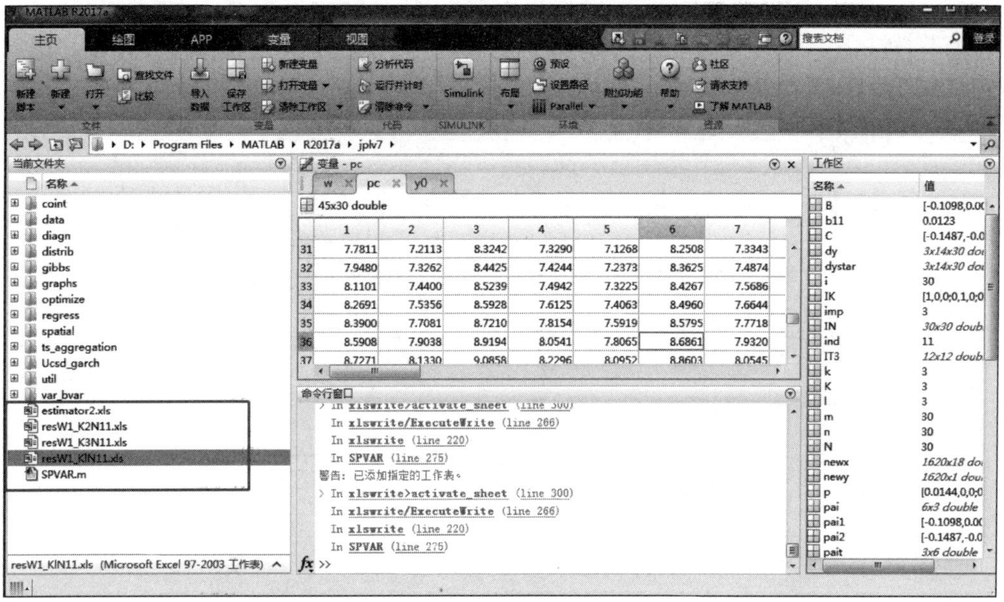

图 5.5.6　SPVAR 模型估计结果

对模型估计结果进行整理。从表 5.5.1 拟合优度来看，模型解释能力较好。从模型时空滞后项系数的显著性来看，也足以说明在研究过程中加入空间项的合理性。然而，模型的内生变量系统导致解释参数估计结果并没有实际意义，因此我们进一步计算模型的时空脉冲响应函数，来分析一个个体的一个变量发生一个单位标准差的变动对所有个体的所有内生变量所产生的冲击。

表 5.5.1　面板空间向量自回归模型参数估计结果

参　数	IGAP	ISU	ln GDP
IGAP(−1)	−0.109 8	0.006 0	0.057 2
	(0.124 8)	(0.027 3)	(0.055 1)
ISU(−1)	−0.924 1	0.307 1	−0.056 1
	(0.503 9)	(0.110 1)	(0.223 0)
ln GDP(−1)	−0.343 3	−0.076 0	0.296 2
	(0.287 3)	(0.062 78)	(0.126 9)
$IGAP^*(-1)$	−0.148 7	−0.047 0	0.013 4
	(0.190 7)	(0.035 8)	(0.054 9)
$ISU^*(-1)$	−3.158 4	0.836 0	0.150 2
	(0.770 3)	(0.144 6)	(0.221 8)
$\ln GDP^*(-1)$	−1.582 1	−0.564 0	0.567 5
	(0.439 2)	(0.082 6)	(0.126 4)

与传统时间序列的 VAR 不同，空间面板 VAR 的脉冲体现在时间与空间两个维度上。一个冲击源(一个地方的一个变量产生一个冲击)会产生 $n\times K$ 幅脉冲响应图(n 为个体数，K 为内生变量个数)。本例题通过多次试算，最终选取了浙江、安徽、福建、江西四个省作为主要的研究对象。本例题以浙江省的产业结构高级化程度为冲击源，分析脉冲响应情况。如图 5.5.7 所示。

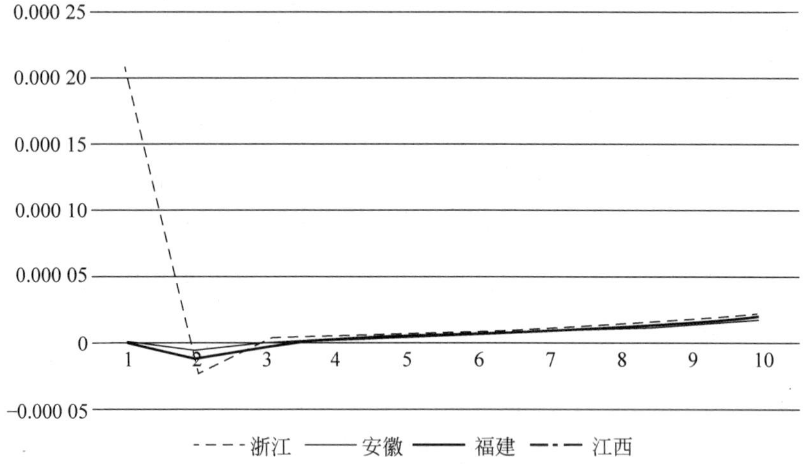

图 5.5.7 浙江省 IGAP 对安徽等省的 IGAP 的冲击

由图 5.5.7 可知，浙江产业结构发生一个正的冲击，会给其自身的产业结构带来一个正的影响，紧接着会带来负的影响，随后收敛到零；而对于安徽、福建和江西，都是在前两期带来负的影响，随后收敛到零。产业结构的改善，会对周边地区的产业造成异质性的影响，尤其是产业结构的差异性不断扩大的时候，会对其他省份产业结构升级造成持久且较大的阻碍。

5.6 全局向量自回归模型

5.6.1 模型及估计

在经济全球化的背景下，政府或企业部门在制定经济政策时，不仅要考虑国内因素，同时还要考虑国外因素对本国经济的影响，研究中国经济与世界经济的相互影响具有特别重要的现实意义。在理论界，VAR 模型逐渐代替 SEM 成为时间序列经济学的标准分析工具。

尽管各种形式的 VAR 模型分析已经成为目前时间经济计量学的标准分析工具，由于在 VAR 模型中估计系数相对于样本长度来说过于庞大，因此一般 VAR 模型只用来分析包含几个(不超过 6 个)变量的经济系统。近年来全球 VAR 模型(global VAR，GVAR)方法将 VAR 模型加以扩展，使其能够用于分析各国或各地区之间的经济联系。

GVAR 模型是在各国或地区 $VARX^*$ 模型的基础上，通过构建贸易权重矩阵综合各国或地区 VARX* 模型，进而用于分析各国或地区之间的关系。GVAR 模型最早由 Pesaran 等(2004) 提出，Dees 等(2007) 在此基础上进行了拓展应用。具体地说，首先建立各个构架或地区的 VECMX* 模型，在各国的模型中，内生变量 $\boldsymbol{X}$ 包括能够刻画宏观经济运行的核心经济变量，国外变量作为弱外生变量 X^* 包含在国家模型中。然后通过贸易权重矩阵或者资本流量，将各个国家的 VECMX* 模型连接成 GVAR，将全球经济作为一个整体，进行预测与政策分析，由于 GVAR 模型是将各国或地区的 VECMX* 模型在一个一致的框架下进行连接，因此各个变量之间的长期和短期的相互关系与依赖性能够清楚地体现出来，符合经济学理论的长期关系和符合数据生成过程的短期关系都可以在 GVAR 模型的框架下得到统计学检验。

GVAR 模型可以进行灵活的扩展，既可以只包含核心部分的国家 SVECM(结构向量误差修正模型)X* 模型单独用来做预测和政策分析，也可以将国家模型与主要贸易伙伴国和地区模型进行连接，甚至扩大到全球各国或地区模型相连接。与传统的以 SEM 为基础的全球宏观经济模型相比，GVAR 模型具有通透的经济学理论结构、模型结构紧凑、模型结构的灵活性和可扩展性、易于维护、可操作性强等优点。

GVAR 模型基于一个由各国 VARX* 模型构成的全球系统，通过考虑各国之间的内在联系，进而分析个体效应的溢出情况以及全局变量的冲击结果。模型综合考虑各国之间三种既相互联系又相互独立的传导途径(Garratt 等，2006)：国内变量受到对应的国外变量的当期和滞后值的影响；各国变量受全球外生变量的共同影响；第 i 个国家会受到第 j 个国家当期冲击的影响，这种依赖性反映在误差的协方差矩阵中。

GVAR 模型考虑三种各国之间相互联系的途径，它们既具有独立性，又具有内在的相互联系。

途径 1：国内变量 $\boldsymbol{X}_{it}$ 依赖于国外变量 $\boldsymbol{X}_{it}^*$ 的当期和滞后值。

途径 2：各国的变量受全球外生变量，如石油价格的影响，因此是相互联系的。

途径 3：第 i 个国家会受到第 j 个国家所受到的当期冲击的影响，这种依赖性反映在误差的协方差矩阵中。

由于全球模型系统过于庞大，所需估计的系数相对于样本长度来说太多，因此，必须采用一种变通的方法进行分析。具体地说，考虑 $N+1$ 个国家，第 0 个国家为参照国家，通常选择美国。假定一国的经济与国外加权的经济变量、趋势项以及石油价格等外生变量有关。假设 $\boldsymbol{X}_i$ 表示第 i 个国家的内生变量向量，$\boldsymbol{X}_i^*$ 表示第 i 个国家的国外变量向量。$\boldsymbol{X}_i$ 和 $\boldsymbol{X}_i^*$ 分别为阶数为 k_i 和 k_i^* 的向量。

为表述方便，假设国内变量和国外变量的滞后阶数都为 1，则第 i 个国家的 VARX*(1,1)模型形式如下：

$$\boldsymbol{X}_{it}=\boldsymbol{a}_{i0}+\boldsymbol{a}_{i1}t+\boldsymbol{\phi}_i\boldsymbol{X}_{i,t-1}+\boldsymbol{\Lambda}_{i0}\boldsymbol{X}_{it}^*+\boldsymbol{\Lambda}_{i1}\boldsymbol{X}_{i,t-1}^*+\boldsymbol{\varepsilon}_{it}\quad t=1,2,\cdots,T;\quad i=0,1,2,\cdots,N \tag{5.6.1}$$

这里 $\boldsymbol{\phi}_i$ 是一个 $k_i\times k_i$ 的系数矩阵，$\boldsymbol{\Lambda}_{i0}$，$\boldsymbol{\Lambda}_{i1}$ 分别是 $k_i\times k_i^*$ 的系数矩阵，$\boldsymbol{\varepsilon}_{it}$ 为 $k_i\times 1$ 的各国自主冲击的向量，假设各国的自主冲击是非序列相关的，均值为零。国外变量，

如国外产出 y_{it}^* 构建如下：

$$y_{it}^* = \sum_{j=0}^{N} w_{ij}^{y} y_{jt} \tag{5.6.2}$$

权重 w_{ij}^y 通过第 j 个国家占第 i 个国家的贸易权重矩阵计算得到。所包含的其他国外变量也可类似构建。

国外变量当作国家模型的弱外生变量，常假设国外利率、产出和价格等是外生给定的，因为大多数经济体对于世界经济总量来说都是很小的。变量的弱外生性可以在 VECMX* 模型框架下进行正式的统计检验。

将国内变量和国外变量整合为一个$(k_i+k_i^*)\times 1$ 的向量 $\boldsymbol{Z}_{it}=\begin{pmatrix}\boldsymbol{X}_{it}\\ \boldsymbol{X}_{it}^*\end{pmatrix}$

因此，式(5.6.1)可写为

$$\boldsymbol{A}_i\boldsymbol{Z}_{it} = \boldsymbol{a}_{i0} + \boldsymbol{a}_{i1}t + \boldsymbol{B}_i\boldsymbol{Z}_{it-1} + \boldsymbol{\varepsilon}_{it} \tag{5.6.3}$$

其中，$\boldsymbol{A}_i=(\boldsymbol{I}_{ki}-\boldsymbol{\Lambda}_{i0})$，$\boldsymbol{B}_i=(\boldsymbol{\phi}_i,\boldsymbol{\Lambda}_{i1})$，$\boldsymbol{A}_i$，$\boldsymbol{B}_i$ 是 $k_i\times(k_i+k_i^*)$阶的矩阵且 $\mathrm{rand}(\boldsymbol{A}_i)=k_i$。

将所有国家的模型结合在一起，得到一个 $k\times 1$(这里 $k=\sum_{i=0}^{N}k_i$ 为全球模型中所有内生变量的个数)的向量 $\boldsymbol{X}_t=(X_{0t}',X_{1t}',\cdots,X_{Nt}')'$。因此，

$$\boldsymbol{Z}_{it} = \boldsymbol{W}_i\boldsymbol{X}_t,\quad i=0,1,2,\cdots,N \tag{5.6.4}$$

$\boldsymbol{W}_i$ 是一个$(k_i+k_i^*)\times k_i$ 矩阵，可以看作将各国 VARX* 模型连接成 GVAR 模型的连接矩阵。将式(5.6.3)和式(5.6.4)结合，得到

$$\boldsymbol{A}_i\boldsymbol{W}_i\boldsymbol{X}_t = \boldsymbol{a}_{i0} + \boldsymbol{a}_{i1}t + \boldsymbol{B}_i\boldsymbol{W}_i\boldsymbol{X}_t + \boldsymbol{\varepsilon}_{it} \tag{5.6.5}$$

进而，可写成

$$\boldsymbol{G}\boldsymbol{X}_t = \boldsymbol{a}_0 + \boldsymbol{a}_1 t + \boldsymbol{H}\boldsymbol{X}_t + \boldsymbol{\varepsilon}_t \tag{5.6.6}$$

其中

$$\boldsymbol{a}_0=\begin{pmatrix}a_{00}\\ a_{10}\\ \vdots\\ a_{N0}\end{pmatrix},\quad \boldsymbol{a}_1=\begin{pmatrix}a_{01}\\ a_{11}\\ \vdots\\ a_{N1}\end{pmatrix},\quad \boldsymbol{\varepsilon}_t=\begin{pmatrix}\varepsilon_{0t}\\ \varepsilon_{1t}\\ \vdots\\ \varepsilon_{Nt}\end{pmatrix},\quad \boldsymbol{G}=\begin{pmatrix}\boldsymbol{A}_0\boldsymbol{W}_0\\ \boldsymbol{A}_1\boldsymbol{W}_1\\ \vdots\\ \boldsymbol{A}_N\boldsymbol{W}_N\end{pmatrix},\quad \boldsymbol{H}=\begin{pmatrix}\boldsymbol{B}_0\boldsymbol{W}_0\\ \boldsymbol{B}_1\boldsymbol{W}_1\\ \vdots\\ \boldsymbol{B}_N\boldsymbol{W}_N\end{pmatrix}$$

因此，GVAR 模型可以表达为以下形式：

$$\boldsymbol{X}_t = \boldsymbol{G}^{-1}\boldsymbol{a}_0 + \boldsymbol{G}^{-1}\boldsymbol{a}_1 t + \boldsymbol{G}^{-1}\boldsymbol{H}\boldsymbol{X}_{t-1} + \boldsymbol{G}^{-1}\boldsymbol{\varepsilon}_t \tag{5.6.7}$$

通过估计单个方程的 VARX* 模型以及通过计算贸易权重和资本流量等计算 $\boldsymbol{W}$ 中的系数，矩阵 $\boldsymbol{G}$ 是可求的，不需要在 GVAR 中进行估计，可大大减少估计系数。使得在 GVAR 模型框架下可进行类似的 VAR 模型的分析。

将式(5.6.7)进一步表示为类似 VECM 的误差修正形式：

$$\boldsymbol{G}\Delta\boldsymbol{X}_t = \boldsymbol{a}_0 + \boldsymbol{a}_1 t - (\boldsymbol{G}-\boldsymbol{H})\boldsymbol{X}_{t-1} + \boldsymbol{\varepsilon}_t \tag{5.6.8}$$

$$\boldsymbol{G}-\boldsymbol{H}=\begin{pmatrix}(\boldsymbol{A}_0-\boldsymbol{B}_0)\boldsymbol{W}_0\\(\boldsymbol{A}_1-\boldsymbol{B}_1)\boldsymbol{W}_1\\\vdots\\(\boldsymbol{A}_N-\boldsymbol{B}_N)\boldsymbol{W}_N\end{pmatrix}=\begin{pmatrix}\boldsymbol{\alpha}_0\boldsymbol{\beta}'_0\boldsymbol{W}_0\\\boldsymbol{\alpha}_1\boldsymbol{\beta}'_1\boldsymbol{W}_1\\\vdots\\\boldsymbol{\alpha}_N\boldsymbol{\beta}'_N\boldsymbol{W}_N\end{pmatrix}=\mathring{\boldsymbol{\alpha}}\mathring{\boldsymbol{\beta}}'$$

其中，$\mathring{\boldsymbol{\alpha}}$ 是对角元素分别为$(\alpha_0,\alpha_1,\cdots,\alpha_N)$且其他元素为零的 $k\times r$ 分块对角矩阵，表示全球短周期调整系数，$\mathring{\boldsymbol{\beta}}=(W'_0\beta_0,W'_1\beta_1,\cdots,W'_N\beta_N)$为 $k\times r$ 协整空间矩阵，$r=\sum_{i=0}^{N}r_i$，$k=\sum_{i=0}^{N}k_i$。

进一步，将 GVAR 模型一般化，使得 GVAR 模型不仅包含各国的主要核心经济变量，而且包含全球共同变量，如石油价格等。

因此，扩展的 VARX* 可表示为

$$\boldsymbol{X}_{it}=\boldsymbol{a}_{i0}+a_{i1}t+\boldsymbol{\phi}_i\boldsymbol{X}_{i,t-1}+\boldsymbol{\Lambda}_{i0}\boldsymbol{X}^*_{it}+\boldsymbol{\Lambda}_{i1}\boldsymbol{X}^*_{i,t-1}+\boldsymbol{\psi}_{i0}\boldsymbol{d}_t+\boldsymbol{\psi}_{i1}\boldsymbol{d}_{t-1}+\boldsymbol{\varepsilon}_{it}$$

$$t=1,2,\cdots,T;\ i=0,1,2,\cdots,N \tag{5.6.9}$$

其中，$\boldsymbol{d}_t$ 是一个 $s\times1$ 的全球共同变量向量，这些变量假设对于全球经济来说是弱外生变量。相应地，扩展的 GVAR 模型为

$$\boldsymbol{G}\boldsymbol{X}_t=\boldsymbol{a}_0+\boldsymbol{a}_1t+\boldsymbol{H}\boldsymbol{X}_{t-1}+\boldsymbol{\psi}_{i0}\boldsymbol{d}_t+\boldsymbol{\psi}_{i1}\boldsymbol{d}_{t-1}+\boldsymbol{\varepsilon}_t \tag{5.6.10}$$

其中，$\boldsymbol{\psi}_0=\begin{pmatrix}\boldsymbol{\psi}_{00}\\\boldsymbol{\psi}_{10}\\\vdots\\\boldsymbol{\psi}_{N0}\end{pmatrix}$，$\boldsymbol{\psi}_1=\begin{pmatrix}\boldsymbol{\psi}_{01}\\\boldsymbol{\psi}_{11}\\\vdots\\\boldsymbol{\psi}_{N1}\end{pmatrix}$。利用式(5.6.10)可以在系统的起始状态和外生全球变量的基础上对系统中的内生变量进行预测。

运用 GVAR 的子系统估计方法来估计 GVAR 系统。由于各国的模型是分别估计的，权重系数不是估计的；各国 VARX＊中的系数也是在各国模型中估计出来的，而不是通过 GAVR 模型同时估计的，避免了对 GVAR 的直接估计需要估计太多系数的问题。

5.6.2　实例及操作

为考虑包含世界 25 个国家以及欧元区经济(其中欧元区国家为德国、法国、意大利、西班牙、荷兰、比利时、奥地利和芬兰 8 个国家，因此共包含 33 个国家)之间的相互影响，本例构建 GVAR 模型。其中，核心变量包括国内实际 GDP、CPI(居民消费价格指数)通胀率、实际汇率、实际证券价格、长期利率、短期利率 6 个变量，全球变量包括石油价格、原材料价格和石油价格。运用 GVAR Toolbox2.0 工具包进行分析。数据是 GVAR Toolbox2.0 工具包自带的数据。具体软件操作过程详见 GVAR Toolbox2.0 的操作手册。以下是其主要估计结果。

1. 各变量的选取及数据说明

本例选取 33 个国家 1979 年第 1 季度到 2013 年第 1 季度的经过季节调整的季度数

据来估计 GVAR 模型。国内变量定义如下：

$y_{it}=\ln(\mathrm{GDP}_{it}/\mathrm{CPI}_{it})$，　$p_{it}=\ln(\mathrm{CPI}_{it})$，　$e_{it}=\ln(E_{it})-p_{it}$

$q_{it}=\ln(\mathrm{EQ}_{it}/\mathrm{CPI}_{it})$，　$p_{it}^{s}=0.25\times\ln(1+R_{it}^{s}/100)$，　$p_{it}^{l}=0.25\times\ln(1+R_{it}^{l}/100)$

其中，GDP_{it}，CPI_{it}，E_{it}，EQ_{it}，R_{it}^{s}，R_{it}^{l} 分别表示第 i 个国家的名义 GDP、CPI 指数、对美元的名义汇率、债券价格指数、年度名义短期和长期利率。相应地，y_{it}，p_{it}，e_{it}，q_{it}，p_{it}^{s}，p_{it}^{l} 分别为对数实际 GDP、对数 CPI 指数、对数对美元的实际汇率、对数实际债券价格指数以及季度短期和长期利率，相应地国外变量为 ys_{it}，ps_{it}，es_{it}，qs_{it}，ps_{it}^{s}，ps_{it}^{l}。全局变量包括 poil、pmat、pmetal，分别表示原油价格、原材料价格和金属价格。数据来源为 IMF（国际货币基金组织）的 Financial Statistics 以及 Datastream。

2. SGVAR 模型的构建

此外，本例在 flows 表格中输入各个国家之间的贸易量，系统可以自动给出贸易权重矩阵（权重矩阵也可用户自行设定），相应地，可以计算出各个变量的国外变量。根据 AIC（赤池）和 SCSC（施瓦茨）信息标准选择模型中变量的滞后阶数。

对于第 i 个国家的 $\mathrm{VARX}^{*}(p,q)$ 的模型形式如下：

$$\begin{aligned}\boldsymbol{X}_{it}=&\boldsymbol{a}_{i0}+\boldsymbol{a}_{i1}t+\boldsymbol{\phi}_{i1}\boldsymbol{X}_{i,t-1}+\cdots+\boldsymbol{\phi}_{ip}\boldsymbol{X}_{i,t-p}+\boldsymbol{\Lambda}_{i0}\boldsymbol{X}_{i,t}^{*}+\boldsymbol{\Lambda}_{i1}\boldsymbol{X}_{i,t-1}^{*}+\cdots+\\&\boldsymbol{\Lambda}_{iq}\boldsymbol{X}_{i,t-q}^{*}+\boldsymbol{\psi}_{i0}\boldsymbol{d}_{t}+\cdots+\boldsymbol{\psi}_{ir}\boldsymbol{d}_{t-r}+\boldsymbol{\varepsilon}_{it},\quad t=1,2,\cdots,T;\ i=1,2,\cdots,N\end{aligned}$$

其中，$\boldsymbol{X}_{i,t}$ 为 $k_i\times1$ 维的国内向量，$\boldsymbol{X}_{i,t}^{*}=\sum\limits_{j=0}^{N}w_{ij}\boldsymbol{X}_{j,t}$ 为通过贸易权重矩阵 w_{ij} 计算得到的 $k_i\times1$ 维国外向量。$w_{ii}=0$，$\sum\limits_{j=0}^{N}w_{ij}=1$，权重 w_{ij} 是根据第 j 个国家的贸易总量（出口和进口）在第 i 个国家贸易总量中所占的贸易比重进行计算所得。

在本例中，相应变量形式如下：

$$\boldsymbol{X}_{i,t}=\begin{bmatrix}y_{it}\\p_{it}\\e_{it}\\q_{it}\\p_{it}^{s}\\p_{it}^{l}\end{bmatrix}\quad\boldsymbol{X}_{i,t-p}=\begin{bmatrix}y_{it-p}\\p_{it-p}\\e_{it-p}\\q_{it-p}\\p_{it-p}^{s}\\p_{it-p}^{l}\end{bmatrix},\quad\boldsymbol{X}_{i,t}^{*}=\begin{bmatrix}y_{it}^{*}\\p_{it}^{*}\\e_{it}^{*}\\q_{it}^{*}\\p_{it}^{s*}\\p_{it}^{l*}\end{bmatrix},\quad\boldsymbol{X}_{i,t-q}^{*}=\begin{bmatrix}y_{it-q}^{*}\\p_{it-q}^{*}\\e_{it-q}^{*}\\q_{it-q}^{*}\\p_{it-q}^{s*}\\p_{it-q}^{l*}\end{bmatrix},$$

$$\boldsymbol{d}_{t}=\begin{bmatrix}\mathrm{poil}_{t}\\\mathrm{pmat}_{t}\\\mathrm{pmetal}_{t}\end{bmatrix},\quad\boldsymbol{d}_{t-r}=\begin{bmatrix}\mathrm{poil}_{t-r}\\\mathrm{pmat}_{t-r}\\\mathrm{pmetal}_{t-r}\end{bmatrix}$$

3. GVAR 模型的实证分析

1）统计检验

在工具包 GVAR Toolbox 2.0 的结果 output.xls 中包含了模型的系列统计检验：单

位根检验、协整检验、弱外生性检验、模型结构稳定性检验等(本例以中国为例进行模型分析)。

根据 ADF 统计量,可以发现所有变量都是一阶单整,进而对中国模型中的协整关系进行检验,表 5.6.1 给出了统计检验的结果。

表 5.6.1　中国模型中协整关系的统计检验

	统计值	临界值(5%)
内生变量个数	4	
外生变量个数	8	
$r=0$	213.629 252 3	136.94
$r=1$	114.307 061 8	99.12
$r=2$	63.526 077 11	64.91
$r=3$	19.632 520 23	33.87

可以发现在中国模型中存在两个协整关系。表 5.6.2 显示了未加限制的协整关系及相应的短期调整函数。进而对中国模型外变量进行弱外生性检验,如表 5.6.3 所示,中国模型中所有外变量都是弱外生变量,即它们对模型中其他变量会产生长期影响,但模型中其他变量对它们没有长期的反馈。为了进一步检验协整空间确实是 I(0)空间,我们对协整关系进行了冲击反应检验,图 5.6.1 所示为中国模型中两个协整关系对系统冲击的持续反应,表明两个协整关系以及系统是平稳的。对模型的结构稳定性进行检验,如表 5.6.4 所示,结果发现模型中的大部分变量都是结构稳定的。

表 5.6.2　未加限制的协整关系及相应的短期调整函数

BETA	CV1	CV2	ALPHA	a1	a2
Trend	−0.041 3	−0.003 3	y	0.049 3	0.053 7
y	1.000 0	0.000 0	Dp	0.088 9	−0.294 7
Dp	0.000 0	1.000 0	ep	0.216 0	−1.492 2
ep	0.262 3	0.051 1	r	0.003 2	0.026 4
r	−21.053 2	−4.183 5			
ys	2.310 3	0.363 2			
Dps	−4.890 5	−0.957 5			
eqs	−0.308 0	−0.049 7			
rs	7.753 7	0.981 5			
lrs	1.191 4	−1.376 4			
poil	0.036 1	0.010 6			
pmat	0.275 9	0.038 5			
pmetal	−0.024 4	0.035 3			

表 5.6.3　中国模型外变量的弱外生性检验(5%临界值)

F 统计量	临界值	ys	Dps	eqs	rs	lrs	poil	pmat	pmetal
F(2,118)	3.073	0.262 9	0.334 6	0.145 1	2.095 4	0.702 4	1.358 5	0.278 7	0.554 3

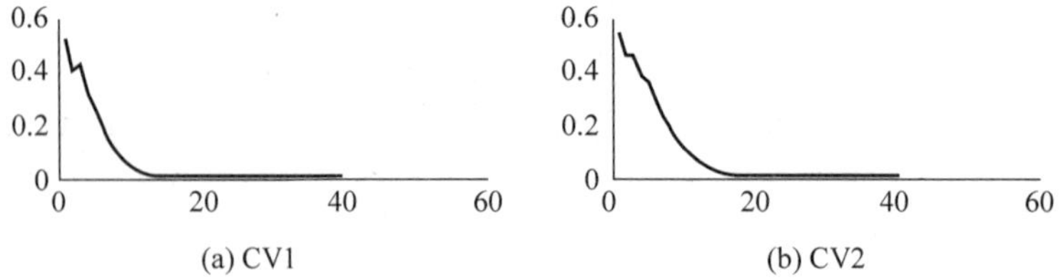

图 5.6.1　中国模型中两个协整关系对系统冲击的持续反应

表 5.6.4　中国模型结构稳定性检验

变　　量	y	Dp	ep	r
QLR 统计量	34.801 3	28.429 3	26.494 8	22.921 7
临界值				

需要指出的是，GVAR 模型中对需要考察的国家都进行以上的各种统计检验。

2）脉冲响应分析

在构建了 GVAR 模型后，考察的重点就是各个国家各个变量对冲击的反应，以便于为制定各种政策提供建议。图 5.6.2～图 5.6.5 给出了原油价格、美国的短期利率对中国以及美国实际 GDP 一个标准差正向冲击的反应。若想考察其他变量的冲击可在工具包中更改设置。

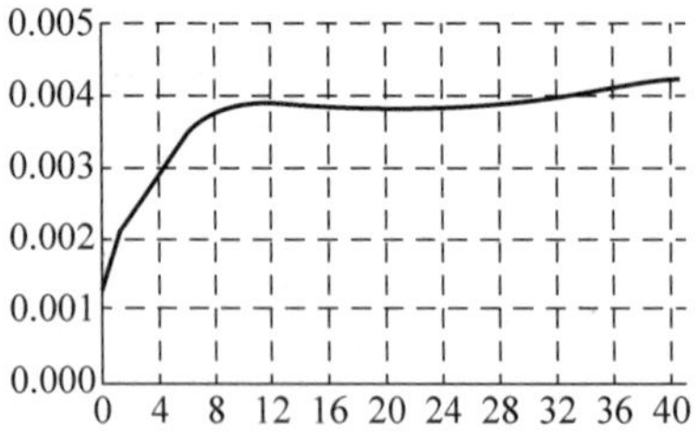

图 5.6.2　中国实际 GDP 对原油价格冲击的反应

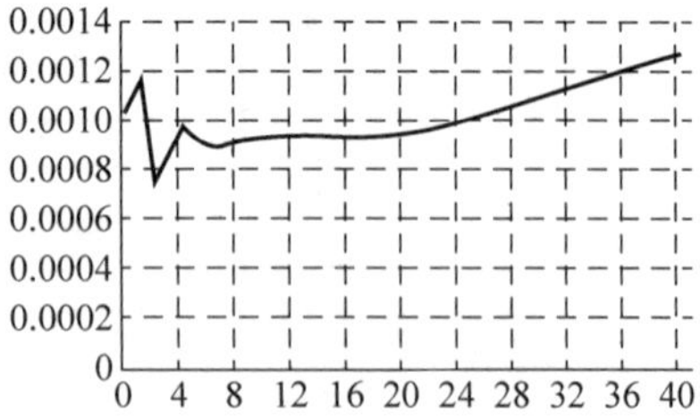

图 5.6.3　美国实际 GDP 对原油价格冲击的反应

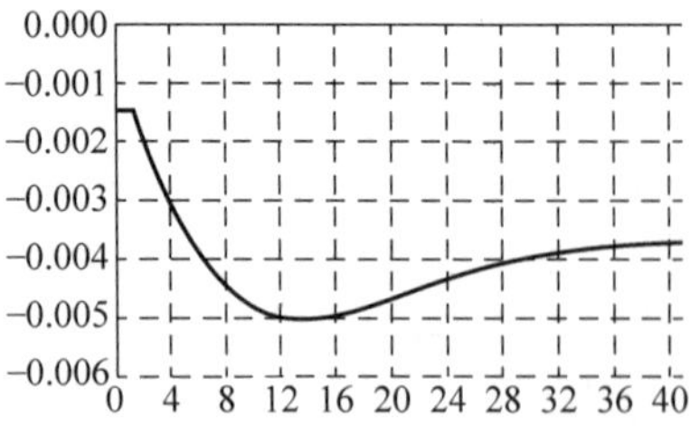

图 5.6.4　中国实际 GDP 对美国短期利率冲击的反应

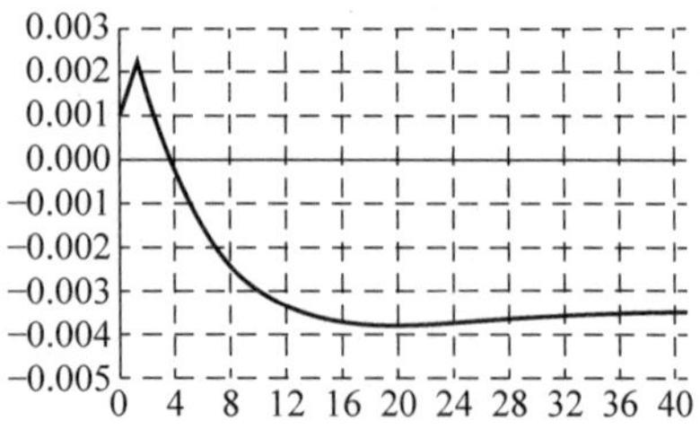

图 5.6.5　美国实际 GDP 对美国短期利率冲击的反应

可以看出，原油价格一个单位的负向冲击对中国实际 GDP 具有长期正向影响，且在第 8 季度开始趋于稳定，对美国实际 GDP 在第 1 季度的正向影响最大，第 2 季度的正向影响最小，并于第 4 季度后趋于稳定；同样地，美国短期利率一个单位的正向冲击对中国实际 GDP 产生负向影响，并于第 12 季度的时候负向影响达到最大，对美国实际 GDP 在第 2 季度时产生的正向影响最大，在第 4 季度以后开始产生负向影响。

3）方差分解预测

在 GVAR 模型框架下可以进行预测误差方差分解分析，以此来分析每一个变量所受到的冲击有多大比例来自对自身的冲击，多大比例来自对系统中其他变量的冲击。将预测均方误差分解成系统中各变量冲击所做的贡献，然后计算出每一个变量冲击的相对重要性，则可以看出，原油价格一个单位的负向冲击对中国实际 GDP 具有长期正向影响，且在第 8 季度开始趋于稳定，对美国实际 GDP 在第 1 季度的正向影响最大，第 2 季度的正向影响最小，并于第 4 季度后趋于稳定；同样地，美国短期利率一个单位的正向冲击对中国实际 GDP 产生负向影响，并于第 12 季度的时候负向影响达到最大，美国实际 GDP 在第 2 季度时产生的正向影响最大，在第 4 季度以后开始产生负向影响。

本例给出了美国短期利率的方差分解。传统的方差分解结果受变量排序的影响，故本例采用 Koop 等和 Pesaran、Shin 提出的广义预测误差方差分解进行进一步的分析，具体结果在 GVAR Toolbox 2.0/Output of Demos/ Output Full Demo/GFEVDS 中。

表 5.6.5 给出了美国短期利率的误差方差分解的部分结果，可以看出短期内美国短期利率的波动主要来源美国国内的短期利率、长期利率和美国实际 GDP，随着时间的推移，美国国内实际 GDP 和原材料价格（国际因素）的冲击所占的比重逐渐加大，原材料价格在第 8 期和第 12 期，即第 2 年末和第 3 年末分别达到 10.65%、10.59%，成为除短期利率和实际 GDP 以外最重要的国际因素。图 5.6.6 给出了短期利率、长期利率原材料价格在美国短期利率方差分解中所占的比例，可以看出美国短期利率的变动是影响美国短期利率的最重要因素，在第 4 期后国际原材料价格对美国短期利率的影响超过长期利率对短期利率的影响。

表 5.6.5　美国短期利率的误差方差分解的部分结果

参　数	第 0 期	参　数	第 4 期	参　数	第 8 期	参　数	第 12 期
USA_r	0.884 3	USA_r	0.765 4	USA_r	0.735 0	USA_r	0.720 9
USA_lr	0.121 2	USA_lr	0.109 2	USA_y	0.107 4	USA_y	0.107 9
USA_y	0.061 5	USA_y	0.101 8	pmetal	0.106 5	pmetal	0.105 9
SINGAPORE_r	0.061 1	pmetal	0.098 2	USA_lr	0.088 6	USA_lr	0.079 2
pmat	0.045 0	SINGAPORE_r	0.058 0	SINGAPORE_r	0.060 3	SINGAPORE_r	0.061 7
pmetal	0.039 5	pmat	0.039 2	pmat	0.035 8	pmat	0.035 0
CANADA_r	0.024 0	USA_eq	0.022 5	USA_eq	0.027 8	USA_eq	0.028 4
CHILE_y	0.022 5	CHILE_y	0.017 2	CHILE_y	0.015 9	CHILE_y	0.015 1
JAPAN	0.015 2	JAPAN_r	0.015 7	JAPAN_y	0.014 4	JAPAN_y	0.015 0
⋮	⋮	⋮	⋮	⋮	⋮	⋮	⋮

注：y、r、lr、ep、eq、pmetal、pmat 分别表示实际 GDP、短期利率、长期利率、实际汇率、实际债券价格、贵金属价格和原材料价格。广义预测误差方差分解结果每列相加不一定等于 1。

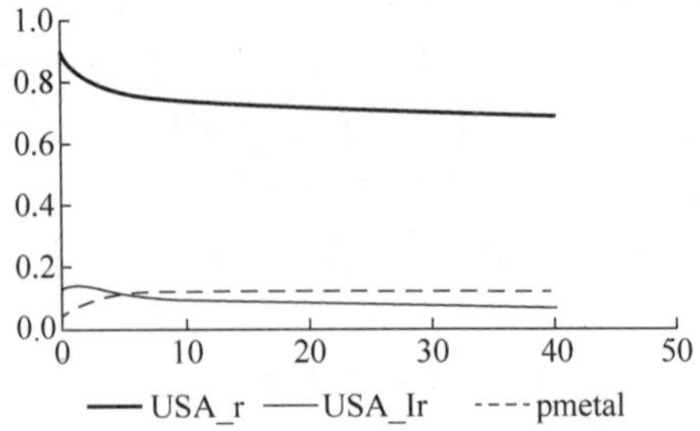

图 5.6.6 美国短期利率的方差分解

本 章 习 题

第 6 章　半参数空间滞后模型

实际中，经济系统各变量之间不仅存在线性关系，还存在大量非线性关系。随着空间计量经济学与非参数经济学的发展，近年来学者们开始在非参数领域进行空间计量模型的探索。本章主要介绍半参数横截面空间滞后模型、半参数面板空间滞后模型和半参数动态面板空间滞后模型，结合半参数与空间经济学来解决变量间参数非线性关系难以确定和空间相关性问题，以此满足更多经济和管理应用研究的需要。

6.1　半参数横截面空间滞后模型

6.1.1　模型及估计

半参数横截面空间滞后模型描述了解释变量的空间集聚效用对被解释变量的影响，并刻画出变量间非线性关系，因此被广泛应用于宏观经济和区域经济领域的实证研究，其形式如式(6.1.1)所示：

$$y_i=\rho\sum_{j\neq i}w_{ij}y_j+\boldsymbol{x}'_{1i}\boldsymbol{\beta}_0+\sum_{j\neq i}w_{ij}\boldsymbol{x}'_{1i}\boldsymbol{\beta}_1+G(x_{2i})+u_i,\quad i=1,2,\cdots,n \tag{6.1.1}$$

其中，y 为被解释变量；$\boldsymbol{x}_{1i}$ 是与 u_i 相关的参数部分解释变量；x_{2i} 是与 u_i 不相关的非参数部分解释变量；ρ 和 $\boldsymbol{\beta}_1$ 为空间效应系数；权数 w_{ij} 由个体 i 与 j 之间的距离定义，这种距离可以是地理距离、经济距离，抑或是社会距离等；$G(\cdot)$为未知非线性函数；u_i 为随机扰动项。在本模型中，被解释变量除了受到解释变量的影响之外，还受到被解释变量与解释变量各自的空间滞后项的影响，且相关关系中一部分已知为线性，另一部分为未知非线性的非参数函数形式。

记 $\tilde{y}_i=\sum_{j\neq i}w_{ij}y_j$，$\tilde{x}_{1i}=\sum_{j\neq i}w_{ij}\boldsymbol{x}_{1i}$，式(6.1.1)可以表示为

$$y_i=\rho\tilde{y}_i+\boldsymbol{x}'_{1i}\boldsymbol{\beta}_0+\tilde{\boldsymbol{x}}_{1i}\boldsymbol{\beta}_1+G(x_{2i})+u_i,\quad i=1,2,\cdots,n \tag{6.1.2}$$

式(6.1.2)中参数分量 $\rho,\boldsymbol{\beta}_0,\boldsymbol{\beta}_1$ 与非参数分量 $G(\cdot)$的估计步骤如下：

假定 $\rho,\boldsymbol{\beta}_0,\boldsymbol{\beta}_1$ 已知，由式(6.1.2)得

$$G(x_{2i})=E(y_i\mid x_{2i})-\rho E(\tilde{y}_i\mid x_{2i})-[E(\boldsymbol{x}_{1i}\mid x_{2i})]'\beta_0-[E(\tilde{\boldsymbol{x}}_{1i}\mid x_{2i})]'\beta_0$$

非参数分量的初步估计为

$$G(x_{2i};\rho,\beta_0,\beta_1)=\hat{E}(y_i\mid x_{2i})-\rho\hat{E}(\tilde{y}_i\mid x_{2i}-[\hat{E}(\boldsymbol{x}_{1i}\mid x_{2i})]'\beta_0-[\hat{E}(\tilde{\boldsymbol{x}}_{1i}\mid x_{2i})]'\beta_0)$$

而 $\hat{E}(y_i|x_{2i})$，$\hat{E}(\tilde{y}_i|x_{2i})$，$\hat{E}(x_{1i}|x_{2i})$，$\hat{E}(\tilde{x}_{1i}|x_{2i})$分别为 $E(y_i|x_{2i})$，$E(\tilde{y}_i|x_{2i})$，$E(\boldsymbol{x}_{1i}|x_{2i})$，$E(\tilde{\boldsymbol{x}}_{1i}|x_{2i})$的局部线性估计，其偏导数估计可应用于估计 $G(\cdot)$的偏导数。将式(6.1.2)中的非参数分量用初步估计替代，可得

$$y_i-\hat{E}(y_i\mid x_{2i})=\rho[y_i-\hat{E}(\tilde{y}_i\mid x_{2i})]+[x_{1i}-\hat{E}(\boldsymbol{x}_{1i}\mid x_{2i})]'\beta_0+$$

$$[\boldsymbol{x}_{1i}-\hat{E}(\boldsymbol{x}_{1i}\mid x_{2i})]'\boldsymbol{\beta}_1+\upsilon_1$$

利用工具变量进行两阶段最小二乘估计，可得 $\hat{\rho},\hat{\boldsymbol{\beta}}_0,\hat{\boldsymbol{\beta}}_1$。最终获得非参数分量的估计 $\hat{G}(x_{2i})$及其一阶偏导数：

$$\begin{aligned}\hat{G}(x_{2i})&=\hat{G}(x_{2i};\hat{\rho},\hat{\boldsymbol{\beta}}_0,\hat{\boldsymbol{\beta}}_1)\\ \partial\hat{G}(\cdot)/\partial x_{2i}&=\hat{G}(x_{2i};\hat{\rho},\hat{\boldsymbol{\beta}}_0,\hat{\boldsymbol{\beta}}_1)/\partial x_{2i}\end{aligned}\tag{6.1.3}$$

至此，模型的估计完成。更多模型的估计及其性质的证明见叶阿忠(2008)。

6.1.2 实例及操作

本例沿用 3.1.2 实例并在模型设定上进行新的探讨。关于我国 R&D 项目数量的影响因素及其空间相关性的广义空间自回归模型运行结果中，空间滞后效应系数值较小且不显著、R&D 经费(ln RDK)的系数也未通过显著性检验，故在此考虑针对 R&D 项目数问题建立半参数横截面空间滞后模型来尝试以上问题是否因模型估计方法不同而得到缓解。模型设定形式如下：

$$\ln \mathbf{INNO}=\rho \boldsymbol{W}\ln \mathbf{INNO}+\beta_1\ln \mathbf{RDL}+\boldsymbol{m}(\ln \mathbf{RDK})+\boldsymbol{\mu}\tag{6.1.4}$$

其中，ln **INNO** 是各个省域 R&D 项目数量的对数值；ln **RDL** 是 R&D 从业人员的对数值；ln **RDK** 是 R&D 经费的对数值，考虑该因素对 R&D 项目数影响不确定，故将其加入非线性项；$\boldsymbol{W}$ 是空间邻接矩阵；ρ 是空间滞后效应系数。

选取数据同 3.1.2 实例。首先利用 Matlab 软件算出空间滞后项 ***W*ln INNO**，由 ***W*ln INNO**＝W×ln **INNO** 计算得到，其中 $\boldsymbol{W}$ 为空间权重矩阵。在 Matlab 软件的命令行窗口输入：W＝[]；lnINNO＝[]；在工作区单击打开两个变量窗口，将对应的数据分别复制进去。在命令行窗口输入：WlnINNO＝reshape(W * reshape(lnINNO,31,[]),[],1)；得到 ***W*lnINNO** 的数据。利用 Stata 软件对模型进行参数估计，采用高斯核函数。打开 Stata 软件，依次单击"File/Import/Excel spreadsheet/browse..."选择"3.1 数据"，选中"import first row as variable names"。或者在 Command 窗口输入如下命令：import excel "3.1 数据.xls",sheet("Sheet1") firstrow(需根据数据文件的位置更改命令)。

在 Command 窗口输入如下命令：semipar lnINNO WlnINNO lnRDL, nonpar (lnRDK)，默认采用高斯核函数，参数部分估计结果如图 6.1.1 所示，非参数部分估计结果如图 6.1.2 所示。

```
. semipar lnINNO WlnINNO lnRDL , nonpar( lnRDK )

                                                  Number of obs =        31
                                                  R-squared     =    0.2905
                                                  Adj R-squared =    0.2416
                                                  Root MSE      =    0.2141
```

lnINNO	Coef.	Std. Err.	t	P>|t|	[95% Conf.	Interval]
WlnINNO	-.0024948	.0026984	-0.92	0.363	-.0080136	.003024
lnRDL	.7866514	.2305112	3.41	0.002	.3152031	1.2581

图 6.1.1 半参数横截面空间滞后模型参数部分回归结果

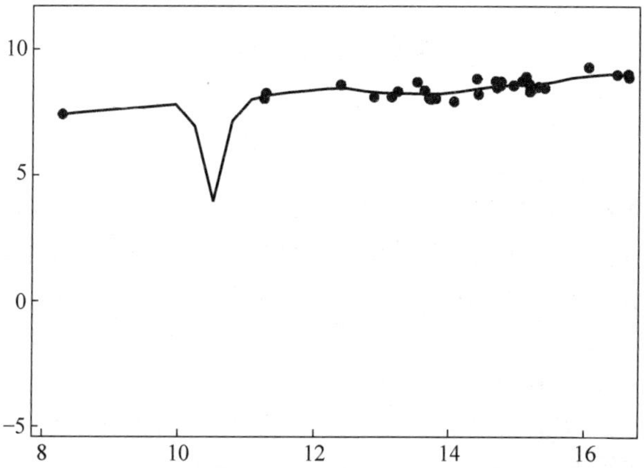

图 6.1.2　半参数横截面空间滞后模型非参数部分回归结果

与 3.1.2 小节计算结果比较如表 6.1.1 所示。

表 6.1.1　2016 年我国省际 R&D 项目数量影响因素的实证分析结果

模　　型	SAC	半参数横截面空间滞后模型
CONSTANT	−2.335 536	—
	(0.00)	
ln RDK	0.280 251 1	—
	(0.155)	
ln RDL	0.659 414 1	0.786 651 4
	(0.002)	(0.002)
ρ	0.010 936 6	−0.002 494 8
	(0.200)	(0.363)
λ	0.048 291 4	—
	(0.010)	
R^2	0.994 4	0.290 5

注：括号内为系数的 p 值。

从表 6.1.1 中可见：

(1) 将 R&D 经费作为非线性因素考量之后，R&D 项目数量对 R&D 从业人员的弹性增大，即 R&D 从业人员对 R&D 项目数量在经济上有着更显著的影响。

(2) 由于剔除了空间误差结构因素，空间滞后效应系数由 SAC 模型的正值转变为负值且依旧不显著，说明邻近省份的 R&D 项目数量具有明显区域集聚这一特点不容忽视，同时也表明各省域 R&D 项目数量的空间相关性有限这一事实。

(3) 半参数横截面空间滞后模型的拟合优度无法媲美 SAC 模型，空间滞后效应系数值较小且不显著的问题也并未得到解决，这说明本例在模型设定上还存在一系列的改进因素，譬如空间权重的设置更加多样化、控制更多的解释变量、考虑滞后项与差分项因素和考虑空间误差结构形式等。关于更进一步的模型设定可留待读者做进一步探讨与研究。

6.2　半参数面板空间滞后模型

6.2.1　模型

面板数据可以揭示横截面模型所不能被观察到的个体特殊行为，因而，被广泛应用于微观经济和区域经济领域的实证研究。设半参数面板固定影响空间滞后模型为

$$Y_{it}=\alpha_i+\rho\sum_{j\neq i}w_{ij}\boldsymbol{Y}_{jt}+\boldsymbol{S}'_{it}\boldsymbol{\gamma}_0+\sum_{j\neq i}w_{ij}\boldsymbol{S}'_{it}\boldsymbol{\gamma}_1+g(\boldsymbol{P}_{it})+\mu_{it},\quad i=1,2,\cdots,n,\quad t=1,2,\cdots,T \tag{6.2.1}$$

其中，Y_{it} 为被解释变量，$\boldsymbol{S}_{it}=(S_{1it},\cdots S_{dsit})'$是解释变量向量，$\boldsymbol{P}_{it}=(P_{1it},\cdots P_{d_pit})'$为非参数部分解释变量向量，$\alpha_i$ 量为个体影响，$\boldsymbol{\gamma}_0$ 为系数，ρ 和$\boldsymbol{\gamma}_1$ 为空间效应系数，$g(\cdot)$ 是未知函数，μ_{it} 是均值为零，方差为 σ^2 且相互独立的随机变量。该模型的因变量除了受个体特殊行为 α_i 和解释变量的影响，还受因变量的空间滞后项和解释变量的空间滞后项的影响。若 $\mathrm{E}g(\boldsymbol{P}_{it})\neq0$，则可将其归入 α_i，所以，不妨设 $\mathrm{E}g(\boldsymbol{P}_{it})=0$。

记 $\widetilde{Y}_{it}=\sum\limits_{j\neq i}w_{ij}Y_{jt}$，$\widetilde{S}_{it}=\sum\limits_{j\neq i}w_{ij}S_{jt}$，$\widetilde{P}_{it}=\sum\limits_{j\neq i}w_{ij}P_{jt}$，则模型(6.2.1)可写成

$$Y_{it}=\alpha_i+X'_{it}\beta+g(P_{it})+\mu_{it} \tag{6.2.2}$$

其中，$\boldsymbol{\beta}=(\rho,\boldsymbol{\gamma}'_0,\boldsymbol{\gamma}'_1)'$，$\boldsymbol{X}_{it}=(\widetilde{Y}_{it},S'_{it},\widetilde{S}'_{it})'$。$(S_{it},P_{it},Y_{it},),\cdots,(S_{nt},P_{nt},Y_{nt},)$ 是在 $R^{ds+dp+1}$ 上取值的随机变量向量序列。解释变量 X_{it} 是内生变量且与随机变量 μ_{it} 相关，使得

$$E(\boldsymbol{X}_{it}\mu_{it})\neq0 \tag{6.2.3}$$

假定 $d_p\leqslant3$，关于非参数函数 g 的假设同前。设 $\boldsymbol{Z}_{1t},\cdots,\boldsymbol{Z}_{nt}$ 是 R^d 上的随机向量，其中：$d=2d_s+d_s+4$，$\boldsymbol{Z}_{it}=(Z_{1it},\cdots,Z_{dit})'$。假设 $E(\boldsymbol{Z}_{it}\boldsymbol{\mu}_{it})=0$，$E(\boldsymbol{Z}_{it}\boldsymbol{\mu}_{it}\mid\boldsymbol{X}_{it},\boldsymbol{P}_{it})=0$，称 $\boldsymbol{Z}_i$ 为工具变量向量。

设 $f_P(\cdot)$是 $\boldsymbol{P}_{it}=(P_{1it},\cdots,P_{d_pit})'$的密度函数，$f_P(p)>0$ 有凸支撑 $\mathrm{supp}(f_P)$ R^{d_p}。$(S_{1t},P_{1t},Y_{1t}),\cdots,(S_{nt},P_{nt},Y_{nt})$是在 $R^{d_s+d_p+1}$ 上取值的随机变量向量序列。解释变量 X_{it} 是内生变量且与随机变量 μ_{it} 相关。

假定 $d_p\leqslant3$，设非参数函数 g 及其一阶、二阶导数有界连续，其估计的最优收敛速度为 n^{-2/d_p+4}（d_p 过大会影响 g 估计的收敛速度）。

6.2.2　估计方法

1. $E(\boldsymbol{P}_{it}\boldsymbol{\mu}_{it})=0$ 情形

定义 6.2.1　模型(6.2.1)的参数分量$\boldsymbol{\beta}$ 的工具变量估计为

$$\hat{\boldsymbol{\beta}}_{IV}=\left[\sum_{i=1}^{n}\sum_{t=1}^{T}\boldsymbol{Z}_{\#it}(\boldsymbol{X}_{it}-\hat{m}_1(\boldsymbol{P}_{it}))'\right]^{-1}\left[\sum_{i=1}^{n}\sum_{t=1}^{T}Z_{\#it}(Y_{it}-\hat{m}_2(\boldsymbol{P}_{it}))\right] \tag{6.2.4}$$

其中，$\boldsymbol{Z}_{\#it}=(Z_{1it},\cdots,Z_{2ds+1it})'$，$\hat{m}_1(\boldsymbol{p})$和 $\hat{m}_2(\boldsymbol{p})$分别是 $\hat{m}_1(\boldsymbol{p})=E[\boldsymbol{X}_{it}\mid\boldsymbol{P}_{it}=\boldsymbol{p}]$

和 $\hat{m}_2(\boldsymbol{p})=E[\boldsymbol{X}_{it}|\boldsymbol{P}_{it}=\boldsymbol{p}]$的局部线性估计。

模型(6.2.1)参数分量 $\hat{\alpha}_i$ 的工具变量估计为

$$\hat{\alpha}_i=\bar{Y}_i-\bar{\boldsymbol{X}}_i'\hat{\boldsymbol{\beta}}_{IV}$$

其中，$\bar{Y}_i=\frac{1}{T}\sum_{t=1}^{T}Y_{it}$，$\bar{\boldsymbol{X}}_i'=\frac{1}{T}\sum_{t=1}^{T}\bar{\boldsymbol{X}}_{it}$。

模型(6.2.1)非参数分量的工具变量估计为

$$\hat{g}_{IV}(\boldsymbol{p})=\hat{m}_2(\boldsymbol{p})-\hat{m}_1'(\boldsymbol{p})\hat{\boldsymbol{\beta}}_{IV}-\hat{\alpha}_i \tag{6.2.5}$$

定理 6.2.1　当 $h_n=c\cdot n^{-1/(d_p+4)}$时

$$\sqrt{n}(\hat{\boldsymbol{\beta}}_{IV}-\boldsymbol{\beta})\xrightarrow{L}N(\boldsymbol{0},\sigma^2(\boldsymbol{\Gamma})^{-1}\boldsymbol{V}(\boldsymbol{\Gamma}')^{-1}) \tag{6.2.6}$$

其中，$\boldsymbol{V}=\boldsymbol{E}[\boldsymbol{Z}_{\#it}\boldsymbol{Z}'_{\#it}]$，$\boldsymbol{\Gamma}=\boldsymbol{E}[\boldsymbol{Z}_{\#it}(\boldsymbol{X}_{it}-\boldsymbol{E}(\boldsymbol{X}_{it}|\boldsymbol{P}_{it}))']$。

注明：由叶阿忠(2008)的定理 18.1 推得。

由定理 6.2.1 可知，参数分量估计的收敛速度为 $n^{-\frac{1}{2}}$，与经典线性回归模型参数估计的收敛速度一致。

定理 6.2.2　设 $p\in\mathrm{supp}(f_P)\subset R^{d_p}$ 为内点，则当 $h_n=c\cdot n^{-1/(d_p+4)}$时

$$n^{2/(d_p+4)}[\hat{g}_{IV}(\boldsymbol{p})-g(\boldsymbol{p})]\xrightarrow{L}N\left[\frac{c^2}{2}\mu_2(K)\mathrm{tr}\{H_g(\boldsymbol{p})\},\frac{R(K)\sigma^2}{c^{d_p}f_P(\boldsymbol{p})}\right] \tag{6.2.7}$$

其中：$\mathrm{tr}\{\boldsymbol{H}_g(\boldsymbol{p})\}$为矩阵 $\boldsymbol{H}_g(\boldsymbol{p})=\left[\frac{\partial^2 g(\boldsymbol{p})}{\partial p_i\partial p_j}\right]_{d_p\times d_p}$ 的对角元素之和。

注明：因为

$$n^{2/(d_p+4)}[\hat{g}_{IV}(\boldsymbol{p})-g_{IV}(\boldsymbol{p})]=n^{2/(d_p+4)}[\hat{m}_2(\boldsymbol{p})-\hat{m}_1'(\boldsymbol{p})\hat{\boldsymbol{\beta}}_{IV}-g(\boldsymbol{p})-\alpha_i]-n^{2/(d_p+4)-1/2}n^{1/2}(\hat{\alpha}_i-\alpha_i)$$

由于参数估计 $\hat{\alpha}$ 的收敛速度为$n^{1/2}$ 且 $2/(d_p+4)-1/2<0$，所以，

$$n^{2/(d_p+4)-1/2}n^{1/2}(\hat{\alpha}_i-\alpha_i)\xrightarrow{L}0$$

再由叶阿忠(2008)的定理 18.2 可知

$$n^{2/(d_p+4)}[\hat{m}_2(\boldsymbol{p})-\hat{m}_1'(\boldsymbol{p})\hat{\boldsymbol{\beta}}_{IV}-g(\boldsymbol{p})-\alpha_i]\xrightarrow{L}N\left[\frac{c^2}{2}\mu_2(K)\mathrm{tr}\{H_g(\boldsymbol{p})\},\frac{R(K)\sigma^2}{c^{d_p}f_p(\boldsymbol{p})}\right]$$

综合前述，可获得式(6.2.7)。

由定理 6.2.2 可知，非参数分量估计的收敛速度为 $n^{-2/(d_p+4)}$，达到了非参数函数估计的最优收敛速度。

2. $\boldsymbol{E}(\boldsymbol{P}_{it}\boldsymbol{\mu}_{it})\neq\boldsymbol{0}$ 情形

定义 6.2.2　模型(6.2.1)参数分量的工具变量估计为

$$\hat{\boldsymbol{\beta}}_{IV}=\left[\sum_{i=1}^{n}\sum_{t=1}^{T}\boldsymbol{Z}_{\#it}(\boldsymbol{X}_{it}-\hat{m}_1(\boldsymbol{Z}_{*it}))'\right]^{-1}\left[\sum_{i=1}^{n}\sum_{t=1}^{T}\boldsymbol{Z}_{\#it}(Y_{it}-\hat{m}_2(\boldsymbol{Z}_{*it}))\right] \tag{6.2.8}$$

其中，$\hat{m}_1(\boldsymbol{Z}_{*it})$ 和 $\hat{m}_2(\boldsymbol{Z}_{*it})$ 分别是 $\hat{m}_1(\boldsymbol{Z}_{*it})=E[\boldsymbol{X}_{it}|\boldsymbol{Z}_{*it}]$ 和 $\hat{m}_2(\boldsymbol{Z}_{*it})=E[Y_{it}|\boldsymbol{Z}_{*it}]$ 的局部线性估计。$\boldsymbol{Z}_{*it}=(Z_{2d_s+2it},\cdots,Z_{dit})'$。

模型(6.2.1)参数分量 $\hat{\alpha}_i$ 的工具变量估计为

$$\hat{\alpha}_i=\bar{Y}_i-\bar{\boldsymbol{X}}'_i\hat{\boldsymbol{\beta}}_{IV}$$

模型(6.2.1)非参数分量的工具变量估计为

$$\hat{g}_{IV*}(\boldsymbol{p})=\boldsymbol{e}'_1(\boldsymbol{Z}'_*\boldsymbol{W}_p\boldsymbol{\Phi}_p)^{-1}\boldsymbol{Z}'_*\boldsymbol{W}_p[Y-\boldsymbol{X}\hat{\boldsymbol{\beta}}'_{IV*}]-\hat{\alpha}_i \tag{6.2.9}$$

$$W_p=\mathrm{diag}\{K_{hn}(\boldsymbol{P}_{11}-\boldsymbol{p}),\cdots,K_{hn}(\boldsymbol{P}_{1T}-\boldsymbol{p}),\cdots,K_{hn}(\boldsymbol{P}_{n1}-\boldsymbol{p}),\cdots,K_{hn}(\boldsymbol{P}_{nT}-\boldsymbol{p})\}$$

其中，$\boldsymbol{\Phi}_p=(\boldsymbol{P}_{111},\cdots,\boldsymbol{P}_{p1T},\cdots,\boldsymbol{P}_{pn1},\cdots,\boldsymbol{P}_{pnT})'$，$\boldsymbol{P}_{piT}=(1,(\boldsymbol{P}_{it}-\boldsymbol{p})')'$，

$\boldsymbol{Z}_*=(Z_{*11},\cdots,Z_{*1T},\cdots,Z_{*n1},\cdots,Z_{*nT})'$，$\boldsymbol{Y}=(Y_{11},\cdots,Y_{1T},\cdots,Y_{n1},\cdots,Y_{nT})'$，

$\boldsymbol{X}=(X_{11},\cdots,X_{1T},\cdots,X_{n1},\cdots,X_{nT})$

定理 6.2.3 在条件 1 下，当 $h_n=cgn^{-1/(d_p+4)}$ 时

$$\sqrt{n}(\hat{\boldsymbol{\beta}}_{IV*}-\boldsymbol{\beta})\xrightarrow{L}N(\boldsymbol{0},\sigma^2(\boldsymbol{\Gamma}_*)^{-1}\boldsymbol{V}(\boldsymbol{\Gamma}'_*)^{-1}) \tag{6.2.10}$$

其中，$\boldsymbol{\Gamma}_*=E[\boldsymbol{Z}_{\#it}(\boldsymbol{X}_{it}-E(\boldsymbol{X}_{it}|\boldsymbol{Z}_{*it}))']$。

注明：由叶阿忠(2008)中式(19.8)可推得。

定理 6.2.4 设 $\boldsymbol{p}\in\mathrm{supp}(f_P)\subset R^{d_p}$ 为内点，则当 $h_n=c\cdot n^{-1/(d_p+4)}$ 时

$$n^{2/(d_p+4)}[\hat{g}_{IV*}(\boldsymbol{p})-g(\boldsymbol{p})]\xrightarrow{d}N\left[\frac{c^2}{2}\mu_2(K)a(\boldsymbol{p}),c^{-d_p}R(K)b(\boldsymbol{p})\right] \tag{6.2.11}$$

$$a(\boldsymbol{p})=f_P(\boldsymbol{p})\mathrm{tr}\{\boldsymbol{H}_g(\boldsymbol{p})\}\boldsymbol{B}(\boldsymbol{p})g(\boldsymbol{p}),b(\boldsymbol{p})=f_P(\boldsymbol{p})\boldsymbol{B}(\boldsymbol{p})\boldsymbol{F}(\boldsymbol{p})\boldsymbol{B}(\boldsymbol{p})'$$

$$F(\boldsymbol{p})=E(u_{it}^2\boldsymbol{Z}_{*it}\boldsymbol{Z}'_{*it}\mid\boldsymbol{P}_{it}=\boldsymbol{p}),\quad B(\boldsymbol{p})=(\boldsymbol{B}_1(\boldsymbol{p}),\boldsymbol{B}_2(\boldsymbol{p}))$$

$$\boldsymbol{B}_1(\boldsymbol{p})=[\boldsymbol{A}_{11}(\boldsymbol{p})-\boldsymbol{A}_{12}(\boldsymbol{p})(\boldsymbol{A}_{22}(\boldsymbol{p}))^{-1}\boldsymbol{A}_{21}(\boldsymbol{p})]^{-1}$$

其中，$\boldsymbol{B}_2(\boldsymbol{p})=-(\boldsymbol{A}_{11}(\boldsymbol{p}))^{-1}\boldsymbol{A}_{12}(\boldsymbol{p})[\boldsymbol{A}_{22}(\boldsymbol{p})-\boldsymbol{A}_{21}(\boldsymbol{p})(\boldsymbol{A}_{11}(\boldsymbol{p}))^{-1}\boldsymbol{A}_{12}(\boldsymbol{p})]^{-1}$，

$\boldsymbol{A}_{11}(\boldsymbol{p})=f_P(\boldsymbol{p})\psi_0(\boldsymbol{p})$，$\boldsymbol{A}_{12}(\boldsymbol{p})=\psi_0(\boldsymbol{p})\boldsymbol{D}'_{f_P}(\boldsymbol{p})+f_P(\boldsymbol{p})\boldsymbol{D}'_{\psi_0}(\boldsymbol{p})$，

$\boldsymbol{A}_{21}(\boldsymbol{p})=f_P(\boldsymbol{p})\psi_1(\boldsymbol{p})$，$\boldsymbol{A}_{22}(\boldsymbol{p})=\psi_1(\boldsymbol{p})\boldsymbol{D}_{f_P}(\boldsymbol{p})+f_P(\boldsymbol{p})\boldsymbol{D}'_{\psi_1}(\boldsymbol{p})$，

$[\psi_0(\boldsymbol{p}),\boldsymbol{\psi}_1(\boldsymbol{p})']'=\boldsymbol{\psi}(\boldsymbol{p})=E(\boldsymbol{Z}_{*it}\mid\boldsymbol{P}_{it}=\boldsymbol{p})$。

其中：类似定理 6.2.2 的注明并运用叶阿忠(2008)中式(19.14)可推得。

6.2.3 实例及操作

在前文我们已经知道专利申请数量的影响因素存在空间相关性，但只分析某一年的数据，并不能充分揭示自变量和被解释变量更深层次的关系。故在本节，以各个省域的专利申请数量(INNO)为被解释变量，选取 R&D 经费(RDK)、R&D 从业人员作为被解释变量。采取 2011—2016 年的我国 31 个省(区、市)面板数据进行分析。

考虑到专利申请数量(INNO)的空间相关性对其区域分布影响的同时，还将考察科研经费(RDK)对专利申请数量的影响，另外，在前文发现科研人员数量(RDL)对专利申请数量的直接影响不显著。故在此处还考察科研人员数量(RDL)对专利申请数量

(INNO)的非线性影响，建立半参数空间滞后模型为

$$\ln \text{INNO}_{it} = \alpha_i + \rho \ln \text{INNO}^*_{jt} + \beta \ln \text{RDK}_{it} + g(\ln \text{RDL}_{it}) + \mu_{it}$$

其中，$\ln \text{INNO}^*_{jt}$ 为 $\ln \text{NNO}_{it}$ 的空间滞后。利用 Stata 软件，先安装实现面板半参数模型所需要的非官方命令 xtsemipar，在 Command 窗口输入如下命令：

```
ssc install xtsemipar
findit sg151_1
```

对变量取对数以消除异方差，在 Command 窗口输入如下命令：import excel "专利面板数据调整.xlsx", sheet("Sheet1") firstrow

```
g lnRDK = ln(RDK)
g lnRDL = ln(RDL)
g lnINNO = ln(INNO)
```

接着利用 Matlab 软件算出权重矩阵 **W** 乘以专利申请数量的对数值 ln **INNO**，算出 **W**ln **INNO**$_{jt}$，操作与 6.1.2 节相同，此处不再重复，然后在 Stata 软件中利用命令：

```
xtset area year                              //设置面板数据
xtreg lnINNO WlnINNO lnRDL lnRDK ,re         //一般参数模型个体随机效应
```

一般参数模型个体随机效应模型估计结果如图 6.2.1 所示。

```
. xtreg lnINNO WlnINNO lnRDL lnRDK ,re

Random-effects GLS regression               Number of obs      =       186
Group variable: area                        Number of groups   =        31

R-sq:                                       Obs per group:
     within  = 0.5683                                      min =         6
     between = 0.9535                                      avg =       6.0
     overall = 0.9439                                      max =         6

                                            Wald chi2(3)       =    777.34
corr(u_i, X)   = 0 (assumed)                Prob > chi2        =    0.0000
```

lnINNO	Coef.	Std. Err.	z	P>|z|	[95% Conf.	Interval]
WlnINNO	.0006452	.0041802	0.15	0.877	-.0075478	.0088383
lnRDL	.1553501	.0980658	1.58	0.113	-.0368553	.3475554
lnRDK	.8551536	.0958163	8.92	0.000	.667357	1.04295
_cons	-4.808644	.5539522	-8.68	0.000	-5.89437	-3.722917
sigma_u	.37416569					
sigma_e	.19513647					
rho	.78617123	(fraction of variance due to u_i)				

图 6.2.1　一般参数模型个体随机效应模型估计结果

```
xtreg lnINNO WlnINNO lnRDL lnRDK ,fe         //一般参数模型个体固定效应
```

一般参数模型个体固定效应模型估计结果如图 6.2.2 所示。

```
xtsemipar lnINNO WlnINNO lnRDK , nonpar( lnRDL )       //半参数模型
```

```
. xtreg lnINNO WlnINNO lnRDL lnRDK ,fe

Fixed-effects (within) regression               Number of obs      =       186
Group variable: area                            Number of groups   =        31

R-sq:                                           Obs per group:
     within  = 0.6022                                         min =          6
     between = 0.6764                                         avg =        6.0
     overall = 0.6737                                         max =          6

                                                F(3,152)           =     76.71
corr(u_i, Xb)  = -0.4067                        Prob > F           =    0.0000

------------------------------------------------------------------------------
      lnINNO |      Coef.   Std. Err.      t    P>|t|     [95% Conf. Interval]
-------------+----------------------------------------------------------------
     WlnINNO |   .0587099   .0163588     3.59   0.000       .02639    .0910299
       lnRDL |   .0518592   .1114561     0.47   0.642    -.1683439    .2720623
       lnRDK |   .6795843    .110417     6.15   0.000     .4614341    .8977345
       _cons |  -3.528761   .9257152    -3.81   0.000    -5.357691   -1.699831
-------------+----------------------------------------------------------------
     sigma_u |  1.1082651
     sigma_e |  .19513647
         rho |  .96993023   (fraction of variance due to u_i)
------------------------------------------------------------------------------
F test that all u_i=0: F(30, 152) = 22.04                    Prob > F = 0.0000
```

图 6.2.2　一般参数模型个体固定效应模型估计结果

半参数模型估计结果如图 6.2.3 所示。

```
. xtsemipar lnINNO WlnINNO lnRDK , nonpar( lnRDL )

                                                Number of obs          =    155
                                                Within R-squared       = 0.5723
                                                Adj Within R-squared = 0.5551
                                                Root MSE               = 0.1621

------------------------------------------------------------------------------
      lnINNO |      Coef.   Std. Err.      t    P>|t|     [95% Conf. Interval]
-------------+----------------------------------------------------------------
     WlnINNO |   .0297203   .0149126     1.99   0.048     .0002529    .0591878
       lnRDK |   .8966275   .1087024     8.25   0.000     .6818301    1.111425
------------------------------------------------------------------------------
```

图 6.2.3　半参数模型估计结果

三个模型的结果汇总如表 6.2.1 所示。

表 6.2.1　2011—2016 年我国省际 R&D 项目数量影响因素的实证分析结果

变　量	一般参数模型		半参数个体固定效应面板滞后模型
	个体固定效应	个体随机效应	
CONSTANT	−3.528 761	−4.808 644	—
	(0.000)	(0.000)	
***W*ln INNO**	0.058 709 9	0.000 645 2	0.029 720 3
	(0.000)	(0.877)	(0.048)

续表

变　量	一般参数模型		半参数个体固定效应面板滞后模型
	个体固定效应	个体随机效应	
ln **RDK**	0.679 584 3	0.855 153 6	0.896 627 5
	(0.000)	(0.000)	(0.000)
ln **RDL**	0.051 859 2	0.155 350 1	—
	(0.642)	(0.113)	
R^2	0.673 7	0.943 9	0.572 3

注：括号内为系数的 p 值。

表 6.2.1 表现了半参数个体固定效应空间滞后模型的系数估计结果，结果表明中国省区专利申请数存在显著的空间效应，在 5% 的显著性水平下是成立的。邻近省区的专利申请数量对本省的专利申请数量具有正向的影响，并且科研经费对专利申请数具有显著的正向影响。如图 6.2.4 所示。

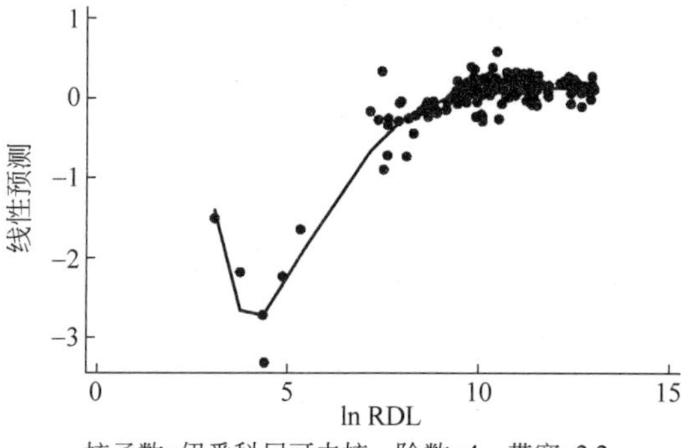

图 6.2.4　科研资金产出弹性($\partial g/\partial \ln RDL_{it}$)估计值散点图

半参数个体固定效应空间滞后模型的非参数部分的偏导数的估计结果即为各省区科研人员数量投入的产出系数($\partial g/\partial \ln RDL_{it}$)估计结果(图 6.2.1)。由图 6.2.1 可知，科研人员数量投入的产出系数并非不变的常数，而是随着时空变化而变化的。可以从图中看出，开始由于人员的稀少，投入具有负向的影响，但随着人员的增加，对专利申请数量就没有太大的影响。因此，可以看出，科研资金对专利数量的影响最大，而科研人员不能太少，但也不能太多，要保持合适的人数。

6.3　半参数动态面板空间滞后模型

6.3.1　模型及估计

1. 模型

动态模型在经济管理领域应用十分广泛，其原因是该模型既可以分析经济个体的动态行为，又能控制观察不到的个体异质性。

设半参数动态面板联立方程固定影响空间滞后模型的某结构式方程为

$$Y_{it}=\lambda Y_{i,t-1}+\alpha_i+\rho_1\sum_{j\neq i}w_{ij}Y_{jt}+\rho_2\sum_{j\neq i}w_{ij}Y_{jt-1}+\boldsymbol{S}'_{it}\boldsymbol{\gamma}_0+\sum_{j\neq i}w_{ij}\boldsymbol{S}'_{jt}\boldsymbol{\gamma}_1+g(\boldsymbol{P}_{it})+\mu_{it},$$

$$i=1,2,\cdots,\quad t=1,2,\cdots,T \tag{6.3.1}$$

其中，Y_{it} 为被解释变量，$\boldsymbol{S}_{it}=(\boldsymbol{S}_{1it},\cdots,\boldsymbol{S}_{d_sit})'$是解释变量向量，$\boldsymbol{P}_{it}=(P_{1it},\cdots,P_{d_pit})'$ 为非参数部分解释变量向量，α_i 为个体影响，λ 和$\boldsymbol{\gamma}_0$ 为系数，ρ_1、ρ_2 和$\boldsymbol{\gamma}_1$ 为空间效应系数，$g(\boldsymbol{P})$是未知函数，μ_{it} 是均值方差，方差为 σ^2 且相互独立的随机变量。该模型的因变量除了受个体特殊行为 α_i 和解释变量的影响，还受因变量时间滞后项、空间滞后项和时间滞后项的空间滞后项和解释变量的空间滞后项的影响。若 $Eg(\boldsymbol{P}_{it})\neq 0$，则可将其归入 α_i，所以，不妨假设 $Eg(\boldsymbol{P}_{it})=0$。

记 $\widetilde{Y}_{it}=\sum_{j\neq i}w_{ij}Y_{jt}$，$\widetilde{S}_{it}=\sum_{j\neq i}w_{ij}S_{jt}$，$\widetilde{P}_{it}=\sum_{j\neq i}w_{ij}P_{jt}$，则模型(6.3.1)可写成

$$Y_{it}=\alpha_i+\boldsymbol{X}'_{it}\boldsymbol{\beta}+g(P_{it})+\mu_{it} \tag{6.3.2}$$

其中，$\boldsymbol{\beta}=(\lambda,\rho_1,\rho_2,\boldsymbol{\gamma}'_0,\boldsymbol{\gamma}'_1)'$，$\boldsymbol{X}_{it}=(Y_{i,t-1},\widetilde{Y}_{it},\widetilde{Y}_{i,t-1},S'_{it},\widetilde{S}'_{it})$。$(S_{1t},P_{1t},\widetilde{Y}_{1t}),\cdots,(S_{nt},P_{nt},\widetilde{Y}_{nt})$是在 $R^{d_s+d_p+1}$ 上取值的随机变量向量序列。解释变量 $\widetilde{\boldsymbol{Y}}_{it}$ 是内生变量，与随机误差项 μ_{it} 相关，使得

$$E(\boldsymbol{X}_{it}\mu_{it})\neq 0 \tag{6.3.3}$$

假定 $d_p\leqslant 3$，关于非参数函数 g 的假设同前。$\boldsymbol{Z}_{1t},\cdots,\boldsymbol{Z}_{nt}$ 是 R^d 上的随机变量向量，其中：$d=2d_s+d_p+4$，$\boldsymbol{Z}_{it}=(Z_{1it},\cdots,Z_{dit})'$。假设 $E(\boldsymbol{Z}_{it}\mu_{it})=0$，$E(\boldsymbol{Z}_{it}\mu_{it}|\boldsymbol{X}_{it},\boldsymbol{P}_{it})=0$，称 $\boldsymbol{Z}_i$ 为工具变量向量。

设 $f_P(\boldsymbol{p})$是 $\boldsymbol{P}_{it}=(P_{1it},\cdots,P_{d_pit})'$的密度函数，$f_P(\boldsymbol{p})>0$ 有凸支撑 $\mathrm{supp}(f_P)\subset R^{d_p}$。

2. 估计

1) $E(\boldsymbol{P}_{it}\mu_{it})=0$ 的情形

定义 6.3.1　模型(6.3.1)参数分量 β 的工具变量估计为

$$\hat{\boldsymbol{\beta}}_{IV}=\left[\sum_{i=1}^{n}\sum_{t=1}^{T}\boldsymbol{Z}_{\#it}(\boldsymbol{X}_{it}-\hat{m}_1(\boldsymbol{P}_{it}))'\right]^{-1}\left[\sum_{i=1}^{n}\sum_{t=1}^{T}\boldsymbol{Z}_{\#it}(Y_{it}-\hat{m}_2(\boldsymbol{P}_{it}))\right] \tag{6.3.4}$$

其中，$\boldsymbol{Z}_{\#it}=(Z_{1it},\cdots,Z_{2d_s+3it})'$，$\hat{m}_1(\boldsymbol{p})$和 $\hat{m}_2(\boldsymbol{p})$分别是 $\hat{m}_1(\boldsymbol{p})=E[\boldsymbol{X}_{it}|\boldsymbol{P}_{it}=\boldsymbol{p}]$和 $\hat{m}_2(p)=E[Y_{it}|P_{it}=p]$的局部线性估计。

模型(6.3.2)参数分量 α_i 的工具变量估计为

$$\hat{\alpha}_i=\bar{Y}_i-\boldsymbol{X}'_i\hat{\boldsymbol{\beta}}_{IV} \tag{6.3.5}$$

其中，$\bar{Y}_i=\frac{1}{T}\sum_{t=1}^{T}Y_{it}$，$\bar{\boldsymbol{X}}_i=\frac{1}{T}\sum_{t=1}^{T}\boldsymbol{X}_{it}$。

模型(6.3.2)非参数分量的工具变量估计为

$$\hat{g}_{IV}(\boldsymbol{p})=\hat{m}_2(\boldsymbol{p})-\hat{m}'_1(\boldsymbol{p})\hat{\boldsymbol{\beta}}_{IV}-\hat{\alpha}_i \tag{6.3.6}$$

定理 6.3.1　当 $h_n=c\cdot n^{-1/(d_p+4)}$ 时

$$\sqrt{n}(\hat{\boldsymbol{\beta}}_{IV}-\boldsymbol{\beta})\xrightarrow{L}N(\boldsymbol{0},\sigma^2(\boldsymbol{\Gamma})^{-1}\boldsymbol{V}(\boldsymbol{\Gamma}')^{-1}) \tag{6.3.7}$$

其中，$\boldsymbol{V}=E[\boldsymbol{Z}_{\#it}\boldsymbol{Z}'_{\#it}]$，$\boldsymbol{\Gamma}=E[\boldsymbol{Z}_{\#it}(\boldsymbol{X}_{it}-E(\boldsymbol{X}_{it}|\boldsymbol{P}_{it}))']$。

证明：由叶阿忠(2008)的定理 18.1 推得。

由定理 6.3.1 可知，参数分量估计的收敛速度为 $n^{-1/2}$，与经典线性回归模型参数估计的收敛速度一致。

定理 6.3.2　设 $\boldsymbol{p}\in\text{supp}(f_P)\subset R^{d_p}$ 为内点，则当 $h_n=c\cdot n^{-1/(d_p+4)}$ 时

$$n^{2/(d_p+4)}[\hat{g}_{IV}(\boldsymbol{p})-g(\boldsymbol{p})]\xrightarrow{L}N\left(\frac{c^2}{2}\mu_2(K)\text{tr}\{\boldsymbol{H}_g(\boldsymbol{p})\},\frac{R(K)\sigma^2}{c^{d_p}f_P(\boldsymbol{p})}\right) \tag{6.3.8}$$

其中，$\text{tr}\{\boldsymbol{H}_g(\boldsymbol{p})\}$为矩阵 $\boldsymbol{H}_g(\boldsymbol{p})=\left[\frac{\partial^2 g(\boldsymbol{p})}{\partial p_i\partial p_j}\right]_{d_p\times d_p}$ 的对角元素之和。

证明：略。

由定理 6.3.2 可知，非参数分量估计的收敛速度为 $n^{-2/(d_p+4)}$，达到了非参数函数估计的最优收敛速度。

2) $E(P_{it}\mu_{it})\neq 0$ 的情形

定义 6.3.2　模型(6.3.1)参数分量的工具变量估计为

$$\hat{\boldsymbol{\beta}}_{IV*}=\left[\sum_{i=1}^{n}\sum_{t=1}^{T}\boldsymbol{Z}_{\#it}(\boldsymbol{X}_{it}-\hat{m}_1(\boldsymbol{Z}_{*it}))'\right]^{-1}\left[\sum_{i=1}^{n}\sum_{t=1}^{T}\boldsymbol{Z}_{\#it}(\boldsymbol{Y}_{it}-\hat{m}_2(\boldsymbol{Z}_{*it}))\right] \tag{6.3.9}$$

其中，$\hat{m}_1(\boldsymbol{Z}_{*it})$和 $\hat{m}_2(\boldsymbol{Z}_{*it})$分别是 $m_1(\boldsymbol{Z}_{*it})=E[\boldsymbol{X}_{it}|\boldsymbol{Z}_{*it}]$和 $m_2(\boldsymbol{Z}_{*it})=E[\boldsymbol{X}_{it}|\boldsymbol{Z}_{*it}]$的局部线性估计，$\boldsymbol{Z}_{*it}=(Z_{2d_s+4it},\cdots,Z_{dit})'$。

模型(6.3.2)参数分量 α_i 的工具变量估计为

$$\hat{\alpha}_i=\bar{Y}_i-\bar{\boldsymbol{X}}'_i\hat{\boldsymbol{\beta}}_{IV*} \tag{6.3.10}$$

模型(6.3.2)非参数分量的工具变量估计为

$$\hat{g}_{IV*}(\boldsymbol{p})=\boldsymbol{e}'_1(\boldsymbol{Z}'_*\boldsymbol{W}_p\boldsymbol{\Phi}_p)^{-1}\boldsymbol{Z}'_*\boldsymbol{W}_p[\boldsymbol{Y}-\boldsymbol{X}'\hat{\boldsymbol{\beta}}_{IV*}]-\hat{\alpha}_{i*} \tag{6.3.11}$$

其中，$\boldsymbol{W}_p=\text{diag}\{K_{hn}(\boldsymbol{P}_{11}-\boldsymbol{p}),\cdots,K_{hn}(\boldsymbol{P}_{1T}-\boldsymbol{p}),\cdots,K_{hn}(\boldsymbol{P}_{n1}-\boldsymbol{p}),\cdots,K_{hn}(\boldsymbol{P}_{nT}-\boldsymbol{p})\}$，$\boldsymbol{\Phi}_p=(\boldsymbol{P}_{p11},\cdots,\boldsymbol{P}_{p1T},\cdots,\boldsymbol{P}_{pn1},\cdots,\boldsymbol{P}_{pnT})'$，$\boldsymbol{P}_{pit}=(1,(\boldsymbol{P}_{it}-\boldsymbol{p})')'$，$\boldsymbol{Z}_*=(Z_{*11},\cdots,Z_{*1T},\cdots,Z_{*n1},\cdots,Z_{*nT})'$，$\boldsymbol{Y}=(Y_{11},\cdots,Y_{1T},\cdots,Y_{n1},\cdots,Y_{nT})'$，$\boldsymbol{X}=(X_{11},\cdots,X_{1T},\cdots,X_{n1},\cdots,X_{nT})'$。

定理 6.3.3　在假设 $E(\boldsymbol{Z}_{it}\mu_{it})=0$，$E(\boldsymbol{Z}_{it}\mu_{it}|\boldsymbol{X}_{it},\boldsymbol{P}_{it})=0$ 下，当 $h_m=c\cdot n^{-1/(d_p+4)}$

$$\sqrt{n}(\hat{\boldsymbol{\beta}}_{IV*}-\boldsymbol{\beta})\xrightarrow{L}N(\boldsymbol{0},\sigma^2(\boldsymbol{\Gamma}_*)^{-1}\boldsymbol{V}(\boldsymbol{\Gamma}'_*)^{-1}) \tag{6.3.12}$$

其中，$\boldsymbol{\Gamma}_*=E[\boldsymbol{Z}_{\#it}(\boldsymbol{X}_{it}-E(\boldsymbol{X}_{it}|\boldsymbol{Z}_{*it}))']$。

证明：由叶阿忠(2008)中式(19.8)可推得。

定理 6.3.4　设 $\boldsymbol{p}\in\text{supp}(f_P)\subset R^{d_p}$ 为内点，则当 $h_n=c\cdot n^{-1/(d_p+4)}$ 时

$$n^{2/(d_p+4)}[\hat{g}_{IV*}(\boldsymbol{p})-g(\boldsymbol{p})]\xrightarrow{d}N\left(\frac{c^2}{2}\mu_2(K)a(\boldsymbol{p}),c^{-d_p}R(K)b(\boldsymbol{p})\right) \tag{6.3.13}$$

其中，$a(\boldsymbol{p})=f_P(\boldsymbol{p})\text{tr}\{\boldsymbol{H}_g(\boldsymbol{p})\}\boldsymbol{B}(\boldsymbol{p})g(\boldsymbol{p})$，$b(\boldsymbol{p})=f_P(\boldsymbol{p})\boldsymbol{B}(\boldsymbol{p})\boldsymbol{F}(\boldsymbol{p})g(\boldsymbol{p})'$，

$$\boldsymbol{F}(\boldsymbol{p})=E(u_{it}^2\boldsymbol{Z}_{*it}\boldsymbol{Z}'_{*it}\mid \boldsymbol{P}_{it}=\boldsymbol{p}),\boldsymbol{B}(\boldsymbol{p})=(\boldsymbol{B}_1(\boldsymbol{p}),\boldsymbol{B}_2(\boldsymbol{p})),$$

$$\boldsymbol{B}_1(\boldsymbol{p})=[\boldsymbol{A}_{11}(\boldsymbol{p})-\boldsymbol{A}_{12}(\boldsymbol{p})(\boldsymbol{A}_{22}(\boldsymbol{p}))^{-1}\boldsymbol{A}_{21}(\boldsymbol{p})]^{-1},$$

$$\boldsymbol{B}_2(\boldsymbol{p})=-(\boldsymbol{A}_{11}(\boldsymbol{p}))^{-1}\boldsymbol{A}_{12}(\boldsymbol{p})[\boldsymbol{A}_{22}(\boldsymbol{p})-\boldsymbol{A}_{21}(\boldsymbol{p})(\boldsymbol{A}_{11}(\boldsymbol{p}))^{-1}\boldsymbol{A}_{12}(\boldsymbol{p})]^{-1},$$

$$\boldsymbol{A}_{11}(\boldsymbol{p})=f_P(\boldsymbol{p})\psi_0(\boldsymbol{p}),\boldsymbol{A}_{12}(\boldsymbol{p})=\psi_0(\boldsymbol{p})\boldsymbol{D}'_{f_P}(\boldsymbol{p})+f_P(\boldsymbol{p})\boldsymbol{D}'_{\psi_0}(p),$$

$$\boldsymbol{A}_{21}(\boldsymbol{p})=f_P(\boldsymbol{p})\boldsymbol{\psi}_1(\boldsymbol{p}),\boldsymbol{A}_{22}(\boldsymbol{p})=\boldsymbol{\psi}_1(\boldsymbol{p})\boldsymbol{D}'_{f_P}(\boldsymbol{p})+f_P(\boldsymbol{p})\boldsymbol{D}'_{\psi_1}(\boldsymbol{p}),$$

$$[\psi_0(\boldsymbol{p}),(\boldsymbol{\psi}_1(\boldsymbol{p}))']=\boldsymbol{\psi}(\boldsymbol{p})=E(\boldsymbol{Z}_{*it}\mid \boldsymbol{P}_{it}=\boldsymbol{p})。$$

证明：略。

6.3.2　实例及操作

6.2 节关于半参数面板空间滞后模型的实例操作部分已经给出了较好的解释，现在考虑往模型中加入因变量的空间滞后项，构建如下半参数动态面板空间滞后回归模型：

$$\ln \text{INNO}_{it}=\alpha_i+\rho\ln \text{INNO}_{it}^{*}+\beta_1\ln \text{INNO}_{i,t-1}+\beta_2\ln \text{RDK}_{it}+G(\ln \text{RDL}_{it})+\mu_{it} \tag{6.3.14}$$

其中 $\ln \text{INNO}_{it}^{*}$ 为 ln INNO 的空间滞后项，下标 i 代表省份，t 代表时期；$G(\ln \text{RDL}_{it})$ 为非参数部分，$\ln \text{RDL}_{it}$ 是 R&D 从业人员的对数值，考虑该因素对 R&D 项目数影响不确定，故将其加入非线性项；$\ln \text{INNO}_{it}$ 是 R&D 项目数量的对数值；ln RDK 是 R&D 经费的对数值，$\boldsymbol{W}$ 是空间邻接矩阵；ρ 是被解释变量的空间滞后项系数。

利用 Stata 软件在 Command 窗口输入如下命令：

```
import excel " 6.3 数据.xlsx", sheet("Sheet1") firstrow      //导入数据
g lnRDK = ln(RDK)
g ln RDL = ln(RDL)
xtset area year                                              //设置面板数据
gen ln INNO_1 = ln INNO[_n - 1]                              //设置因变量时间滞后项
xtsemipar lnINNO lnINNO_1 WlnINNO lnRDK , nonpar(lnRDL) //半参数动态面板空间滞后回归模型
est store par                                                //保存回归结果
```

半参数动态面板空间滞后回归模型参数部分估计结果如图 6.3.1 所示。

```
. xtsemipar lnINNO lnINNO_1 WlnINNO lnRDK , nonpar( lnRDL )

                                        Number of obs          =      154
                                        Within R-squared       =   0.5794
                                        Adj Within R-squared   =   0.5594
                                        Root MSE               =   0.1609
```

lnINNO	Coef.	Std. Err.	t	P>|t|	[95% Conf.	Interval]
lnINNO_1	-.0272053	.0134829	-2.02	0.045	-.0538508	-.0005599
WlnINNO	.0283654	.0148168	1.91	0.058	-.0009162	.0576469
lnRDK	.9088813	.1089358	8.34	0.000	.6935987	1.124164

图 6.3.1　半参数动态面板空间滞后回归模型参数部分估计结果

```
xtreg lnINNO lnINNO_1 lnRDK lnRDL,re                    //普通随机效应模型
```

普通随机效应模型如图 6.3.2 所示。

```
. xtreg lnINNO lnINNO_1 lnRDK lnRDL,re

Random-effects GLS regression                   Number of obs      =       185
Group variable: area                            Number of groups   =        31

R-sq:                                           Obs per group:
     within  = 0.5518                                         min =          5
     between = 0.9564                                         avg =        6.0
     overall = 0.9475                                         max =          6

                                                Wald chi2(3)       =   1363.51
corr(u_i, X)   = 0 (assumed)                    Prob > chi2        =    0.0000

------------------------------------------------------------------------------
      lnINNO |      Coef.   Std. Err.      z    P>|z|     [95% Conf. Interval]
-------------+----------------------------------------------------------------
    lnINNO_1 |   .0263647   .0187369     1.41   0.159    -.0103589    .0630884
       lnRDK |   .7840256   .1038756     7.55   0.000     .5804332    .9876179
       lnRDL |   .2161879   .1014738     2.13   0.033      .017303    .4150729
       _cons |  -4.652915   .5012183    -9.28   0.000    -5.635285   -3.670545
-------------+----------------------------------------------------------------
     sigma_u |  .23451664
     sigma_e |  .20349888
         rho |  .57046096   (fraction of variance due to u_i)
------------------------------------------------------------------------------
```

图 6.3.2　普通随机效应模型

```
est store re                                            //保存回归结果
xtreg lnINNO lnINNO_1 lnRDK lnRDL,fe                    //普通固定效应模型
```

普通固定效应模型如图 6.3.3 所示。

```
. xtreg lnINNO lnINNO_1 lnRDK lnRDL,fe

Fixed-effects (within) regression               Number of obs      =       185
Group variable: area                            Number of groups   =        31

R-sq:                                           Obs per group:
     within  = 0.5584                                         min =          5
     between = 0.9533                                         avg =        6.0
     overall = 0.9446                                         max =          6

                                                F(3,151)           =     63.64
corr(u_i, Xb)  = 0.2939                         Prob > F           =    0.0000

------------------------------------------------------------------------------
      lnINNO |      Coef.   Std. Err.      t    P>|t|     [95% Conf. Interval]
-------------+----------------------------------------------------------------
    lnINNO_1 |   .0035666   .0179144     0.20   0.842    -.0318286    .0389618
       lnRDK |   .8685631   .1020489     8.51   0.000     .6669351    1.070191
       lnRDL |   .0843143   .1193483     0.71   0.481     -.151494    .3201225
       _cons |  -4.268886    .961962    -4.44   0.000    -6.169529   -2.368242
-------------+----------------------------------------------------------------
     sigma_u |  .40333078
     sigma_e |  .20349888
         rho |  .79708805   (fraction of variance due to u_i)
------------------------------------------------------------------------------
F test that all u_i=0: F(30, 151) = 17.54                    Prob > F = 0.0000
```

图 6.3.3　普通固定效应模型

```
est store fe                                               //保存回归结果
hausman re fe                                              //Hausman 检验
```

Hausman 检验如图 6.3.4 所示。

```
. hausman re fe

                 ---- Coefficients ----
             |      (b)          (B)            (b-B)     sqrt(diag(V_b-V_B))
             |      re           fe          Difference          S.E.
-------------+----------------------------------------------------------------
   lnINNO_1  |   .0263647     .0035666        .0227981        .0054905
      lnRDK  |   .7840256     .8685631       -.0845376        .0193948
      lnRDL  |   .2161879     .0843143        .1318737               .
------------------------------------------------------------------------------
                           b = consistent under Ho and Ha; obtained from xtreg
            B = inconsistent under Ha, efficient under Ho; obtained from xtreg

    Test:  Ho:  difference in coefficients not systematic

                  chi2(3) = (b-B)'[(V_b-V_B)^(-1)](b-B)
                          =       20.83
                Prob>chi2 =      0.0001
                (V_b-V_B is not positive definite)
```

图 6.3.4 Hausman 检验

结果如表 6.3.1 所示。

表 6.3.1 2016 年我国省际 R&D 项目数量影响因素的实证分析结果

变 量	一般参数模型		半参数动态面板空间滞后模型
	个体固定效应	个体随机效应	
CONSTANT	−4.268 886	−4.652 915	—
	(0.000)	(0.000)	
$\ln INNO_{i,t-1}$	0.003 566 6	0.026 364 7	−0.027 205 3
	(0.842)	(0.159)	(0.045)
$\ln RDK_{it}$	0.868 563 1	0.784 025 6	0.908 881 3
	(0.000)	(0.000)	(0.000)
$\ln RDL_{it}$	0.084 314 3	0.216 187 9	—
	(0.481)	(0.033)	
$\ln INNO_{it}^{*}$	—	—	0.028 365 4
			(0.058)
R^2	0.944 6	0.947 5	0.579 4
Hausman	20.83		—
	(0.000 1)		

注：括号内为系数的 p 值。

分别采用普通随机效应模型、普通固定效应模型和半参数空间滞后模型，并对三者的回归结果进行比较分析（表 6.3.1）。根据个体效应设定的不同，面板数据可分为固定效应与随机效应。由一般参数模型的 Hausman 检验结果可知，在 1%的显著性水平上拒绝了模型是随机效应的原假设，故选择个体固定效应模型，并把它作为选择固定效应半参数空间滞后模型的依据。

由表 6.3.1 中半参数动态面板空间滞后模型的系数可以得到：①$\boldsymbol{W}\ln \text{INNO}_{it}$ 的系数在 10% 的水平上显著为正，这表明空间溢出效应是中国各省域 R&D 项目数量不可忽视的重要影响因素；②$\ln \text{INNO}_{i,t-1}$ 在 5% 的水平上显著为负，说明 R&D 项目数量对下一期的 R&D 项目数量有负效应，也进一步说明了使用动态模型的重要性。

前两个线性模型显示 R&D 从业人员数对 R&D 项目影响非显著。但由图 6.3.1 可以看出，随着 R&D 从业人员数的增加，R&D 项目数从一开始的减少到后面的逐渐增加，说明 ln RDL 对 ln INNO 也有着较为重要的影响。

科研资金产出弹性估计值散点图如图 6.3.5 所示。

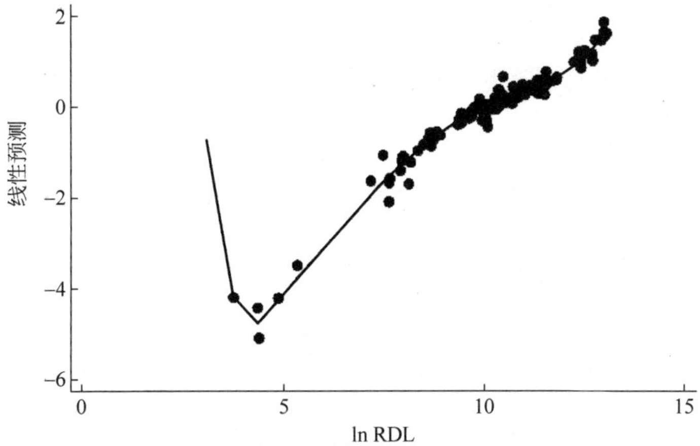

核函数=伊番科尼可夫核，阶数=4，带宽=2.2

图 6.3.5　科研资金产出弹性（$\partial G/\partial \ln \text{RDL}_{it}$）估计值散点图

本 章 习 题

参考文献

[1] BEENSTOCK M, FELSENSTEIN D. Spatial error correction and cointegration in nonstationary panel data: regional house prices in Israel[J]. Journal of geographical systems, 2010, 12(2): 189-206.

[2] ELHORST J P. Dynamic panels with endogenous interaction effects when T is small[J]. Regional science & urban economics, 2010, 40(5): 272-282.

[3] ELHORST J P. Dynamic spatial panels: models, methods, and inferences[J]. Journal of geographical systems, 2012, 14(1): 5-28.

[4] FOTHERINGHAM A S, CHARLTON M E, BRUNSDON C. Geographically weighted regression: a natural evolution of the expansion method for spatial data analysis[J]. Environment & planning A, 1998, 30(11): 1905-1927.

[5] GAO X, YASUSHI A. Influence of spatial features on land and housing prices[J]. Tsinghua science & technology, 2005, 10(3): 344-353.

[6] GIACINTO V D. On vector autoregressive modeling in space and time[J]. Journal of geographical systems, 2010, 12(2): 125-154.

[7] HEPPLE L W. Testing for spatial autocorrelation in simultaneous equation models[J]. Computers environment & urban systems, 1997, 21(5): 307-315.

[8] KELEJIAN H H, PRUCHA I R. A generalized moments estimator for the autoregressive parameter in a spatial model[J]. International economic review, 1999, 40(2): 509-533.

[9] KELEJIAN H H, PRUCHA I R. Estimation of simultaneous systems of spatially interrelated cross sectional equations[J]. Journal of econometrics, 2004, 118(1-2): 27-50.

[10] KELEJIAN H H, PRUCHA I R. On the asymptotic distribution of the Moran I, test statistic with applications[J]. Journal of econometrics, 2001, 104(2): 219-257.

[11] KOSFELD R, DREGER C. Local and spatial cointegration in the wage curve—a spatial panel analysis for German regions[J]. Review of regional research, 2015(3): 1-23.

[12] LEE L F, YU J. A spatial dynamic panel data model with both time and individual fixed effects [J]. Econometric theory, 2010, 26(2): 564-597.

[13] LEE L F, YU J. Efficient GMM estimation of spatial dynamic panel data models with fixed effects [J]. Journal of econometrics, 2014, 180(2): 174-197.

[14] LEE L F, YU J. Some recent developments in spatial panel data models[J]. Regional science & urban economics, 2010, 40(5): 255-271.

[15] LESAGE J P, PACE R K. Introduction to spatial econometrics [M]. New York: CRC Press, 2009.

[16] LESAGE J P, KELLEY P R. A matrix exponential spatial specification [J]. Journal of econometrics, 2007,140(1): 190-214.

[17] BEENSTOCK M, FELSENSTEIN D. Spatial vector autoregressions [J]. Spatial economic analysis, 2007, 2(2): 167-196.

[18] MITZE T, ÖZYURT S. The spatial dimension of trade-and FDI-driven productivity growth in Chinese provinces: a global cointegration approach [C]. European Regional Science

Association, 2012.

[19] MITZE T. Within and between panel cointegration in the German regional output-trade-FDI nexus[M]//Empirical modelling in regional science. Berlin Heidelberg: Springer, 2012: 93-118.

[20] PÁEZ A, FARBER S, WHEELER D. A simulation-based study of geographically weighted regression as a method for investigating spatially varying relationships[J]. Environment & planning A, 2011, 43(12): 2992-3010.

[21] PÁEZ A, UCHIDA T, MIYAMOTO K. A general framework for estimation and inference of geographically weighted regression models: 1. Location-specific kernel bandwidths and a test for locational heterogeneity[J]. Environment & planning A, 2002, 34(5): 733-754.

[22] ELHORST J P, ZANDBERG E, HAAN J D. The impact of interaction effects among neighbouring countries on financial liberalization and reform: a dynamic spatial panel data approach[J]. Spatial economic analysis, 2013, 8(3): 293-313.

[23] SMIRNOV O A. Modeling spatial discrete choice[J]. Regional science and urban economics, 2010, 40(5): 292-298.

[24] PÁEZ A, WHEELER D C. Geographically weighted regression[J]. International encyclopedia of human geography, 2009, 47(1): 407-414.

[25] YESILYURT M E, ELHORST J P. Impacts of neighboring countries on military expenditures: a dynamic spatial panel approach[J]. Journal of peace research, 2017, 54(6): 777-790.

[26] YU J, JONG R D, LEE L F. Quasi-maximum likelihood estimators for spatial dynamic panel data with fixed effects when both n and T are large[J]. Journal of econometrics, 2008, 146(1): 118-134.

[27] 陈强. 高级计量经济学及 Stata 应用[M]. 北京: 高等教育出版社, 2010.

[28] 陈生明, 叶阿忠. 空间溢出视角下对外贸易和中国碳排放——基于半参数面板空间滞后模型[J]. 统计与信息论坛, 2014, 29(4): 43-50.

[29] 陈生明, 张亚斌, 陈晓玲. 技术选择、产业结构升级与经济增长——基于半参数空间面板向量自回归模型的研究[J]. 经济经纬, 2017(5): 87-92.

[30] 陈彦斌, 郭豫媚, 陈伟泽. 2008 年金融危机后中国货币数量论失效研究[J]. 经济研究, 2015(4): 21-35.

[31] 崔百胜, 朱麟. 基于内生增长理论与 GVAR 模型的能源消费控制目标下经济增长与碳减排研究[J]. 中国管理科学, 2016, 24(1): 11-20.

[32] 高铁梅. 计量经济分析方法与建模: EVIEWS 应用及实例[M]. 2 版. 北京: 清华大学出版社, 2009.

[33] 郭国强. 空间计量模型的理论和应用研究[D]. 武汉: 华中科技大学, 2013.

[34] 侯新烁. 经济结构转变与增长实现——基于中国省份经济结构动态空间模型的分析[J]. 经济评论, 2017(4): 3-14.

[35] 黄菁, 陈霜华. 环境污染治理与经济增长: 模型与中国的经验研究[J]. 南开经济研究, 2011(1): 142-152.

[36] 姜磊, 柏玲, 季民河. 金融支撑与区域创新的竞争和溢出效应——基于空间杜宾误差模型的研究[J]. 区域金融研究, 2012(11): 16-24.

[37] 金春雨, 王伟强. 我国旅游业发展的空间相关性及其影响因素分析——来自 MESS 模型的经验证据[J]. 干旱区资源与环境, 2016, 30(8): 198-202.

[38] 金春雨, 王伟强. "污染避难所假说"在中国真的成立吗——基于空间 VAR 模型的实证检验[J]. 国际贸易问题, 2016(8): 108-118.

[39] 李炫榆，宋海清，李碧珍. 集聚与二氧化碳排放的空间交互作用——基于空间联立方程的实证研究[J]. 山西财经大学学报，2015，37(5)：1-13.

[40] 李永友. 房价上涨的需求驱动和涟漪效应——兼论我国房价问题的应对策略[J]. 经济学（季刊），2014，13(1)：443-464.

[41] 李子奈，叶阿忠. 高等计量经济学[M]. 北京：清华大学出版社，2000.

[42] 李子奈，叶阿忠. 高级应用计量经济学[M]. 北京：清华大学出版社，2012.

[43] 刘达禹，刘金全. 人民币实际汇率波动与中国产业结构调整——一价定律偏离还是相对价格波动[J]. 国际贸易问题，2015(5)：154-165.

[44] 刘亚清，闫洪举. 区域经济增长传导机制与路径——基于交互效应 SpSVAR 模型[J]. 系统工程，2017，35(5)：109-116.

[45] 罗知，郭熙保. 进口商品价格波动对城镇居民消费支出的影响[J]. 经济研究，2010(12)：111-124.

[46] 邱瑾，戚振江. 基于 MESS 模型的服务业影响因素及空间溢出效应分析——以浙江省 69 个市县为例[J]. 财经研究，2012(1)：38-48，83.

[47] 任燕燕，李劭珉. 中国股市收益率与成交量动态关系的研究——基于工具变量的分位数回归(IVQR)模型[J]. 中国管理科学，2017，25(8)：11-18.

[48] 陶长琪，杨海文. 空间计量模型选择及其模拟分析[J]. 统计研究，2014，31(8)：88-96.

[49] 汪潘义，李长花，胡小文，等. 数量型还是价格型货币政策比较——基于利率市场化角度的分析[J]. 华东经济管理，2014(9)：90-98.

[50] 王福军，叶阿忠. 产业集聚对技术创新影响的理论与实证研究[J]. 北京化工大学学报（社会科学版），2015(3)：37-44.

[51] 王佳琪. 我国教育收益率测算——基于 IVQR 方法的实证[D]. 广州：暨南大学，2016.

[52] 王立新，刘松柏. 经济增长、城镇化与环境污染——基于空间联立方程的经验分析[J]. 南方经济，2017(10)：126-140.

[53] 王群勇. 广义预测误差方差分解及其在证券市场冲击传递性研究中的应用[J]. 数理统计与管理，2005，25(4)：60-65.

[54] 王周伟，崔百胜，张元庆. 空间计量经济学：现代模型与方法[M]. 北京：北京大学出版社，2017：267-278.

[55] 魏传华，梅长林. 半参数空间变系数回归模型的 Back-Fitting 估计[J]. 数学的实践与认识，2006，36(3)：177-184.

[56] 魏传华，梅长林. 半参数空间变系数回归模型的两步估计方法及其数值模拟[J]. 统计与信息论坛，2005，20(1)：16-19.

[57] 吴继贵，叶阿忠. 服务业发展水平、经济增长和碳排放强度的动态关系[J]. 中国科技论坛，2016(5)：52-58.

[58] 吴继贵，叶阿忠. 环境、能源、R&D 与经济增长互动关系的研究[J]. 科研管理，2016，37(1)：58-67.

[59] 吴继贵，叶阿忠. 中国化石能源消费碳排放环境影响的空间溢出效应[J]. 技术经济，2015(9)：83-92.

[60] 徐梦辉，刘翔宇. 国际油价冲击对主要经济体通胀的影响——基于 GVAR 模型的实证分析[J]. 现代商业，2015(6)：54-55.

[61] 杨海文. 空间计量模型的选择、估计及其应用[D]. 南昌：江西财经大学，2015.

[62] 杨子晖，赵永亮，柳建华. CPI 与 PPI 传导机制的非线性研究：正向传导还是反向倒逼？[J]. 经济研究，2013(3)：83-95.

[63] 叶阿忠，陈生明，冯烽. 服务业集聚和经济增长对我国城镇化影响的实证研究——基于半参数空间滞后模型[J]. 运筹与管理，2015，24(3)：205-211.
[64] 叶阿忠，陈晓玲. FDI，自主创新与经济增长的时空脉冲分析[J]. 系统工程理论与实践，2017，37(2)：353-364.
[65] 叶阿忠，吴继贵，陈生明. 空间计量经济学[M]. 厦门：厦门大学出版社，2015.
[66] 叶阿忠，郑万吉. 经济增长、FDI与环境污染的时空传导效应研究——基于半参数空间面板VAR模型的分析[J]. 软科学，2016，30(1)：17-21.
[67] 叶阿忠，陈泓，陈生明. 半参数横截面空间滞后模型的工具变量估计及应用[J]. 江西师范大学学报(自然科学版)，2016(6)：612-618.
[68] 叶阿忠. 非参数和半参数计量经济模型理论[M]. 北京：科学出版社，2008.
[69] 叶永刚，周子瑜. 基于GVAR模型的中国货币政策区域效应研究[J]. 统计与决策，2015(17)：146-150.
[70] 喻旭兰，李洋，张欣欣. 我国通货膨胀区域差异的实证研究[J]. 统计研究，2014，31(2)：55-60.
[71] 张成思. 长期均衡、价格倒逼与货币驱动——我国上中下游价格传导机制研究[J]. 经济研究，2010(6)：42-52.
[72] 张红，李洋，张洋. 中国经济增长对国际能源消费和碳排放的动态影响——基于33个国家GVAR模型的实证研究[J]. 清华大学学报(哲学社会科学版)，2014(1)：14-25.
[73] 张红，李洋. 房地产市场对货币政策传导效应的区域差异研究——基于GVAR模型的实证分析[J]. 金融研究，2013(2)：114-128.
[74] 张延群. 全球向量自回归模型的理论、方法及其应用[J]. 数量经济技术经济研究，2012(4)：136-149.
[75] 张延群. 向量自回归(VAR)模型中的识别问题——分析框架和文献综述[J]. 数理统计与管理，2012，31(5)：805-812.
[76] 郑万吉，叶阿忠. 城乡收入差距、产业结构升级与经济增长——基于半参数空间面板VAR模型的研究[J]. 经济学家，2015(10)：61-67.
[77] 周银香，吕徐莹. 中国碳排放的经济规模、结构及技术效应——基于33个国家GVAR模型的实证分析[J]. 国际贸易问题，2017(8)：96-107.
[78] 朱松平，叶阿忠. 人民币汇率、货币政策对区域性通货膨胀的影响研究——基于半参数全局向量自回归模型[J]. 统计与信息论坛，2017(10)：43-49.
[79] 朱喜，李子奈. 农户借贷的经济影响：基于IVQR模型的实证研究[J]. 系统工程理论与实践，2007，27(2)：68-75.

教学支持说明

▶▶ 课件和教学大纲申请

尊敬的老师：

您好！感谢您选用清华大学出版社的教材！为更好地服务教学，我们为采用本书作为教材的老师提供教学辅助资源。鉴于部分资源仅提供给授课教师使用，请您直接手机扫描下方二维码实时申请教学资源。

任课教师扫描二维码
可获取教学辅助资源

▶▶ 样书申请

为方便教师选用教材，我们为您提供免费赠送样书服务。授课教师扫描下方二维码即可获取清华大学出版社教材电子书目。在线填写个人信息，经审核认证后即可获取所选教材。我们会第一时间为您寄送样书。

任课教师扫描二维码
可获取教材电子书目

清华大学出版社

E-mail: tupfuwu@163.com　网址：http://www.tup.com.cn/
电话：8610-83470332/83470142　传真：8610-83470107
地址：北京市海淀区双清路学研大厦B座509室　邮编：100084